SWEET PAPER

SWEET PAPER

마음을 선물하는 가장 달콤한 방법, 종이접기

주부의 벗사 지음 | 이주희 옮김

북노마드

CONTENTS

PART 1

직접 만들어 더욱 멋진 수납용·선물용 상자

1 
장방형 상자 12
접는 법 … 24

2 
디저트 상자 13
접는 법 … 26

3 
파운드케이크 상자 14
접는 법 … 28

4, 5 
오픈 상자 15
접는 법 … 29

6 
쿠키 상자 16
접는 법 … 30

7 
기프트백 17
접는 법 … 31

8 
델리백 18
접는 법 … 33

9 
도시락 상자 19
접는 법 … 32

10 
포크, 나이프 케이스 19
접는 법 … 32

11 
정방형 상자 20
접는 법 … 34

12 
서랍 상자 21
접는 법 … 36

13 
투톤 상자 22
접는 법 … 38

14 
토트백 23
접는 법 … 40

PART 2

테이블에 감각을 더하는 아기자기 주방 소품

15 
전통적인 젓가락 케이스 44
접는 법 … 56

16 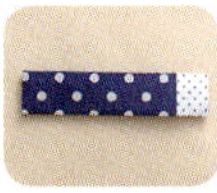
현대적인 젓가락 케이스 45
접는 법 … 57

17 
토끼 모양 젓가락 받침 46
접는 법 … 58

18 
모자 모양 젓가락 받침 46
접는 법 … 60

19 
매듭 모양 젓가락 받침 46
접는 법 … 57

20 
배 모양 트레이 47
접는 법 … 62

21 
학 모양 젓가락 케이스 48
접는 법 … 64

22 
벚꽃 모양 접시 48
접는 법 … 66

23 
종이 깔개 49
접는 법 … 68

24 
학 모양 종이 깔개 49
접는 법 … 63

25 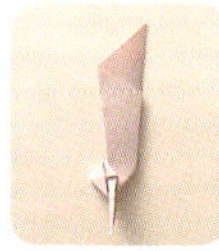
이쑤시개 케이스 49
접는 법 … 68

26 
약봉지 50
접는 법 … 70

27 
삼각형 포장 51
접는 법 … 71

28 
후추 포장 51
접는 법 … 70

29 
과자 접시 52
접는 법 … 72

30 
사탕 상자 53
접는 법 … 74

31 
포크, 나이프 받침 54
접는 법 … 76

32 
하트 모양 냅킨 링 54
접는 법 … 78

33 
카드 스탠드 54
접는 법 … 79

34 
포토 프레임 55
접는 법 … 81

PART 3

손끝에 마음을 담아 보내는 봉투 및 각종 케이스

35 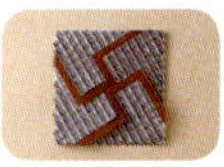 만자형 종이주머니 84
접는 법 … 92

36  십자형 종이주머니 84
접는 법 … 94

37  삼각형 종이주머니 85
접는 법 … 93

38  간단한 종이주머니 86
접는 법 … 102

39, 40, 41  풍차 모양 종이주머니 87
접는 법 … 102

42  사각형 종이주머니 88
접는 법 … 96

43  육각형 종이주머니 88
접는 법 … 98

44  팔각형 종이주머니 89
접는 법 … 100

45, 46, 47, 48  축의금 봉투 90, 91
접는 법 … 105, 106, 108, 109

PART 4

책상에 신선한 아이디어를 더하는 사무용 소품

49  북 커버 1 112
접는 법 … 122

50  북 커버 2 113
접는 법 … 123

51  북 커버 3 113
접는 법 … 124

52  봉투 114
접는 법 … 125

53  넥타이 셔츠 봉투 115
접는 법 … 126

54  셔츠 모양 종이 가방 115
접는 법 … 128

55 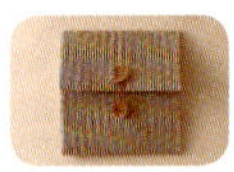 CD 케이스 116
접는 법 … 130

56  펜 트레이 117
접는 법 … 130

57  탁상 상자 117
접는 법 … 129

58  삼각 포푸리 케이스 118
접는 법 … 132

59  휴지 케이스 119
접는 법 … 133

60  카드 케이스 120
접는 법 … 134

61  반으로 접히는 카드 케이스 121
접는 법 … 136

PART 5
아이와 함께 만드는 알록달록 사계절 종이 인형

62  날개 접힌 학 140
접는 법 … 148

63  매실꽃 141
접는 법 … 151

64  나비 142
접는 법 … 152

65  유채꽃 142
접는 법 … 151

66  히나 인형 143
접는 법 … 154

67  삼방 143
접는 법 … 156

68  투구 144
접는 법 … 158

69  붓꽃 144
접는 법 … 160

70  풍선 금붕어 145
접는 법 … 162

71  수국 145
접는 법 … 150

72  잠자리 146
접는 법 … 164

73  달맞이꽃 146
접는 법 … 151

74  눈토끼 147
접는 법 … 166

75  동백꽃 147
접는 법 … 168

76  나뭇잎 147
접는 법 … 167

기본적인 접기 방법 및 기호의 룰 … 6
준비물 및 완성 요령 … 7
원하는 사이즈로 접고 싶을 때 … 37
종이 부록 ‥ 170

* 완성 사이즈는 접는 방법이나 종이 질에 따라 다소 오차가 있을 수 있습니다.

기본적인 접기 방법 및 기호의 룰

기본적인 접기 방법과 접기 그림에 나오는 기호입니다. 외워두세요.

계곡 접기

점선으로 표시되어 있습니다.
계곡 접기 선이 안으로
들어가도록 접습니다.

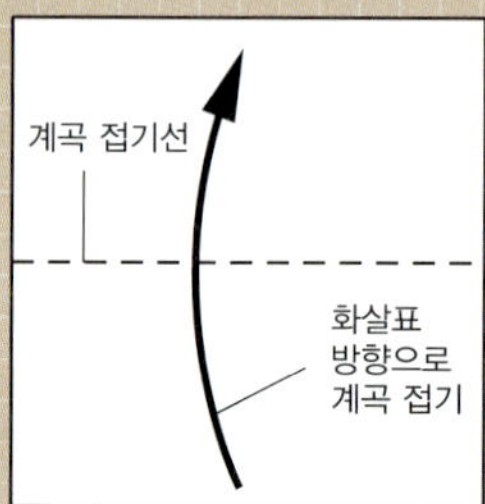

산 접기

일점쇄선으로 표시되어 있습니다.
산 접기 선이 바깥으로
나오도록 접습니다.

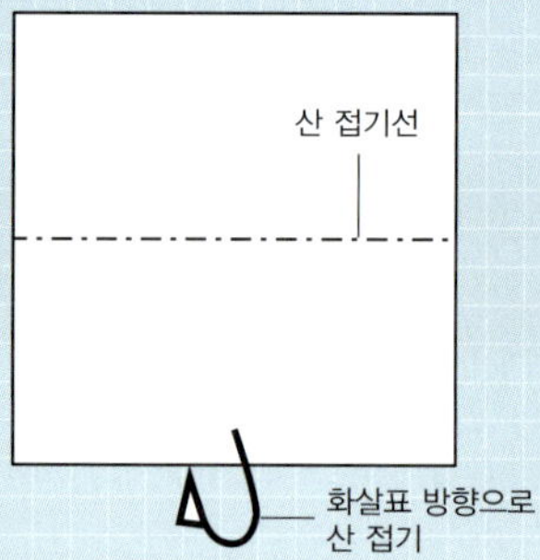

보조선 만들기

보조선은 다음 단계를 접을 때 도와줍니다.
접었다가 원래대로 펴주면 선이 생깁니다.

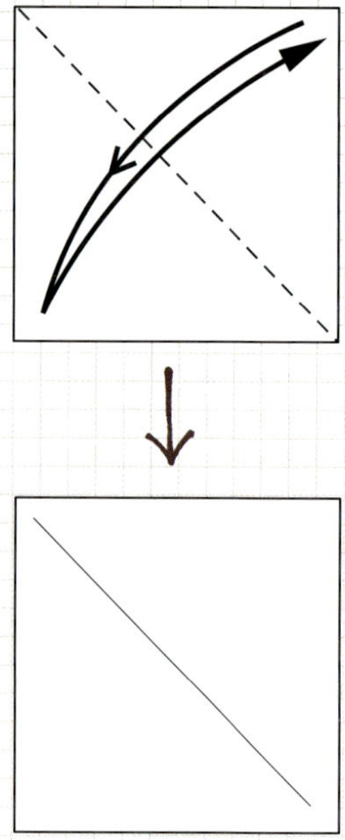

펼쳐 눌러 접기

⬅ 부분에 손가락을 넣어
화살표 방향으로 펼치면서
눌러 접습니다.

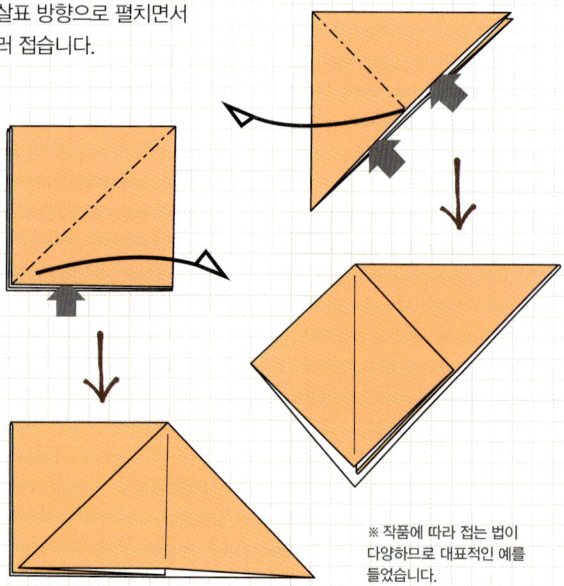

※ 작품에 따라 접는 법이
다양하므로 대표적인 예를
들었습니다.

안으로 넣어 접기

둘로 접힌 부분의 사이로
접어 넣습니다.

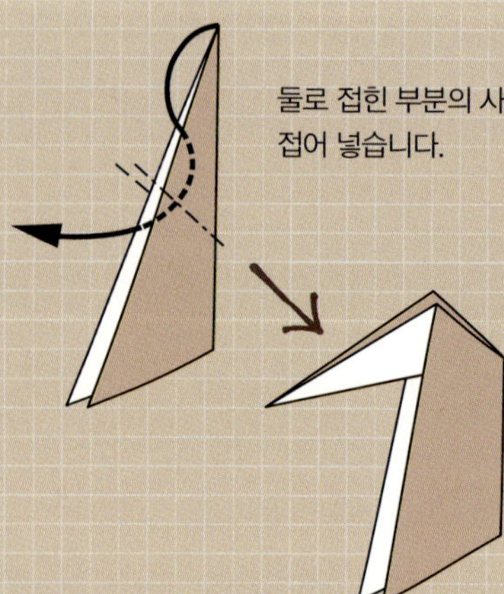

준비물 및 완성 요령

작품을 '실용적으로' '보기 좋게' 만드는 데 필요한 도구와 테크닉을 소개합니다.

전개도에는 보조선을확실히만들기

실용적인 작품에 적합한 두께의 종이나 힘이 있는 종이는 접기가 어렵습니다. 그럴 때는 오른쪽에 소개하는 도구를 사용해서 예쁘게 접어봅시다.

준비물

커팅 보드 … 종이를 자를 때에 깝니다.
스틸 자 … 커터 칼로 자를 때도, 스틸 자라면 흠이 나지 않습니다.
커터 칼 … 종이를 치수대로 자를 때는 가위보다 커터 칼과 스틸 자를 사용하는 것이 더 빠르고 깔끔하게 잘립니다.
주걱 … 보조선을 만들 때 사용합니다. 도장칼이나 잉크가 닳은 볼펜을 대신 써도 좋습니다.
연필 … 보조선을 만들고 싶은 부분에 미리 얇게 그어두면 좋습니다.

1 전개도와 같이 연필로 얇은 선을 그어둔다. 주걱으로 다시 보조선을 그어둔다.

2 전개도와 같이 연필로 얇은 선을 그어둔다. 주걱으로 다시 보조선을 그어둔다.

대나무 꼬치를 사용하여 모서리를 깔끔하게

모서리를 깔끔하게 접고 싶을 때 쓰는 테크닉. 모서리에 대나무 꼬치를 대면서 종이를 세우거나 접어봅시다. 입체형 접기에 특히 효과적입니다.

준비물

대나무 꼬치 …. 양재용 송곳이나 이쑤시개 대용 가능.
풀, 본드 등 …. 입체물의 완성 시 사용.

1 보조선을 만들고 모서리를 대나무 꼬치로 누르면서 종이를 세운다.

2 모서리가 깔끔하게 생긴다. 접은 부분이 제대로 서지 않으면 풀 등으로 고정한다.

PART.1

직접 만들어 더욱 멋진
수납용·선물용 상자

1 장방형 상자

무엇이든, 어디에든 실용적이고 튼튼한 만능 상자

어떤 종이로 접어도 무늬가 돋보이는 멋진 상자.
본체 색상을 뚜껑 무늬에 있는 색 중 하나로 고르면
더 품격 있는 상자가 만들어집니다.

접는법…24쪽

2 디저트 상자

한입에 쏙! 새콤달콤 군것질 더 맛있게 더 행복하게

마카롱이나 초콜릿 등의 작은 디저트를 넣어보세요.
질감 좋은 종이로 접으면 선물용으로 딱!

접는법…26쪽

3 파운드케이크 상자

파티용 디저트, 이렇게 내놓으면 시선 집중

컬러풀한 포장지로 접은 상자가 핸드메이드 파운드케이크를 더 화려하게 만들어줍니다.
스트라이프 무늬 종이를 확대 복사한 종이로 접어봤습니다.

접는법… 28쪽

4 5 오픈 상자

작은 장식이나 단추로
멋스럽게 마무리

윗면이 열리는 상자는 고급스런 인상을 줍니다.
리본이나 단추 등과 같은 작은 장식으로
여러 가지 스타일을 연출할 수 있습니다.

접는법··· 29쪽

6 쿠키 상자

마치 꽃이 핀 것 같은 화사한 분위기의 상자 접기

확실하게 보조선을 만들어 접기만 하면 끝!
쿠키를 감싼 얇은 종이를 겉으로 빼서
꽃잎처럼 완성합니다.

접는법…30쪽

쉽게 접을 수 있고
손잡이가 없어 깔끔해요.
선물할 손수건의 무늬와 같은
종이로 가방을 접으면 받는
사람이 두 배로 즐거워하겠죠!

접는법 … 31쪽

7 기프트백

다양한 선물에 유용한, 깔끔한 선물 가방

8 델리백

수다 파티에는 스타일리시한 델리백

한 손에 들고 먹기 편한 델리백은
부담 없는 파티에 가져가세요.
랩이나 호일로 포장하면
요리도 넣을 수 있어요!

접는법··· 33쪽

10 포크, 나이프 케이스

9 도시락 상자

온 가족 나들이에도, 우리 아이 소풍에도
유감없이 발휘되는 엄마의 센스!

보기에도 예쁘고 다 먹고 나면
재활용 수거함으로~
친환경적이라 더욱 좋아요.
한식 점심이라면
한지를 사용해도 좋아요.

접는법…32쪽

11 정방형 상자

화장대나 책상 주변의 소품 정리도 다양한 사이즈의 상자 몇 개면 해결

핸드메이드 상자는 용도에 맞춰 원하는 사이즈로 접을 수 있어 편리합니다.
들어갈 물건에 맞추어 상자 색깔을 바꾸면 기분도 좋아져요.

접는법···34쪽

12 서랍 상자

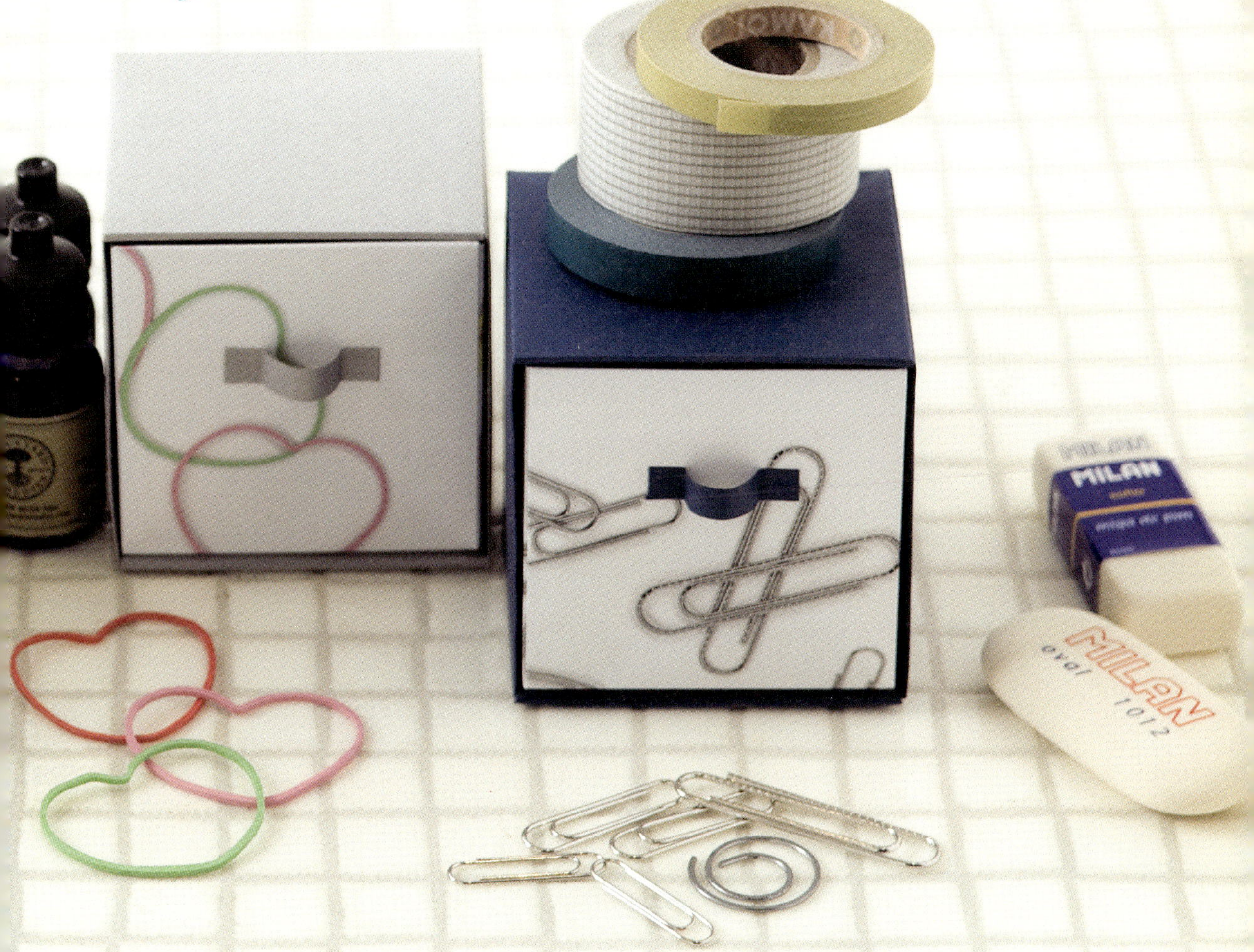

안에 들어갈 물건을 컬러 복사한 종이로 접으면
더욱 편리하고 재미있는 서랍이 됩니다.

접는법···36쪽

13 투톤 상자

팝하게? 쿨하게?
빈티지스러워 더 멋진 상자

색상, 무늬 조합에 따라 여러 가지 표정을 연출할 수 있습니다.
누군가에게 선물하고 싶어지는 상자입니다.

접는법…38쪽

14 토트백

맘에 드는 무늬로 만드는 나만의 백

멋진 포장지는 토트백으로 재활용하세요.
만드는 방법도 단순하고 무늬나 종이의 느낌이 배어나 멋스럽습니다.
다양한 재료로 손잡이를 만들어 포인트를 주세요.

접는법…40쪽

1 장방형 상자 12쪽

종이 사이즈 : 본체 28×28cm 뚜껑 29×29cm

완성품 : 세로7×가로14×높이3.5cm (본체 안 치수)

포인트 : 뚜껑은 본체보다 큰 종이를 사용해서 같은 방법으로 접습니다.

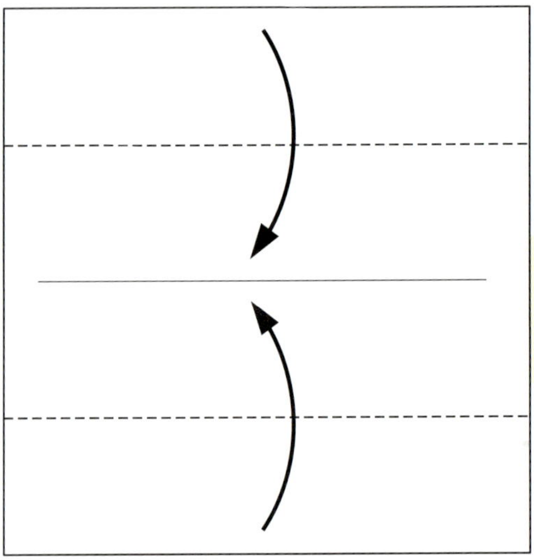

1 세로 절반이 되는 지점에 얇게 표시를 하고, 그 선에 맞추어 위아래를 접는다.

2 한 번 더 위아래를 반으로 접는다.

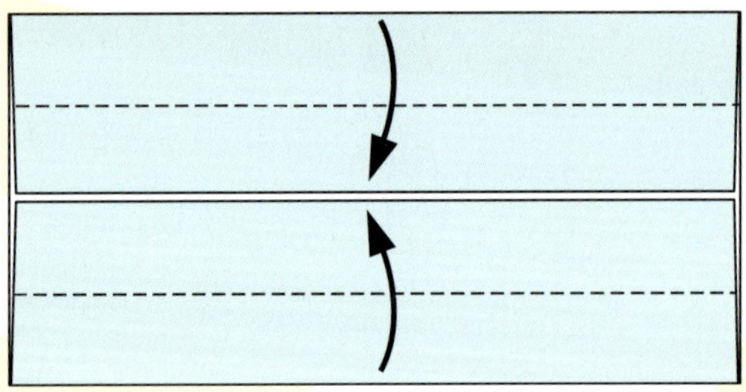

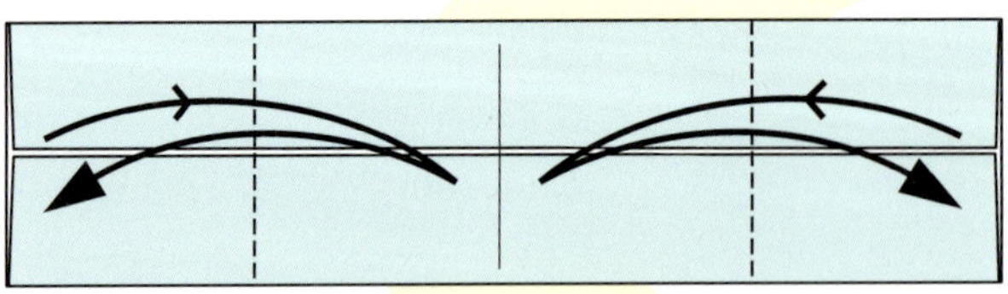

3 가로 절반이 되는 지점에 얇게 표시를 하고, 좌우를 반씩 접었다 펴주어 보조선을 만든다.

4 3의 보조선에 맞춰 한 번 더 좌우를 접어 보조선을 만든다.

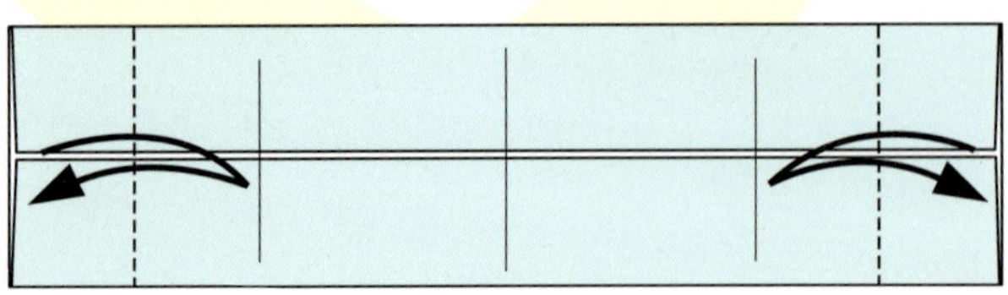

5 그림과 같이 좌우의 아래 모서리를 접어 보조선을 만든다.

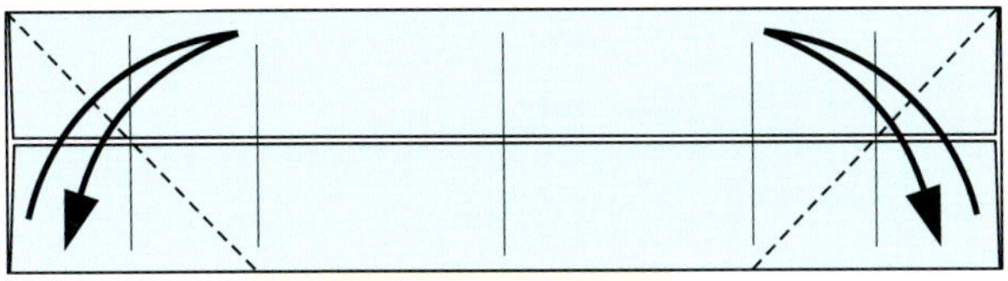

6 위쪽의 좌우 모서리를 접어 보조선을 만든다.

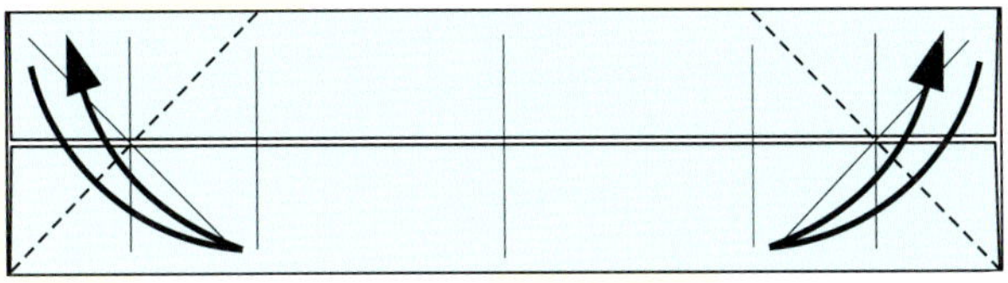

원하는 사이즈로 접고 싶을 때

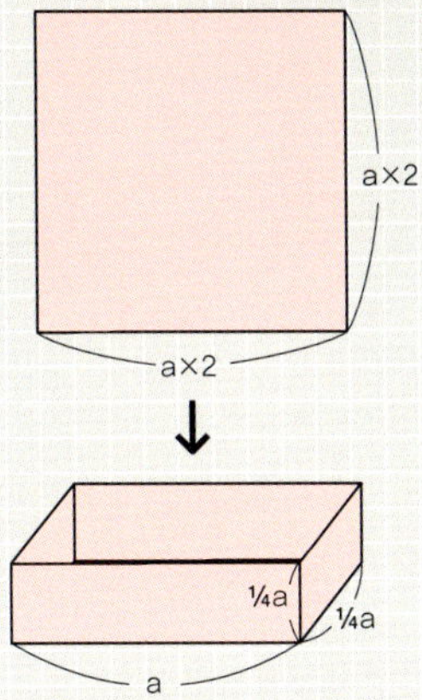

'장방형 상자'는 그림과 같은 비율로 되어 있습니다. 접고 싶은 사이즈(a)가 정해지면 종이는 2a×2a 크기로 준비하세요.

※작은 사이즈로 접을 때는 얇은 종이가 좋습니다.

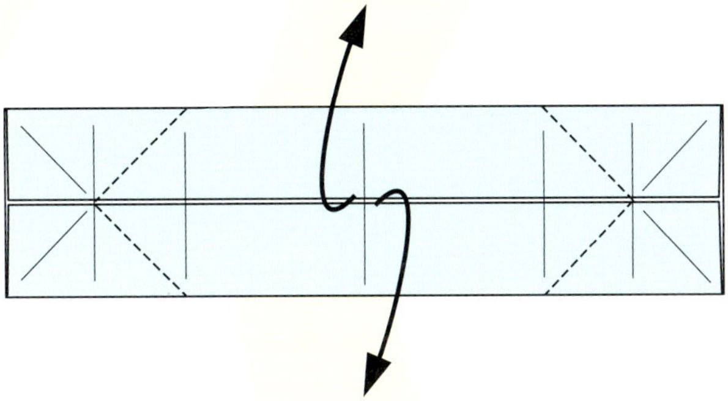

7 점선 부분을 접어 안을 넓히듯이 입체를 만든다.

8 좌우의 가장자리를 접어 넣듯이 접는다.

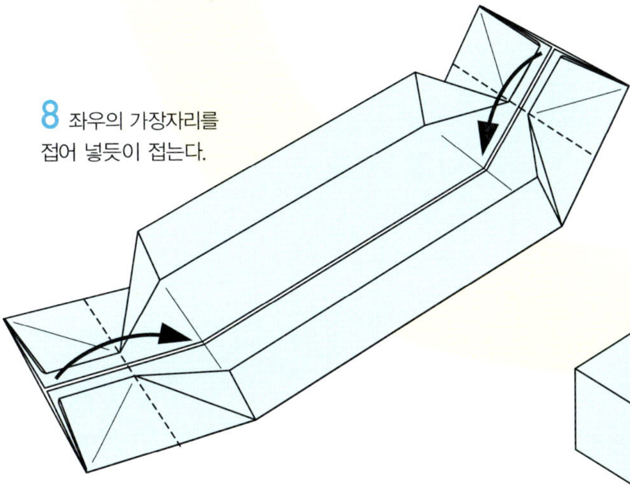

완성

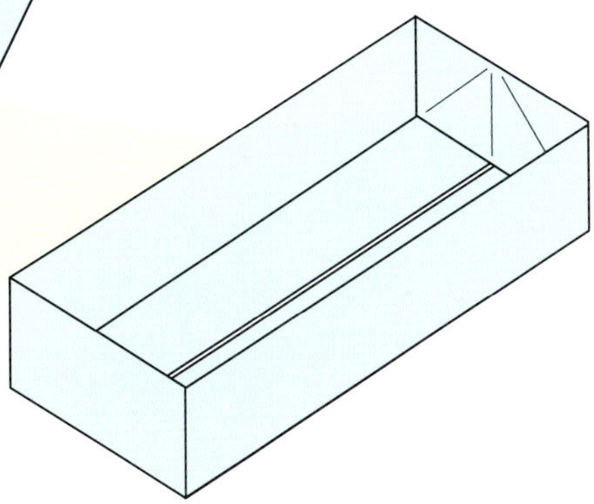

2 디저트 상자 13쪽

종이 사이즈 : 대 45×45cm 소 30×30cm

완성품 : 대 세로5.8×가로33.5×높이5.8cm

소 세로3.8×가로22.5×높이3.8cm

포인트 : 힘이나 탄력이 있으면서도 너무 두껍지 않은 종이가 좋습니다.

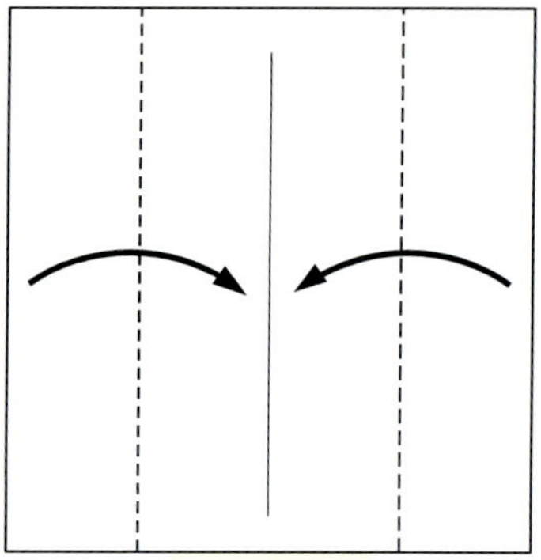

1 중앙에 보조선을 만들어 그것에 맞춰 좌우를 접는다.

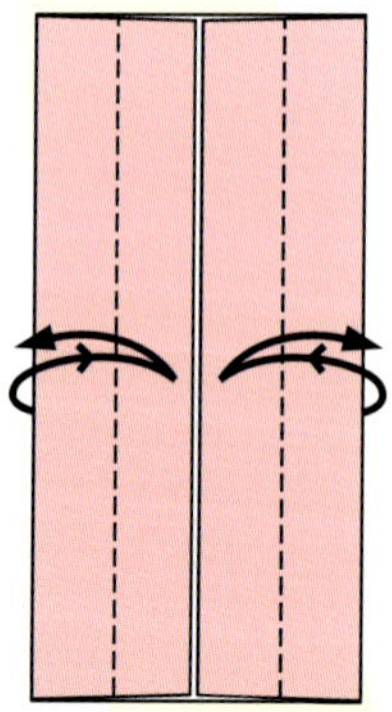

2 한 번 더 좌우를 반씩 접었다 펴서 보조선을 만든다.

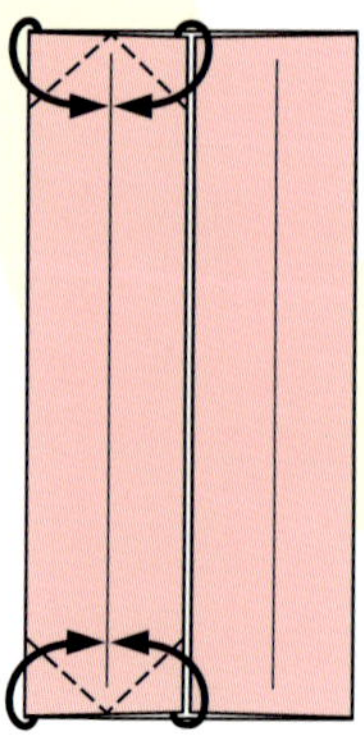

3 왼쪽 절반의 모서리 4개를, 보조선에 맞춰 삼각형으로 접는다.

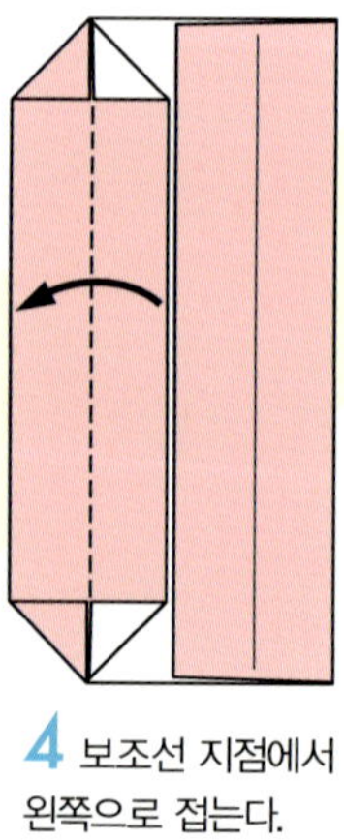

4 보조선 지점에서 왼쪽으로 접는다.

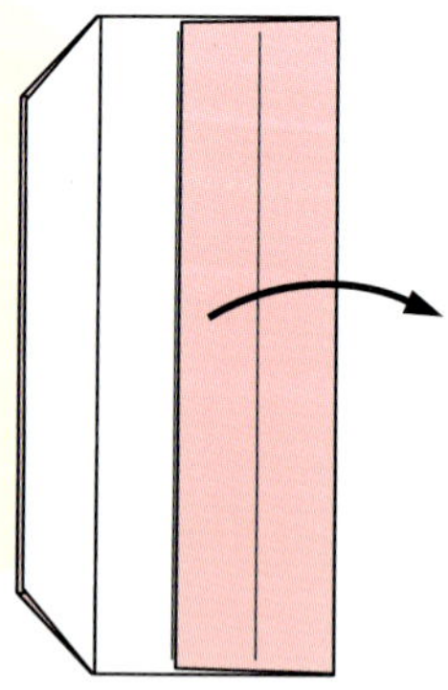

5 오른쪽 반을 펼친다.

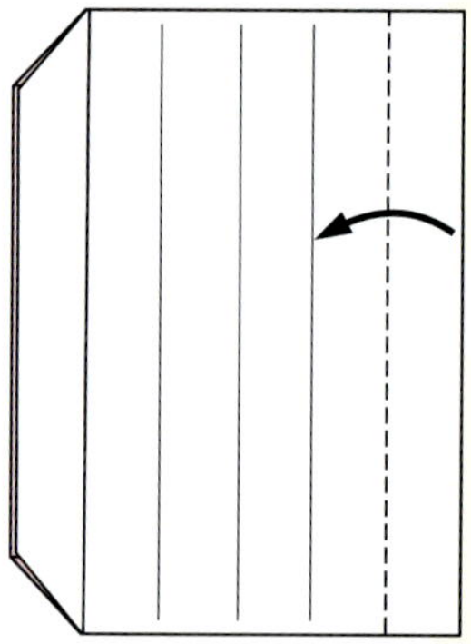

6 가장 오른쪽의 보조선으로 접는다.

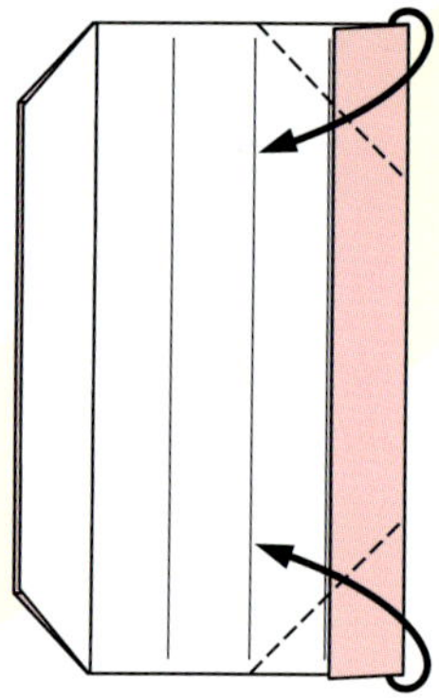

7 보조선에 맞춰 위아래 모서리를 접는다.

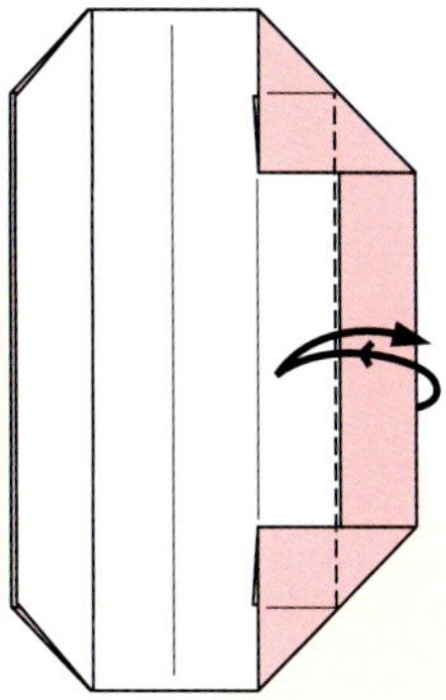

8 점선 부분에서 한 번 더 접어 보조선을 다시 만든다.

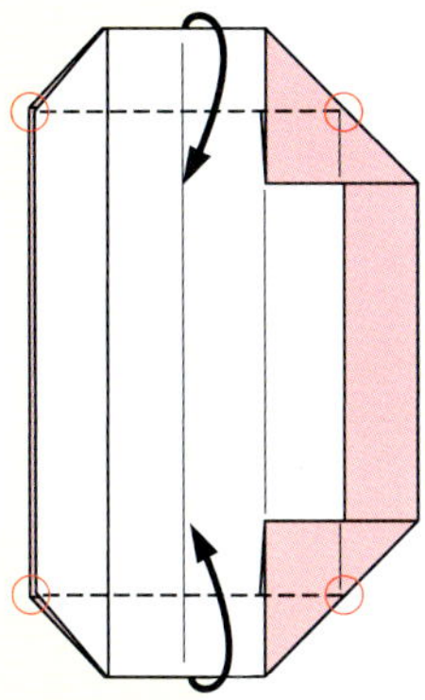

9 ○와 ○를 잇는 선을 따라 위아래를 접는다.

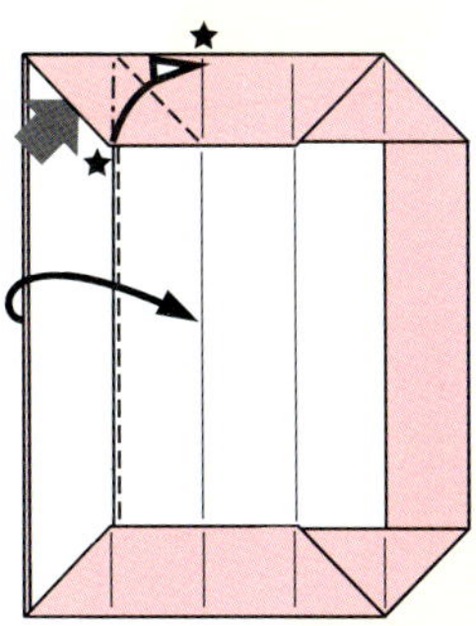

10 ➡ 부분에 손가락을 넣어 ★과 ★의 모서리를 맞추듯이 펼쳐 눌러 입체로 만든다.

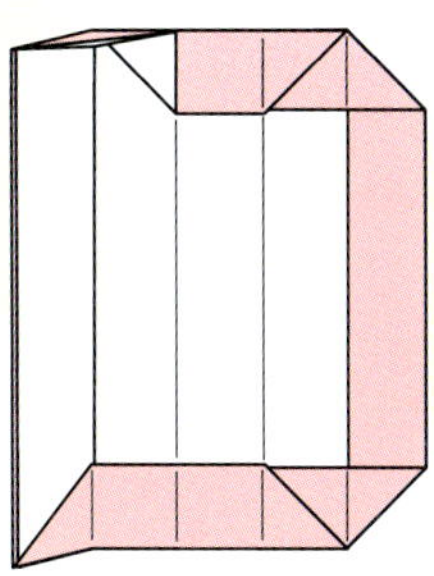

11 10을 접은 모습. 왼쪽 아래도 똑같이 접었다 펴서 10의 모양으로 돌아온다.

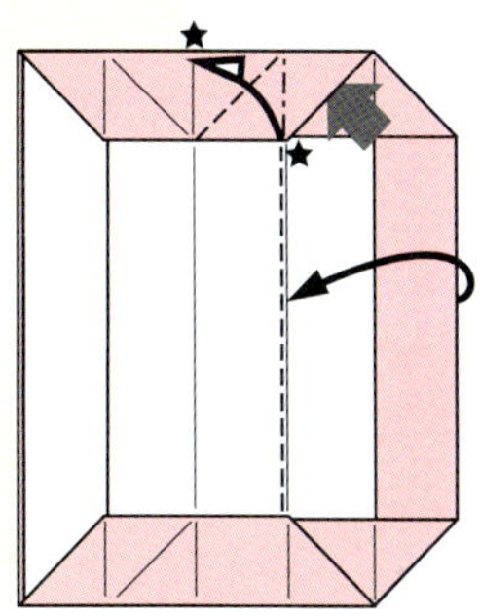

12 오른쪽도 ★과 ★의 모서리를 맞춰 10~11과 같이 보조선을 만든다. 오른쪽 아래도 똑같이 접는다.

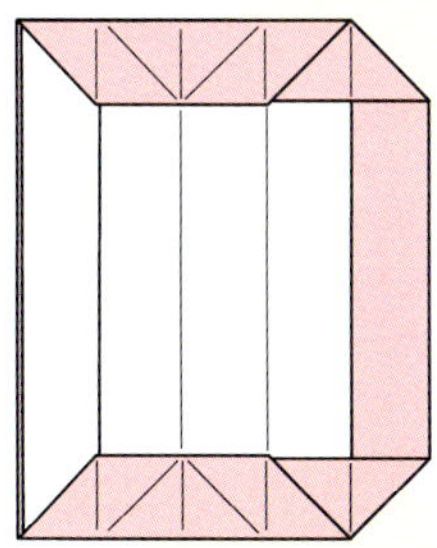

10~12를 접은 모습

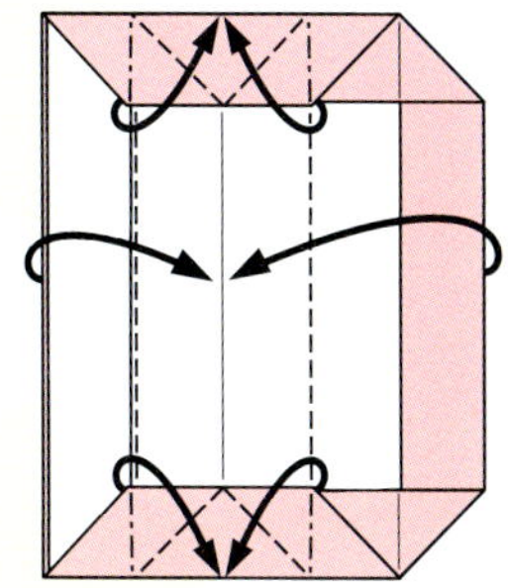

13 10~12의 보조선을 사용해서 입체적으로 만든다.

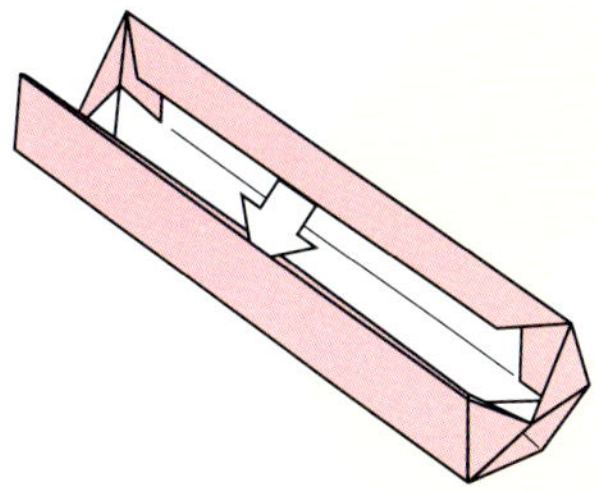

14 오른쪽 끝을 왼쪽 빈 곳에 끼워 넣는다.

3 파운드케이크 상자 14쪽

종이 사이즈 : 대 세로48×가로42cm 소 세로33×가로28cm

완성품 : 대 세로10×가로22×높이8cm

소 세로7×가로14×높이5cm

포인트 : 아래에 두꺼운 종이를 깔면 더 튼튼합니다. 케이크가 상자 안에서 흔들리지 않도록 포장 소재를 쓰면 더욱 좋습니다.

★원하는 사이즈로 접고 싶을 때는…37쪽

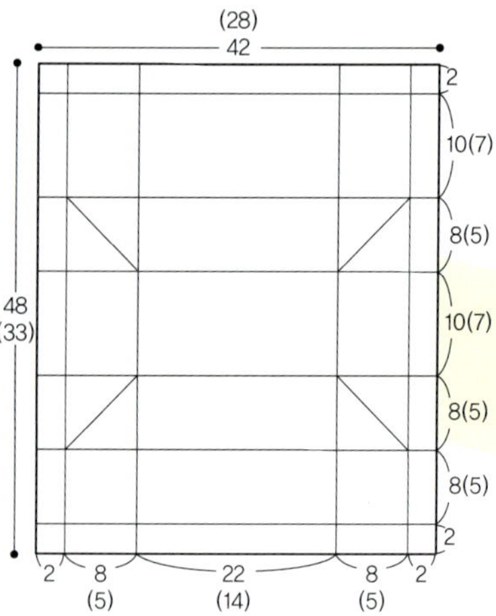

( )안의 숫자는 (소)사이즈의 경우

1 종이 뒤에 그림의 사이즈대로 얇게 선을 그어두고 주걱 등으로 보조선을 만든다.

2 순서대로 점선을 따라 화살표 방향으로 접는다.

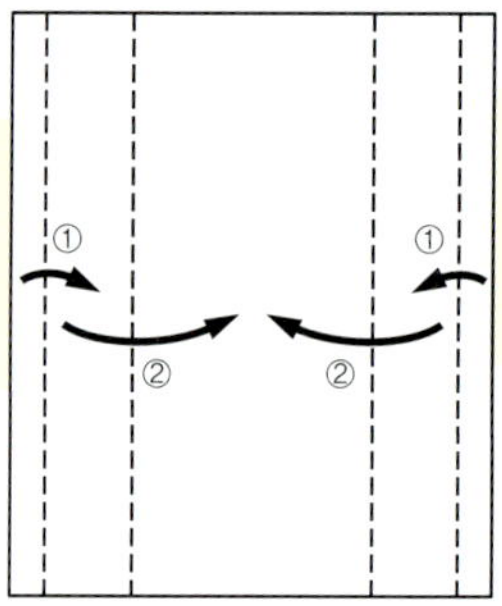

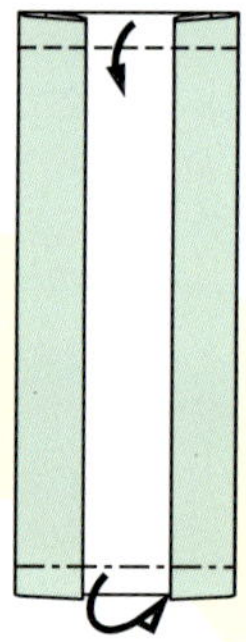

3 점선대로 각각 산 접기와 계곡 접기를 한다.

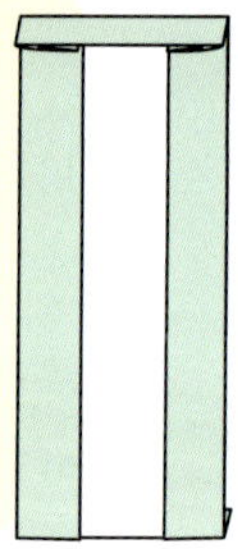

3을 접은 모습

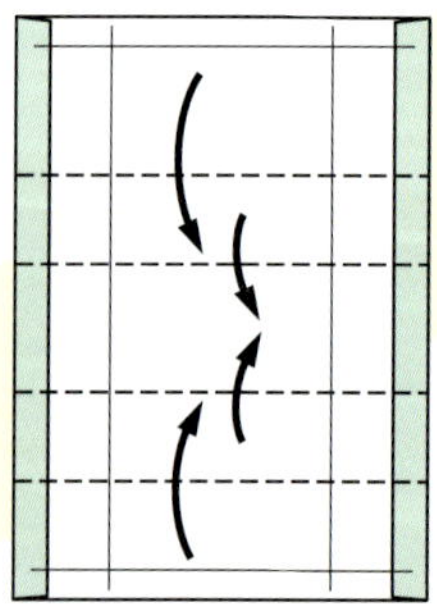

4 그림과 같이 펼치면 점선 부분에서 안으로 접어, 보조선을 확실히 만든다.

5 산 접기 부분을 세우듯이 하면서 입체로 만든다.

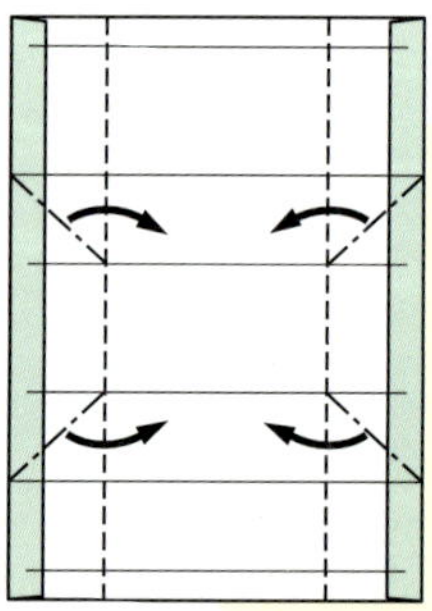

▲ 입체로 세울 부분에서는 모서리가 찌그러지지 않도록 대나무 꼬치 등으로 누르면서 접습니다.

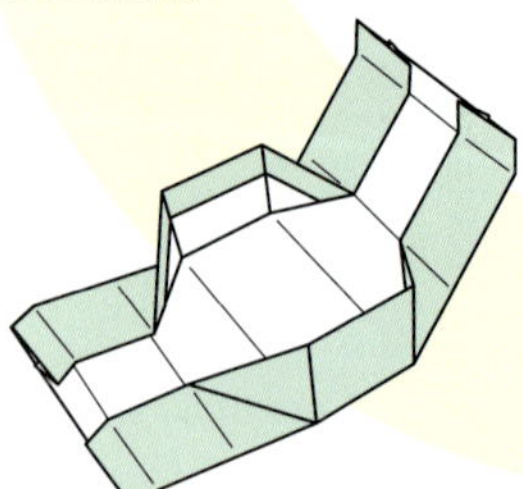

5를 접은 모습

4 5 오픈상자 15쪽

종이 사이즈 : 대 세로52×가로34cm 소 세로30×가로22cm

완성품 : 대 세로14×가로14×높이9cm

소 세로10×가로10×높이5cm

포인트 : 힘 있는 종이가 좋습니다. (5에서는 트레이싱 페이퍼를 사용)

기본적인 접기 방법은 3 '파운드케이크 상자'와 같습니다.

★원하는 사이즈로 접고 싶을 때는…37쪽

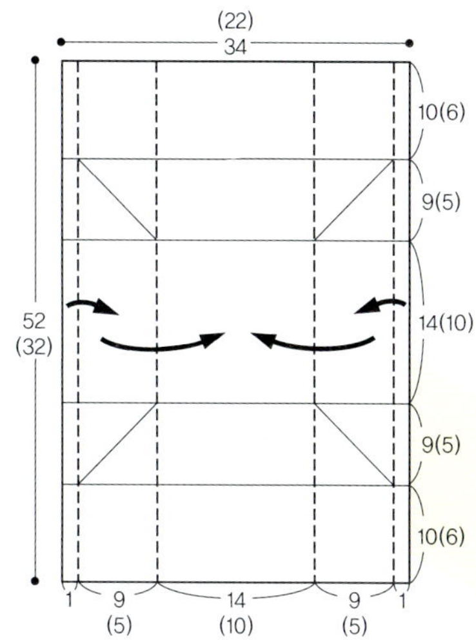

( )안의 숫자는 (소)사이즈의 경우

1 '파운드케이크 상자'의 3번 과정만 건너뛰고 (종이의 위아래를 접는 것) 나머지는 똑같이 접는다.

2

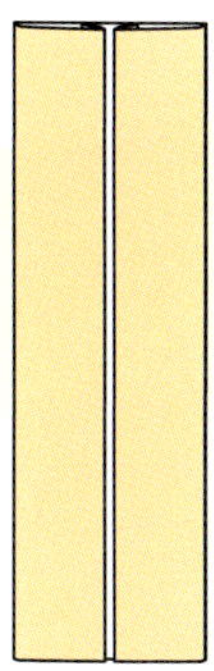

3

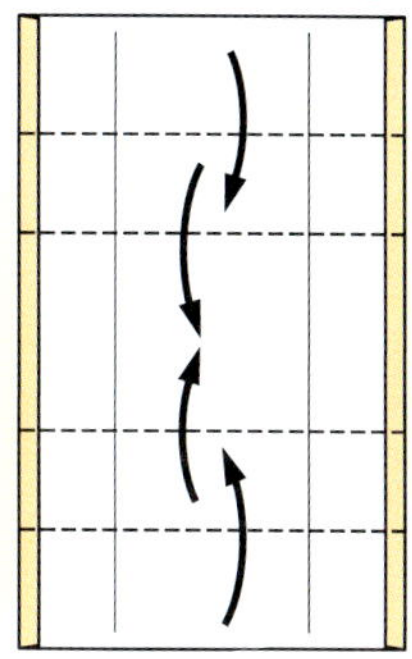

4

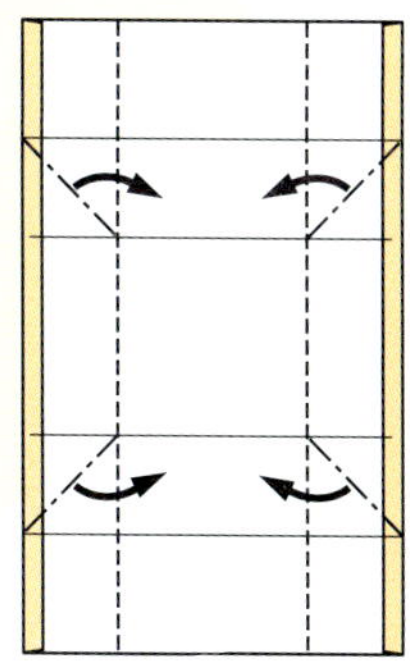

5

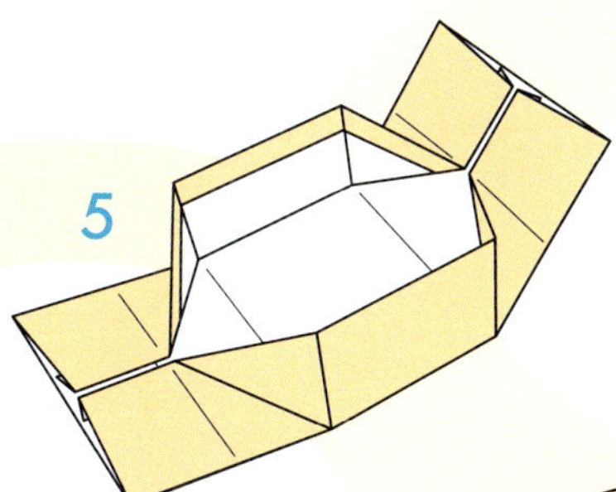

변형

가장자리에서 1cm 부분을 안으로 접는다.

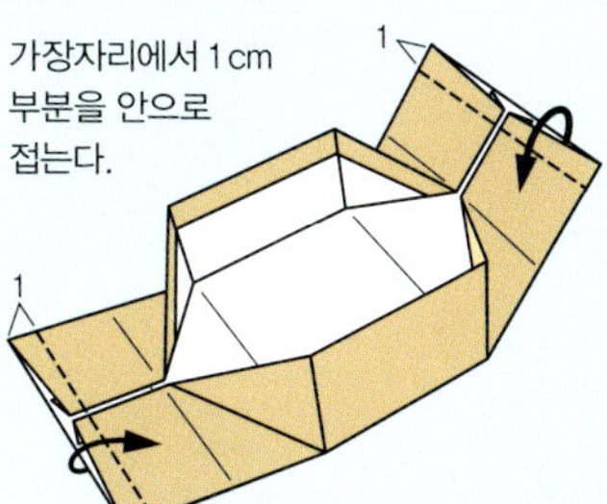

양쪽 문이 달린 상자의 완성. 윗면에 단추 등을 단다.

완성

뚜껑의 한쪽을 다른 한쪽에 끼운다.

6 쿠키 상자 16쪽

종이 사이즈 : 대 44×44cm 소 28×28cm

완성품 : 대 세로15.5×가로15.5×높이8.5cm
소 세로10×가로10×높이5.5cm

포인트 : 두꺼운 종이에 주걱 등으로 보조선을 만듭니다. 속이 바깥으로 보이는 방법이기 때문에 종이 안쪽의 색상과 무늬에도 신경 씁니다.

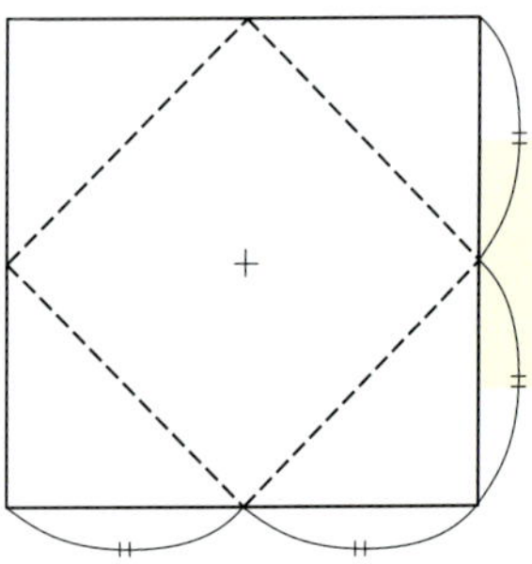

1 중심에 표시를 해두고 주걱 등으로 보조선을 만든다.

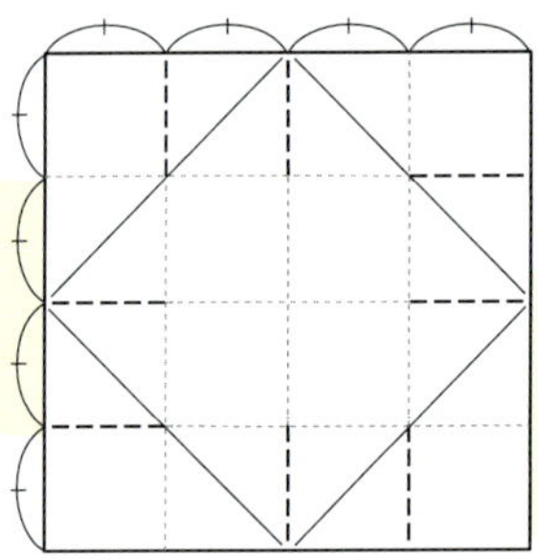

2 점선 부분에 똑같이 보조선을 만든다. 얇은 점선은 그대로 놔둔다.

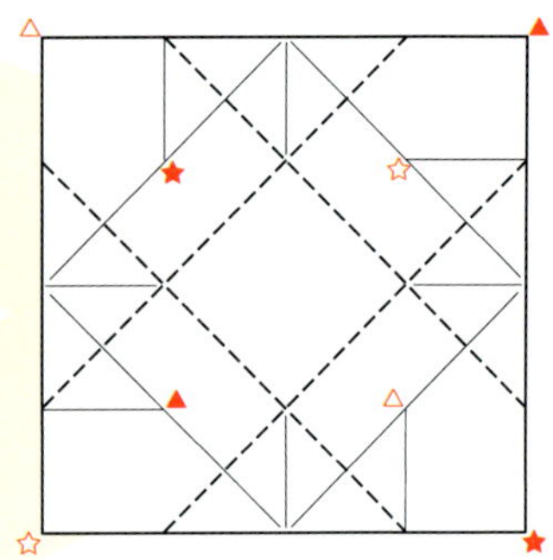

3 점선 부분에 보조선을 만든다. 같은 표시가 만나도록 접는다.

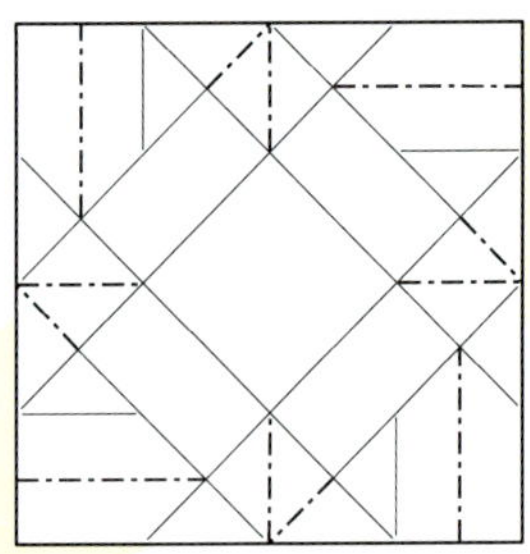

4 점선대로 보조선을 만들고 산 접기를 한다.

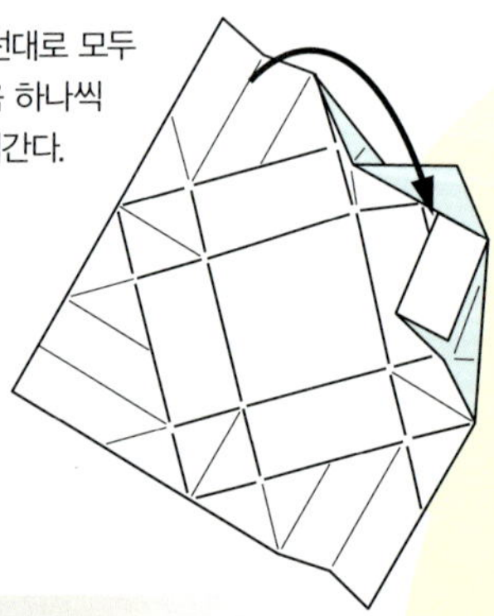

5 보조선대로 모두 접은 다음 하나씩 접어 겹쳐간다.

▲ 주름을 접어간다.

▲ 마지막에 왼쪽으로 튀어나온 부분은 안쪽에 끼운다.

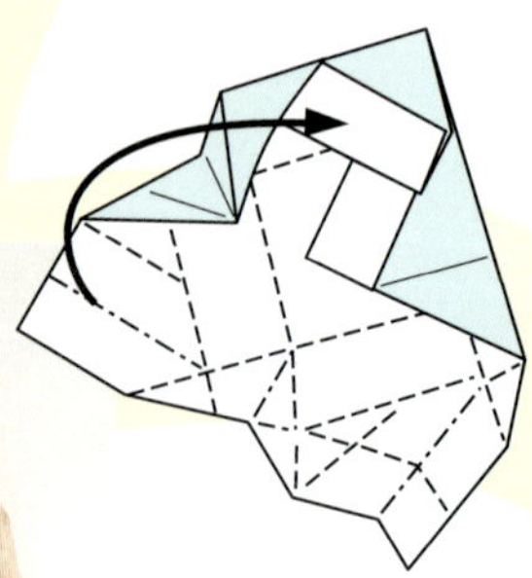

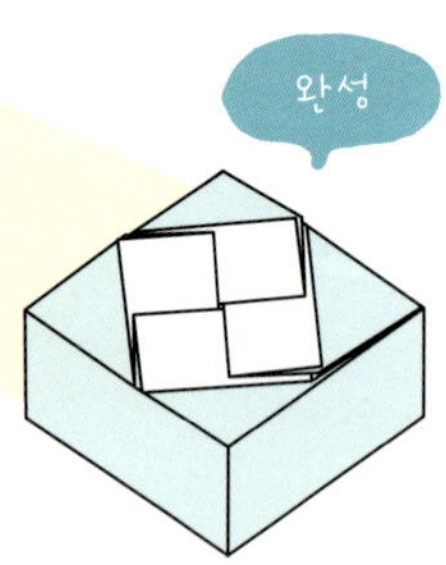

7 기프트백 17쪽

종이 사이즈 : 대 세로40×가로40cm 소 세로30×가로30cm

완성품 : 대 세로17×가로17×덧단 5cm

소 세로13×가로13×덧단 4cm

포인트 : 무거운 것을 넣을 때는 두꺼운 종이로 접고,
뚜껑 부분을 풀로 붙여두면 더 튼튼하게 만들어집니다.

1 바깥으로 하고 싶은 면을 위로 두고 반으로 접는다.

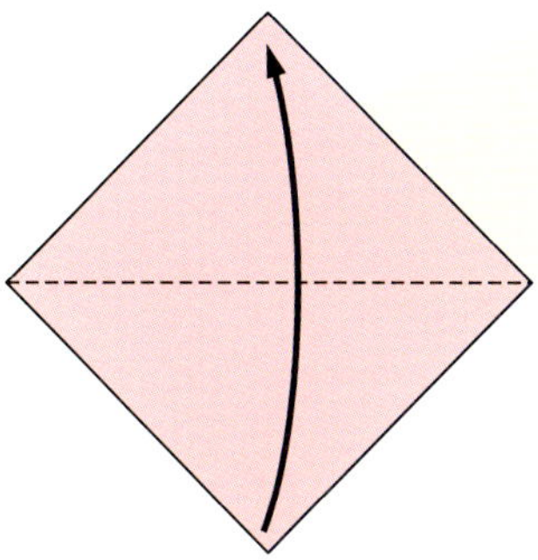

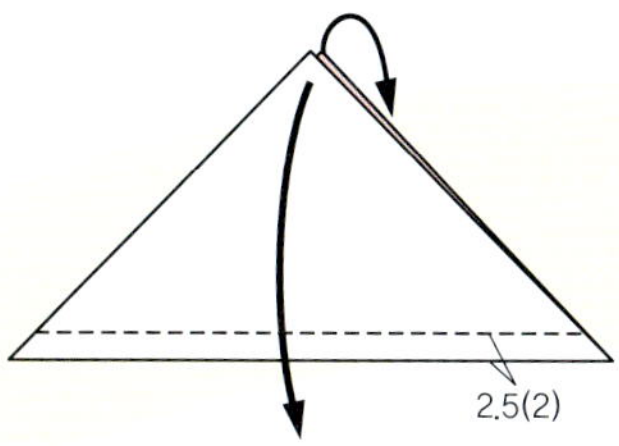

2 덧단 사이즈만큼만 남기고, 양쪽으로 접는다.
( )안의 숫자는 (소)사이즈의 경우

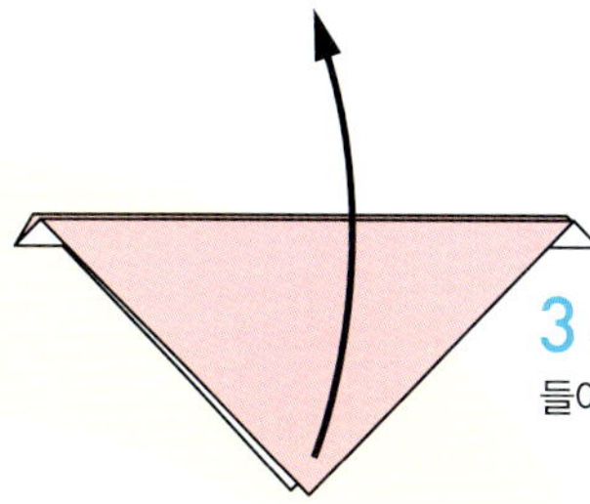

3 앞의 1장을 들어 올려 펼친다.

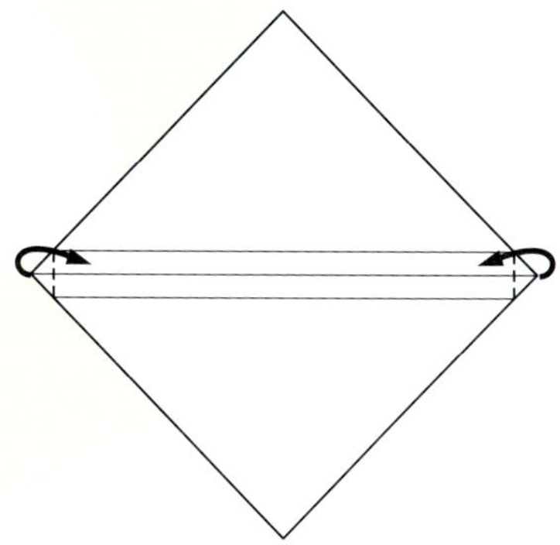

4 점선대로 모서리를 접는다.

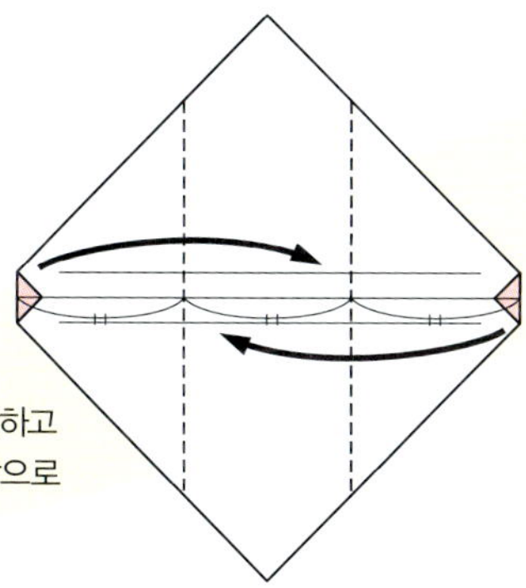

5 3등분하고 좌우를 안으로 접는다.

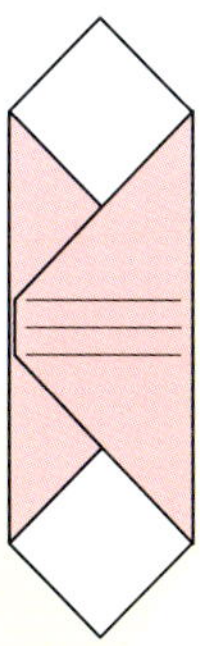

6 5를 접은 모습. 다시 펼쳐서 5로 만든다.

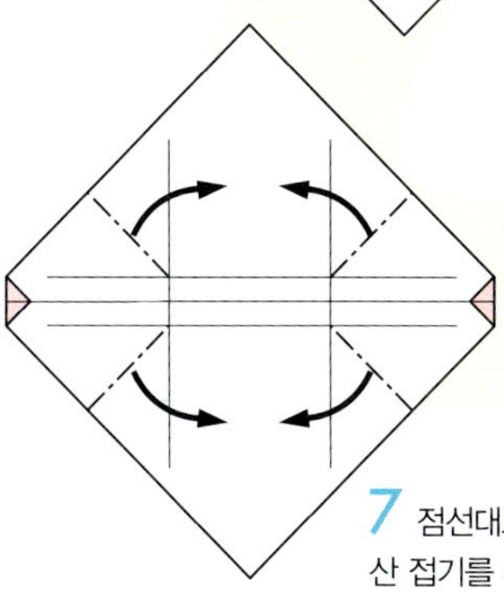

7 점선대로 산 접기를 하고 입체로 세운다.

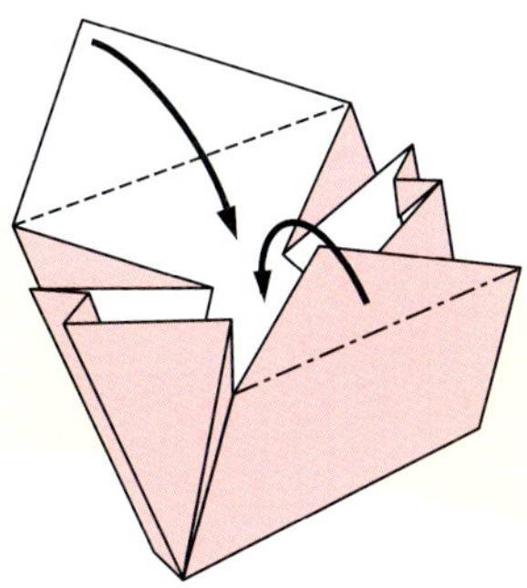

8 튀어나온 삼각형을 접는다. 앞쪽의 삼각형은 앞으로 접어 넣는다.

완성

리본이나 스티커로 입구를 붙인다.

9 도시락 상자 19쪽

종이 사이즈 : 세로60×가로44cm

완성품 : 세로15×가로20×높이6cm

포인트 : 뚜껑을 열면 종이 뒷면이 보이는 접기 방법.
종이를 바깥으로 두 번 접으면 더 예쁩니다.

★원하는 사이즈로 접고 싶을 때는…37쪽

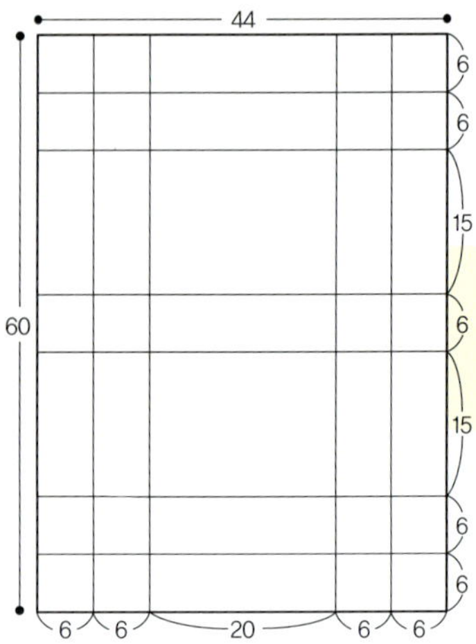

1 그림 사이즈대로 얇게 선을 그어두고, 주걱 등으로 보조선을 만들어둔다.

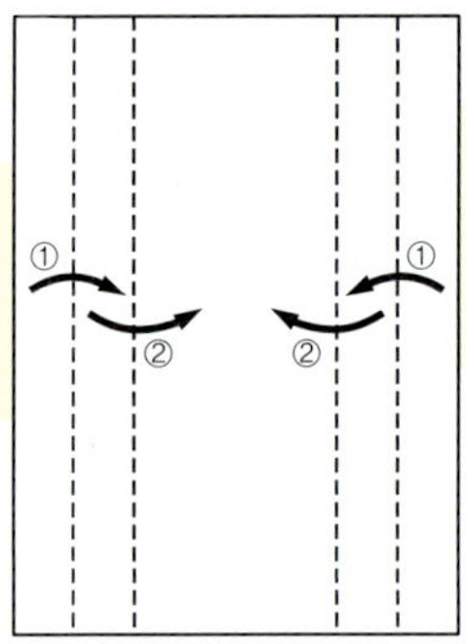

2 순서대로 점선을 따라 화살표 방향으로 접는다.

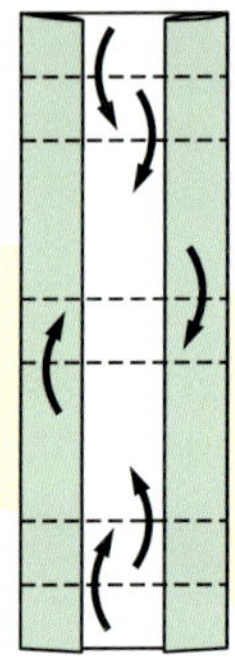

3 보조선대로 한 번씩 접어둔다.

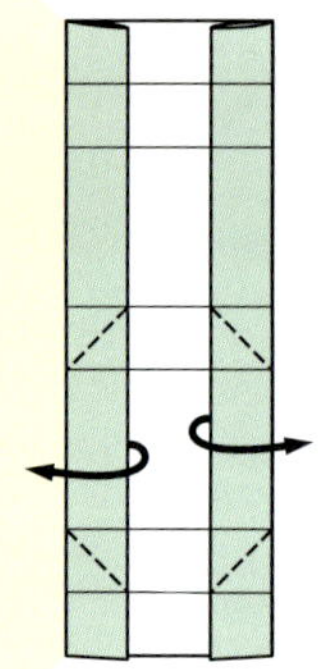

4 점선을 따라 대각선으로 접고 안을 펴서 입체로 만든다.

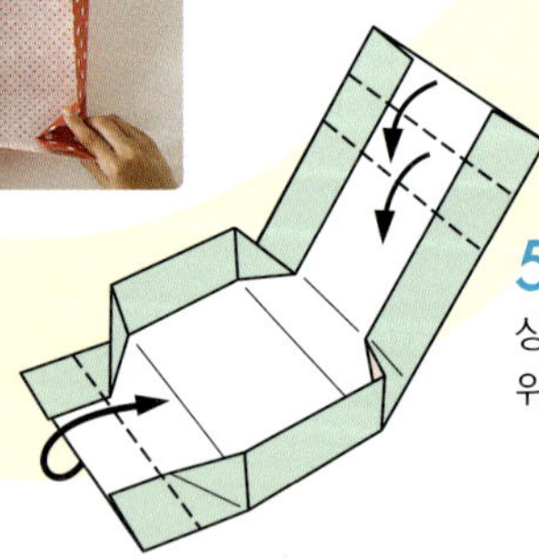

5 4를 접은 모습. 앞쪽을 상자 안으로 접어 넣고, 위로 이중으로 접는다.

10 포크, 나이프 케이스 19쪽

종이 사이즈 : 24×24cm

완성품 : 세로17×가로9cm

포인트 : 다른 색의 종이 두 장을 겉으로 겹쳐 접거나, 양면지를 사용합니다.

1

가로 세로 모두 반으로 접어 4등분으로 접는다.

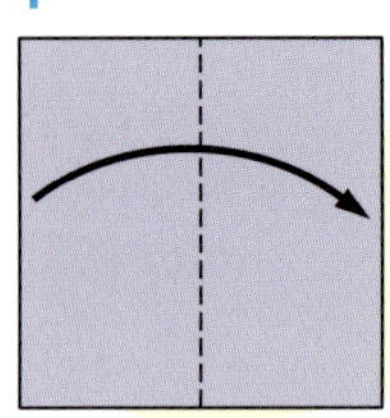

2

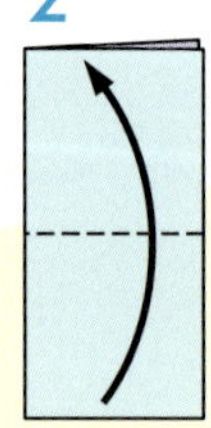

8 델리백 18쪽

18쪽

종이 사이즈 : **대** **본체** 36×36cm, **뚜껑** 30×30cm
중 **본체** 30×30cm, **뚜껑** 17×17cm
소 **본체** 21×21cm, **뚜껑** 12.5×12.5cm

완성품 : **대** 세로19×가로19×높이20.5cm
중 세로11×가로11×높이12cm
소 세로8×가로8×높이8.5cm

포인트 : 켄트지 등 두꺼운 종이가 가장 좋습니다. 보조선을 만들고 나서 접습니다. 좌우의 겹치는 부분은 펼쳐지지 않도록 확실히 고정합니다.

1 종이 뒷면에 사이즈대로 얇게 선을 그어두고, 주걱 등으로 보조선을 만든다. 계속해서 그림대로 보조선을 따라 산 접기, 계곡 접기를 한다.

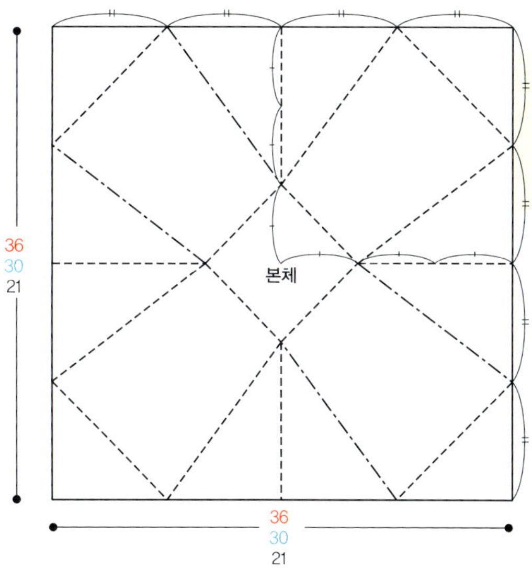

빨간색 숫자는 (대)사이즈, 파란색 숫자는 (중)사이즈, 검정색 숫자는 (소)사이즈

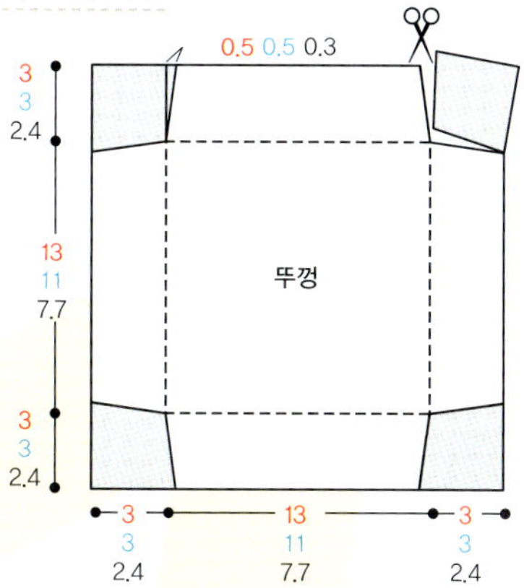

2 뚜껑은 네 모퉁이를 오리고 나서 점선대로 접는다.

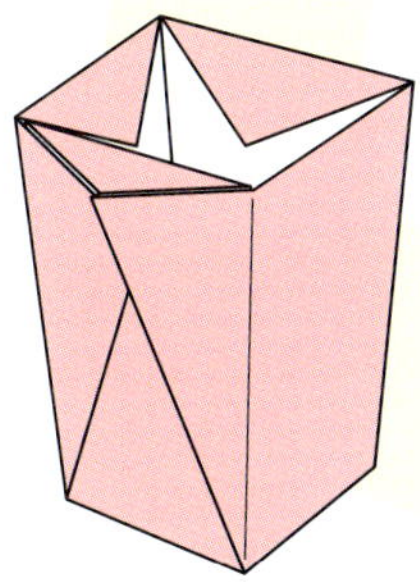

3 산 접기, 계곡 접기의 보조선대로 조립한다.

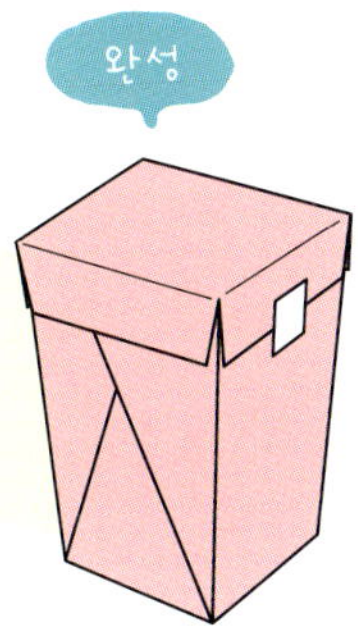

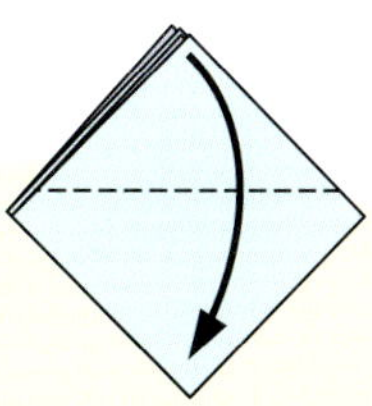

3 열린 쪽을 위로 두고, 첫 번째 장을 중앙보다 조금 위쪽에서 접는다.

4 두 번째 장, 세 번째 장도 조금씩 밑으로 내려가며 접는다.

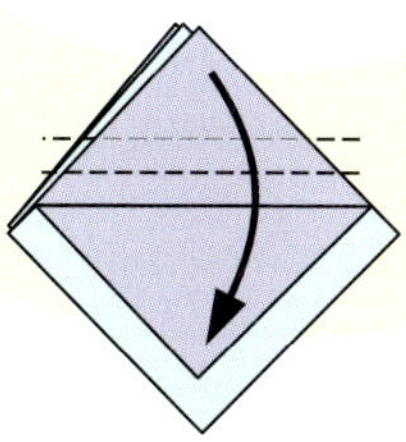

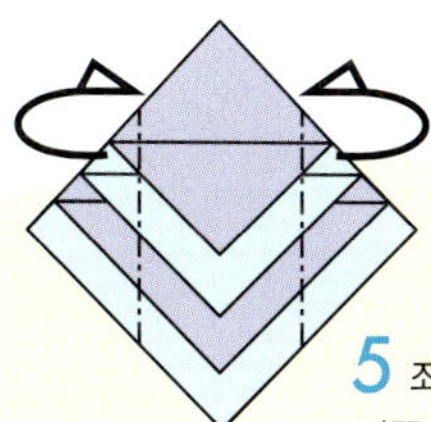

5 좌우의 모서리를 뒤쪽으로 접는다.

11 정방형 상자 20쪽

종이 사이즈 : 대 **본체** 29.5×29.5cm, **뚜껑** 23×23cm
중 **본체** 22.5×22.5cm, **뚜껑** 17×17cm
소 **본체** 17×17cm, **뚜껑** 13×13cm

완성품 : 대 세로10.5×가로10.2×높이5cm (본체 안 치수)
중 세로8×가로8×높이4cm (본체 안 치수)
소 세로6×가로6×높이3cm (본체 안 치수)

포인트 : 뚜껑과 본체의 치수나 비율은 다르지만 접는 법은 같습니다.

★원하는 사이즈로 접고 싶을 때는…37쪽

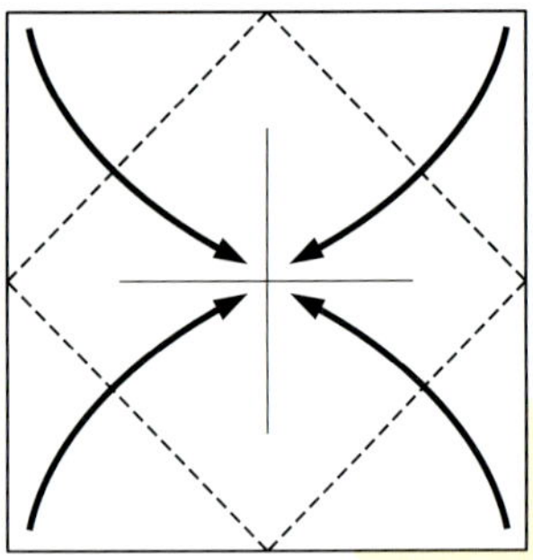

1 중심에 표시를 하고 4개의 모서리를 가운데 방향으로 접는다.

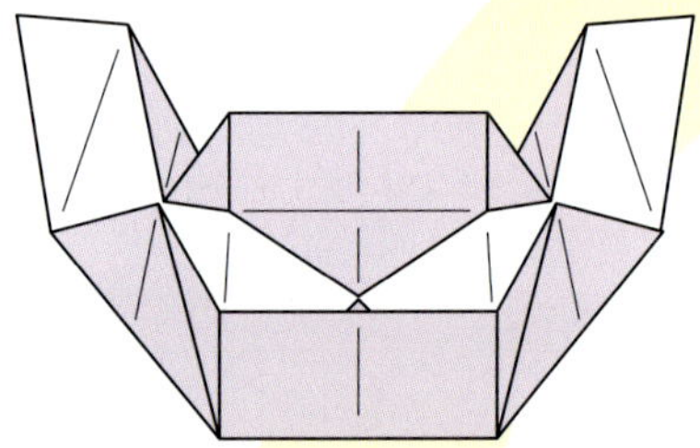

5를 접은 모습

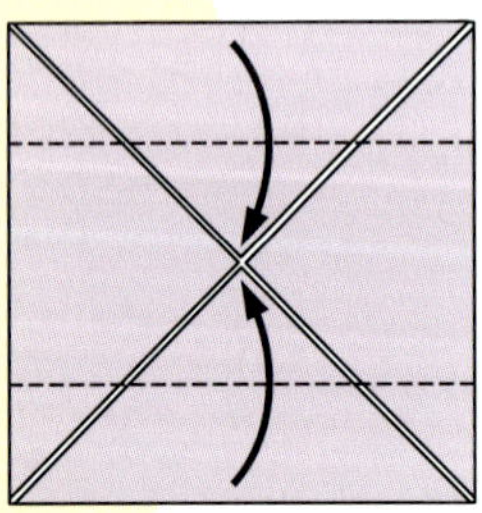

2 위아래 변을 중심에 맞춰 접는다.

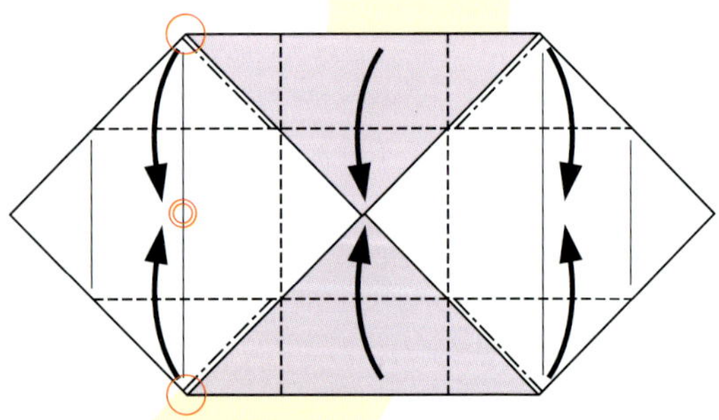

5 그림처럼 한 번 펼친 다음, 전체를 화살표 방향으로 접으면서 입체를 만든다. 산 접기 부분으로 세우듯이 하여 ○의 모서리를 ◎에 맞추면 된다. 오른쪽도 똑같이 접는다.

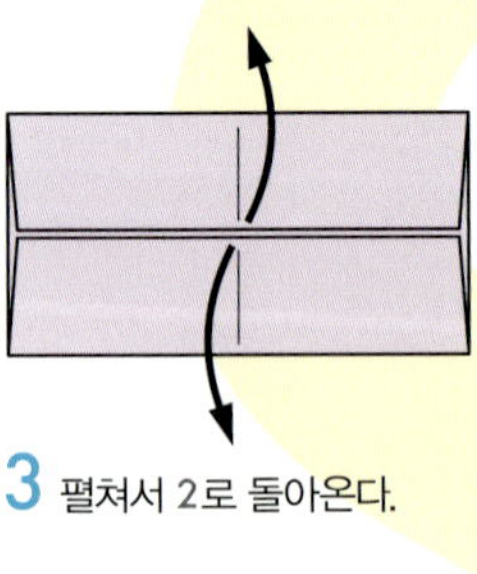

3 펼쳐서 2로 돌아온다.

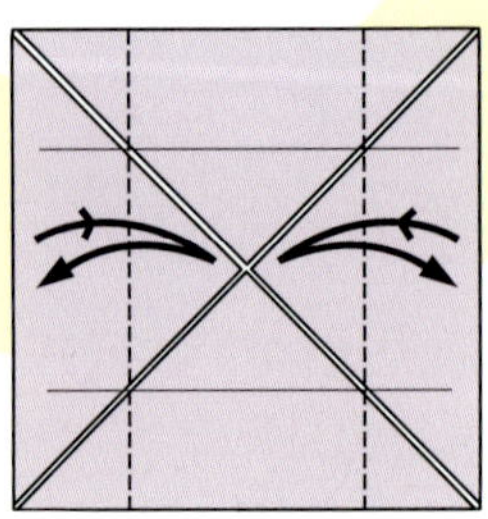

4 좌우의 변도 똑같이 중심에 맞춰 접었다 펴준다.

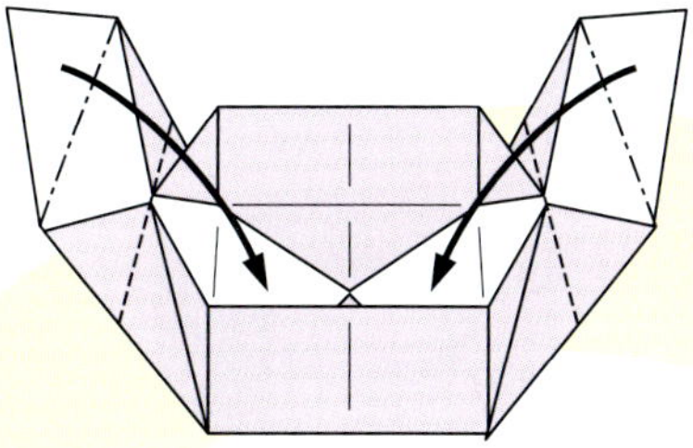

6 좌우의 튀어나온 부분을 아래에 깔듯이 접는다.

완성

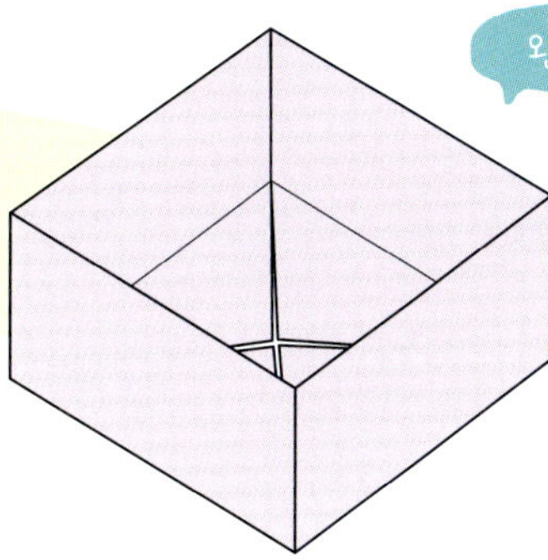

뚜껑 접는 법

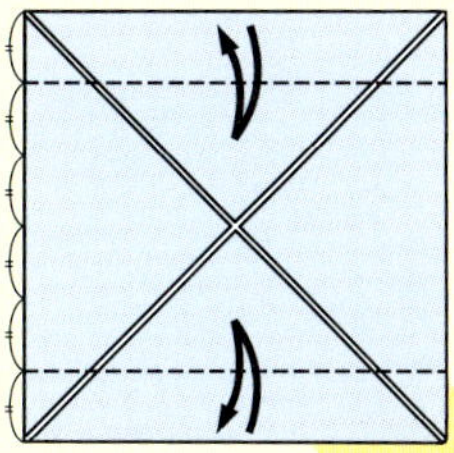

1 본체의 1과 같이 접은 다음 위아래 모두 끝에서 6분의 1 지점에서 접었다 펴준다.

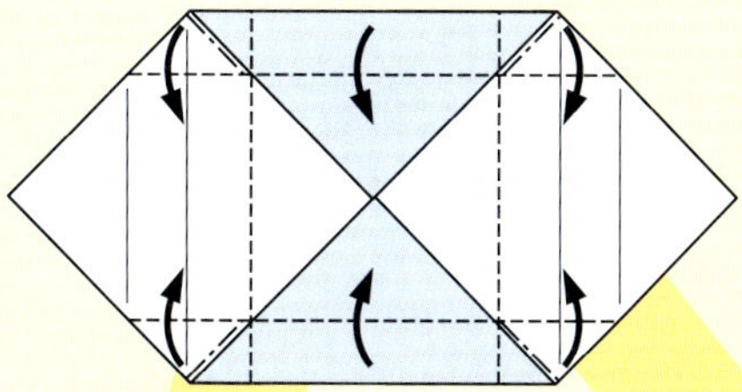

3 그림처럼 펴준 다음 본체의 5~6과 같이 입체로 접는다.

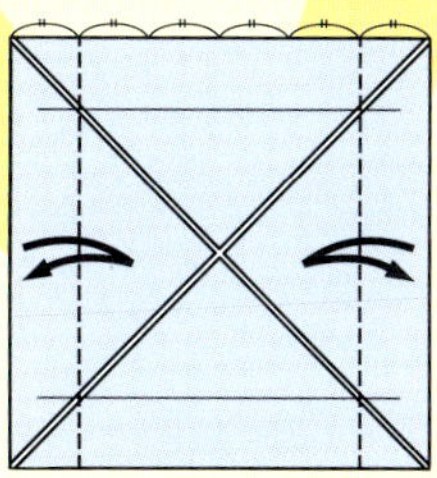

2 좌우도 6분의 1 지점에서 접었다 펴준다.

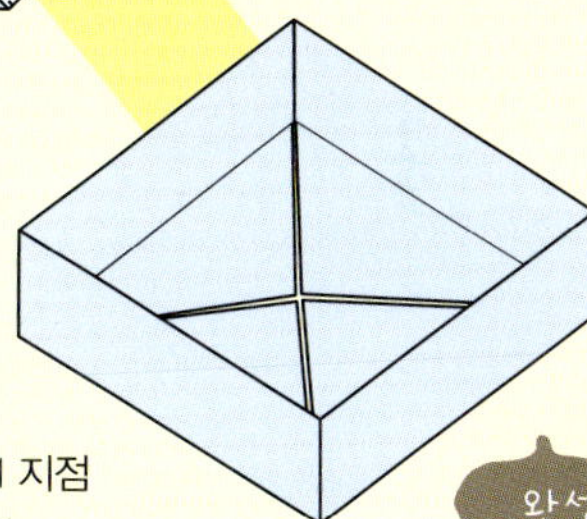

완성

종이를 둘 때의 포인트

스트라이프나 격자 무늬는 처음 접기 시작할 때부터 주의하세요. 비교해보겠습니다.

대각선방향

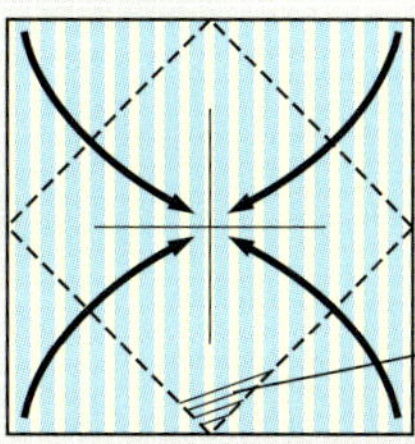

스트라이프가 대각선이 되도록 접는 법
(※사진의 작품은 이것)

뚜껑의 앞면이 되는 부분

평행방향

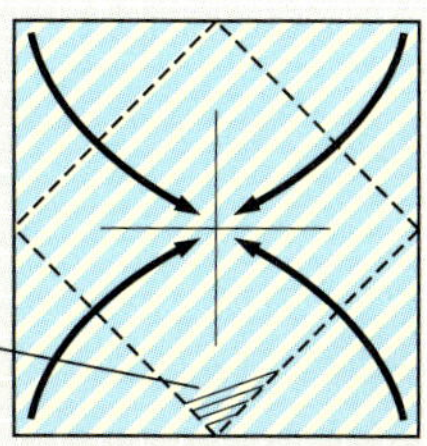

스트라이프가 상자 가장자리와 평행이 되도록 접는 법

▲ 대·중·소의 비율 차이는 이 정도입니다.

12 서랍 상자 21쪽

종이 사이즈 : 본체 29×29cm 서랍 28×28cm

완성품 : 서랍 세로6.5×가로6.5×높이6.5cm(안 치수)

포인트 : 중량이 있는 것을 넣을 때는 두꺼운 종이로 접거나,
겹치는 부분을 풀로 붙이면 튼튼합니다.

★원하는 사이즈로 접고 싶을 때는…37쪽

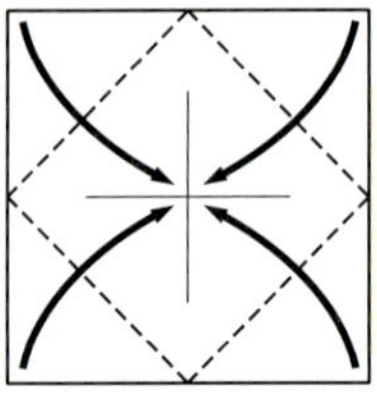

1 중심에 표시를 해두고
4개의 모서리를 가운데
방향으로 접는다.

2 위아래 모두 끝에서
3분의 1 지점에서
접었다 펴준다.

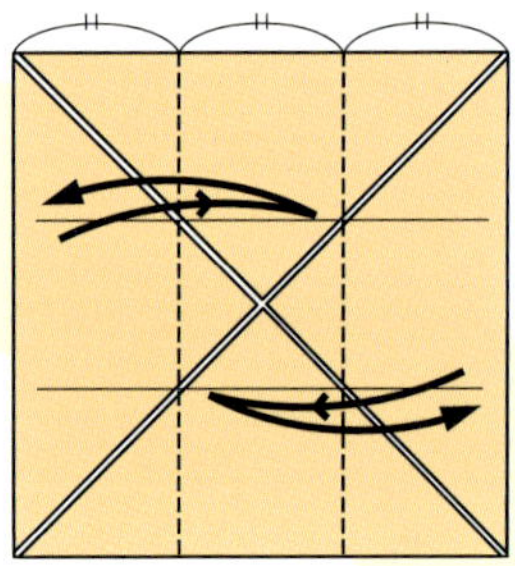

3 좌우도 3분의 1 지점에서
접었다 펴준다.

4 그림처럼 한 번 펴준 다음
전체를 화살표 방향으로
접으면서 입체를 만든다.
산 접기 부분으로 접어 ○의
모서리를 ◎에 맞추면 된다.
오른쪽도 똑같이 접는다.

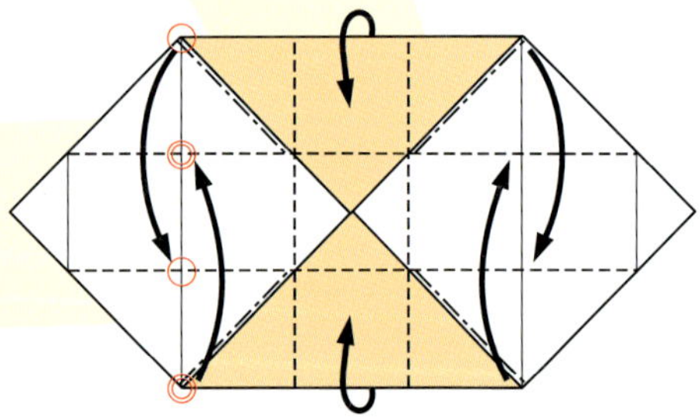

5 좌우의 튀어나온 부분을
아래에 깔듯이 접는다.

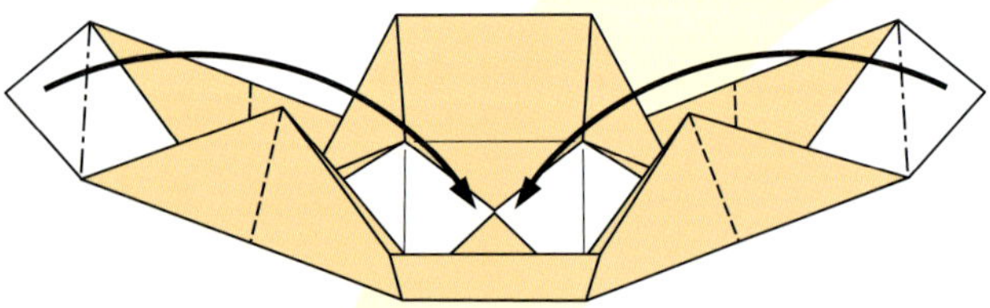

완성

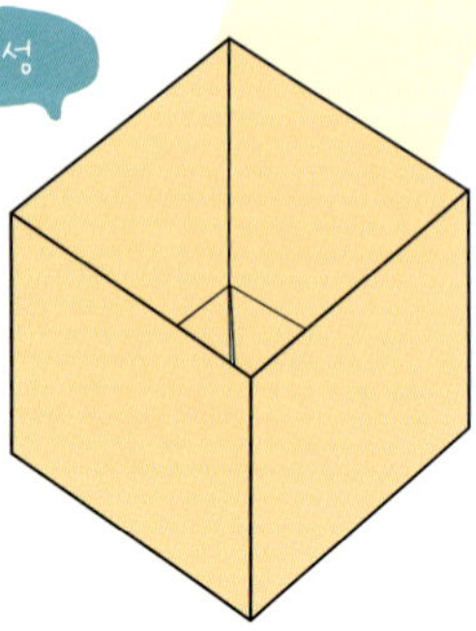

크고 작은 상자를
서랍 형태로 조립한다.

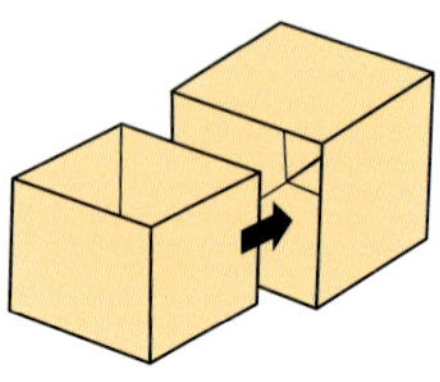

뚜껑 있는
입방체 상자에도

11번 '정방형 상자'의 뚜껑은
이 입방체 상자에도 쓸 수 있습니다.
서랍 사이즈에 맞춰 15.5×15.5cm
사이즈로 접으세요.

원하는 사이즈로 접고 싶을 때

넣고 싶은 물건 사이즈에 맞춰서 상자를 접을 수 있습니다. 그림을 참고하여 첫째, 상자의 크기를 정하고, 둘째, 필요한 종이 사이즈를 정하세요.

※ 아래의 치수는 표준적인 두께의 종이(복사 종이 정도)를 기준으로 한 것. 두께에 따라 완성된 사이즈는 달라집니다.

3 파운드케이크 상자

(사진 14쪽, 접는 법 28쪽)

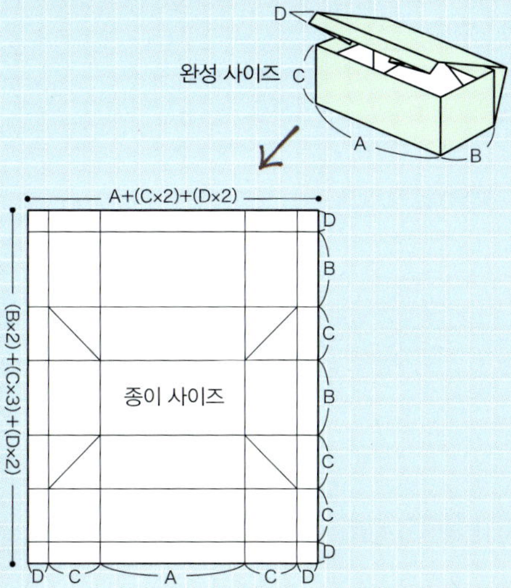

5 오픈 상자

(사진 15쪽, 접는 법 29쪽)

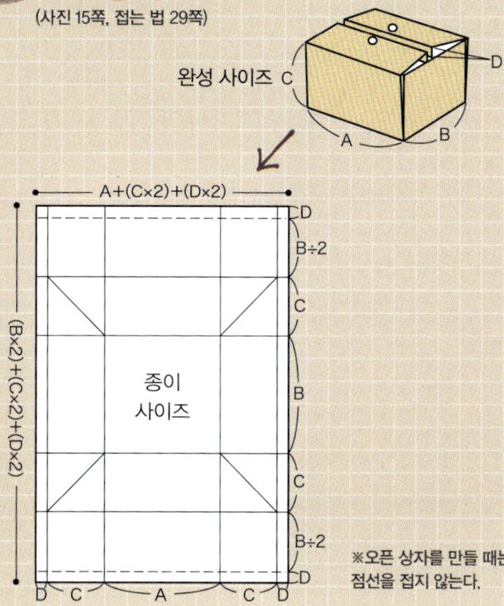

※오픈 상자를 만들 때는 점선을 접지 않는다.

9 도시락 상자

(사진 19쪽, 접는 법 32쪽)

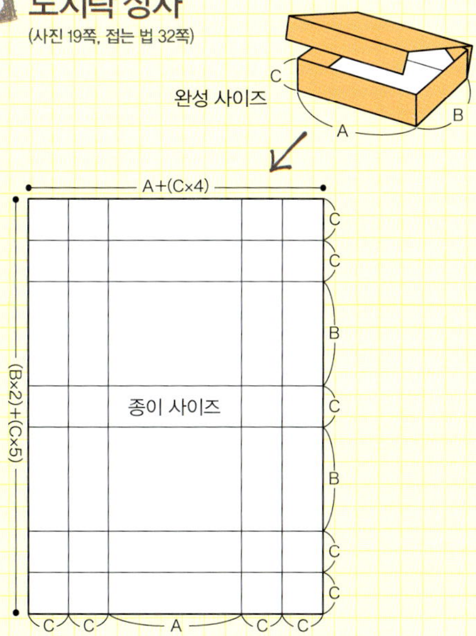

11 정방형 상자

(사진 20쪽, 접는 법 34쪽)

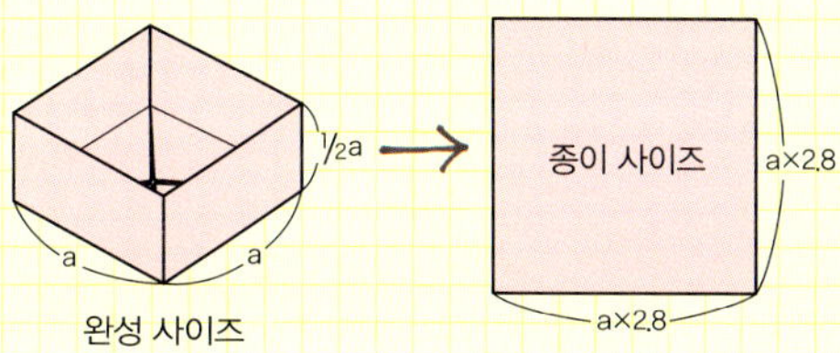

12 서랍 상자(입방체 상자)

(사진 21쪽, 접는 법 36쪽)

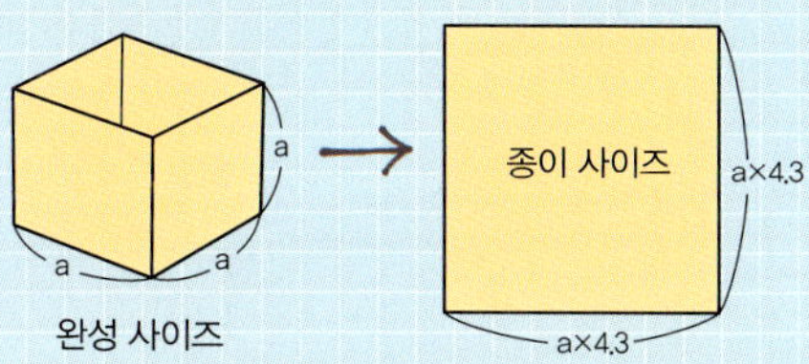

13 투톤상자 22쪽

종이 사이즈 : 대 **뚜껑** 세로21×가로30cm, 4장 (접는 번호 13참조)
본체 31×31cm
소 **뚜껑** 세로18×가로26cm, 4장
본체 27.5×27.5cm

완성품 : 대 세로7.5×가로7.5×높이7.5cm (본체 안 치수)
소 세로6.6×가로6.6×높이6.6cm (본체 안 치수)

포인트 : 2색×2장으로 나누어 만든 다음 조립합니다.
종이가 두껍지 않아야 만들기 쉽습니다.
상자 본체는 12 '서랍 상자'(32쪽) 접는 법과 같습니다.

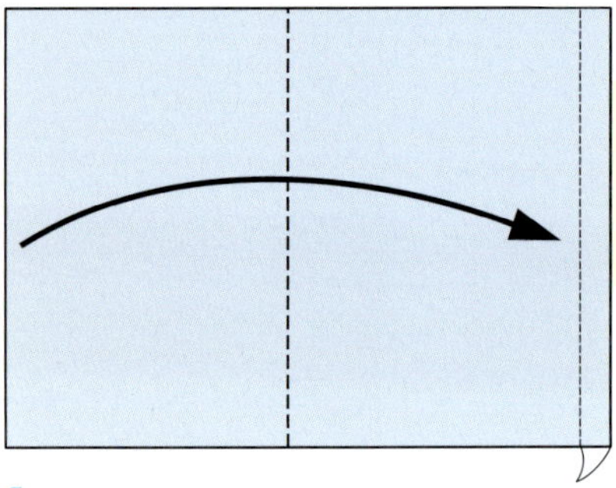

1 오른쪽 끝을 1.5cm 비우고 반으로 접는다.

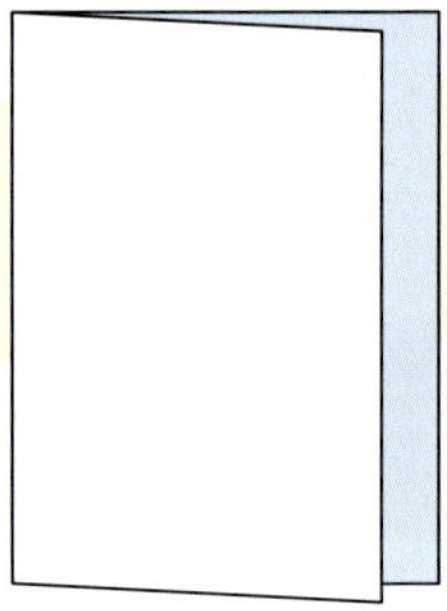

1을 접은 모습

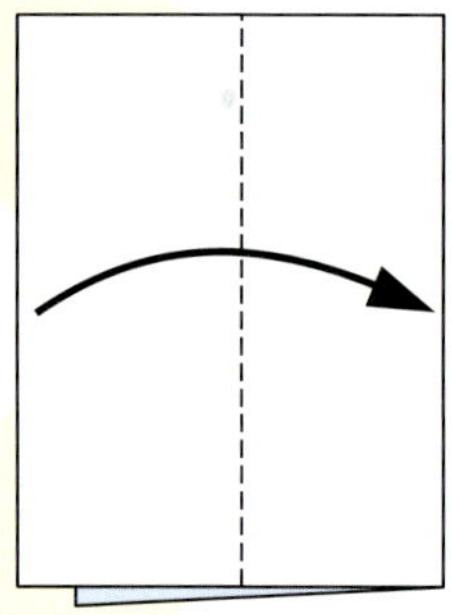

2 위의 1장만 양 가장자리를 맞춰 접는다.

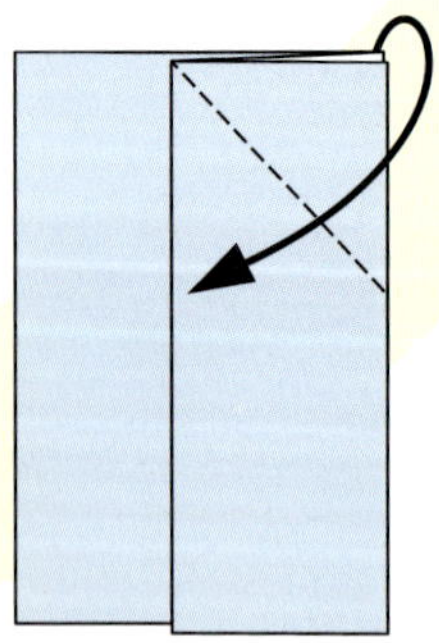

3 양 가장자리가 맞도록 모서리를 접는다.

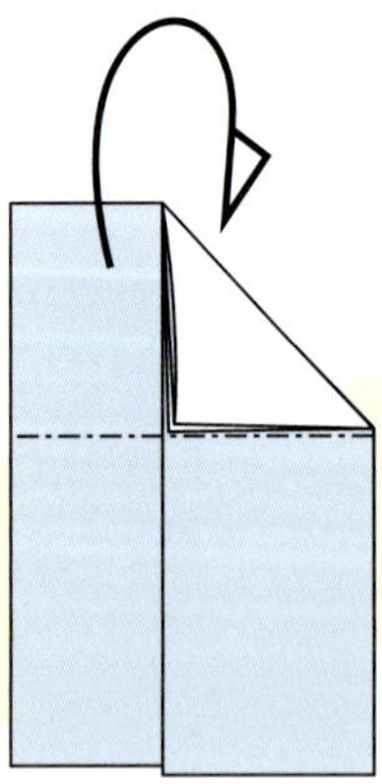

4 가장자리에서 산 접기를 한다.

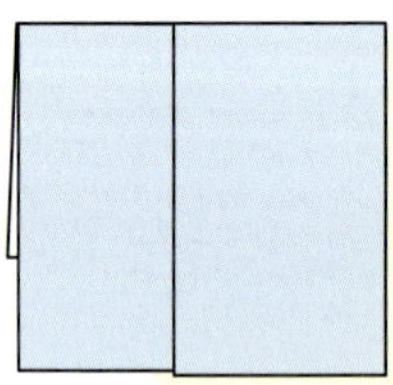

4를 접은 모습

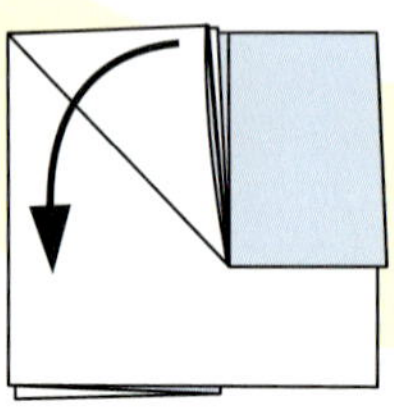

5 뒤집어서 모서리를 펴준다.

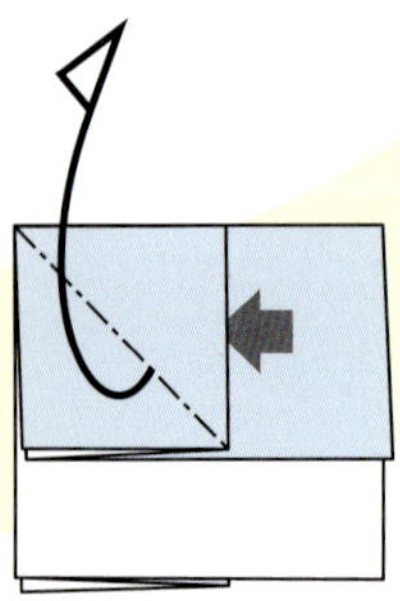

6 ⬅ 부분에 손가락을 넣어 안쪽을 펼쳐서 눌러 접는다.

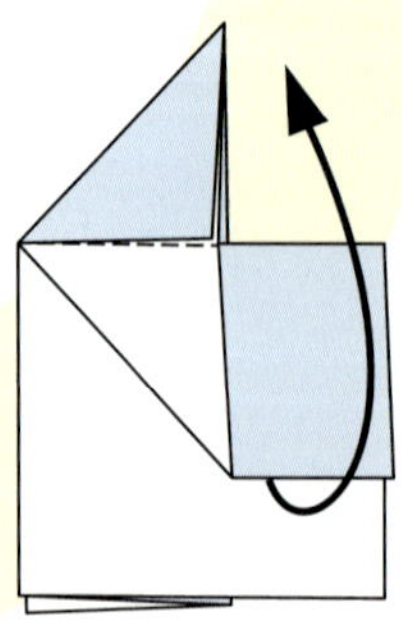

7 접어 올린다.

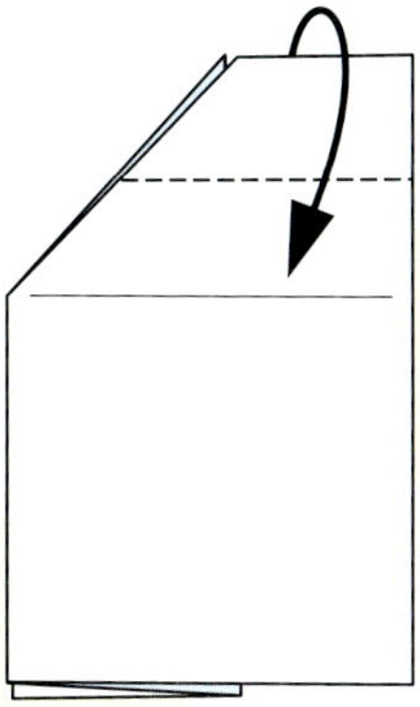

8 앞쪽 1장만 보조선에
맞춰 접어 내린다.

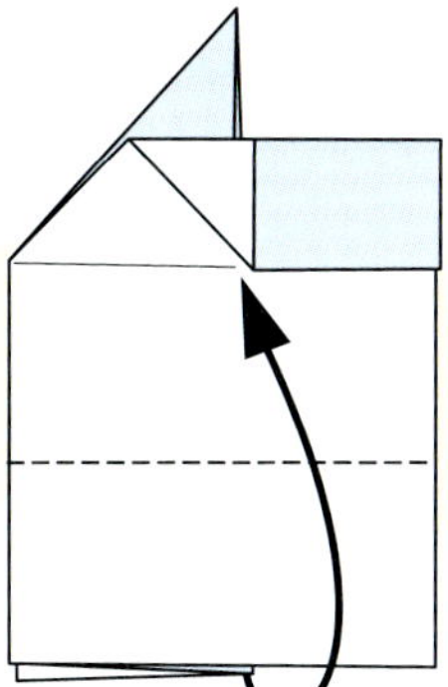

9 아랫부분 전체를 보조선에
맞춰 접어 올린다.

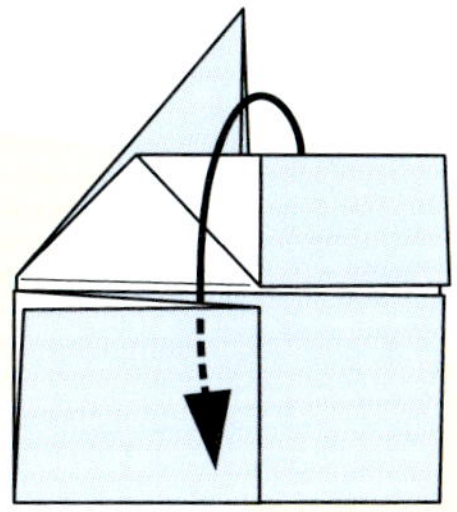

10 앞쪽의 1장을
빈 공간에 끼워 넣는다.

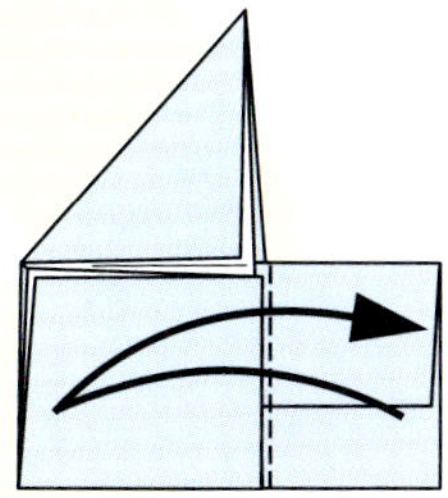

11 2개로 접어 펴주고
보조선을 만들어둔다.
같은 것을 2색×2장으로
접는다.

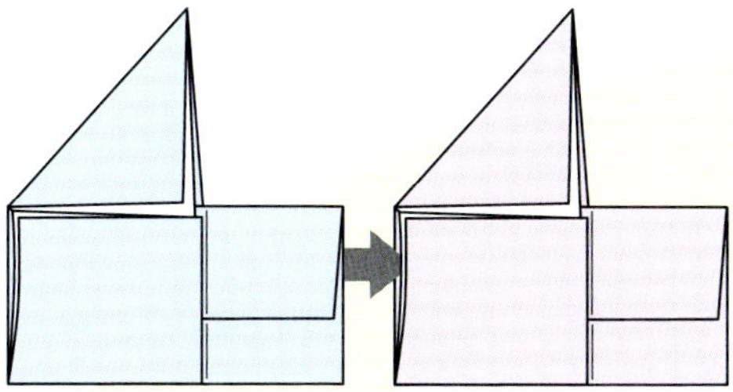

12 오른쪽 부분 전체를
중간 빈 곳에 껴두고
각각 접은 것을 연결한다.

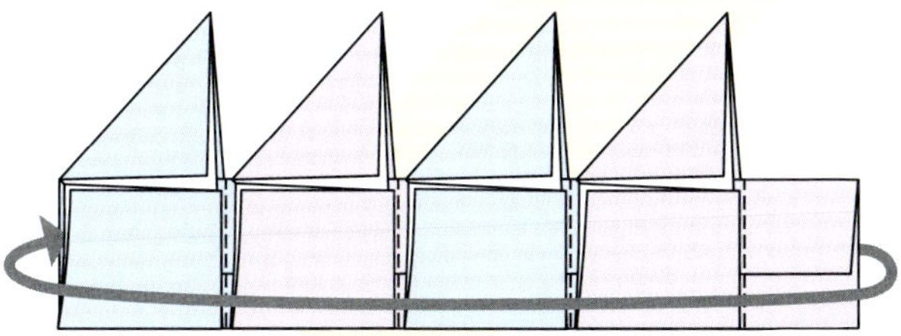

13 첫 번째 것과 네 번째 것도
똑같이 끼워서 연결하고
입체로 만든다.

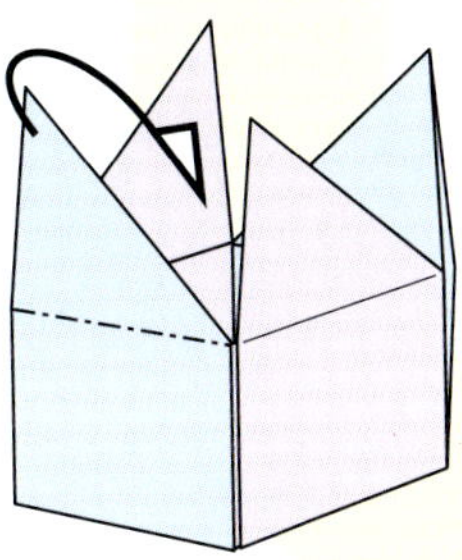

14 각 모서리 접어 겹친다.

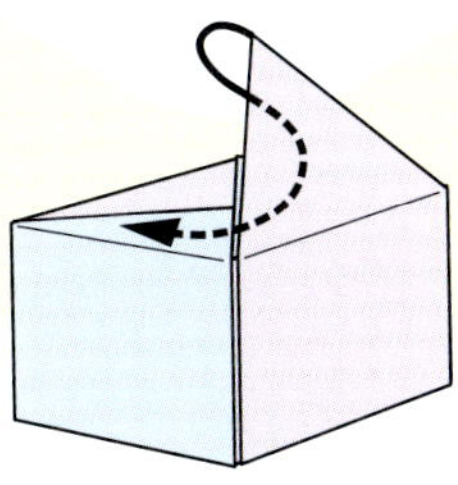

15 마지막 모서리는
처음 모서리의 아래에 끼운다.

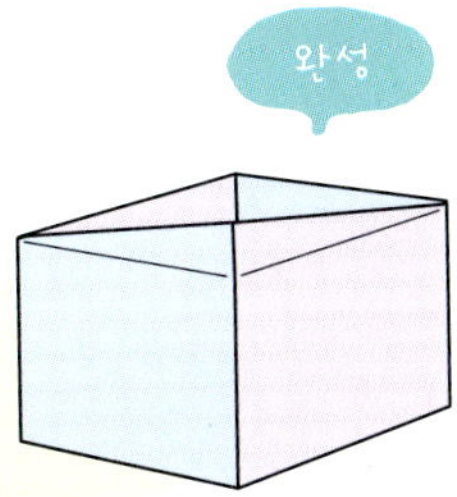

14 토트백 23쪽

종이 사이즈 : 대 63×63cm 소 40×40cm

완성품 : 대 세로18×가로22×덧단 4~8cm

소 세로11.5×가로14×덧단 3~6cm

포인트 : 무거운 것을 넣을 때는 두꺼운 종이로 만드세요. 뿌리는 풀 등으로 겹치는 부분을 가볍게 붙여두면 더 튼튼해집니다.

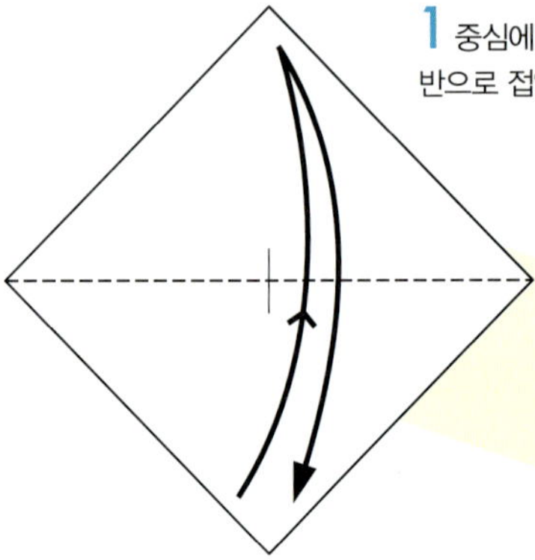

1 중심에 표시를 하고 반으로 접었다 펴준다.

2 좌우 모서리를 중심에 맞춰 접어 보조선을 만든다. 두꺼운 점선부분만 보조선을 만들어두면 깔끔하게 완성된다.

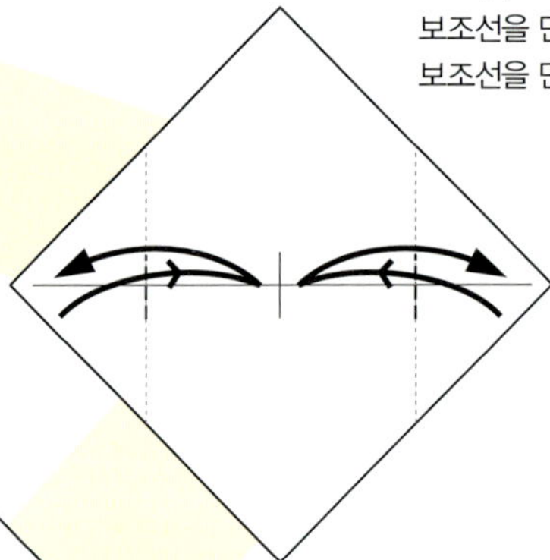

3 2에서 만든 보조선에 맞춰 왼쪽 모서리를 접었다 펴준다. 오른쪽도 똑같이 접는다.

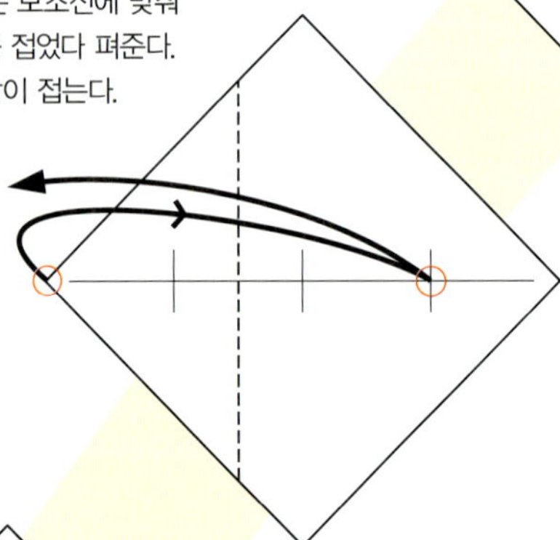

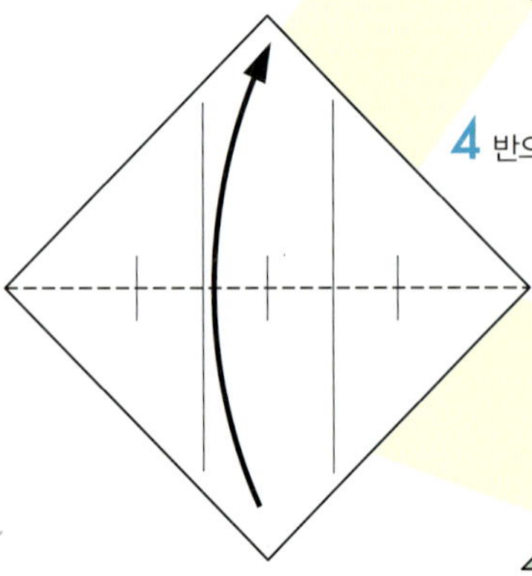

4 반으로 접는다.

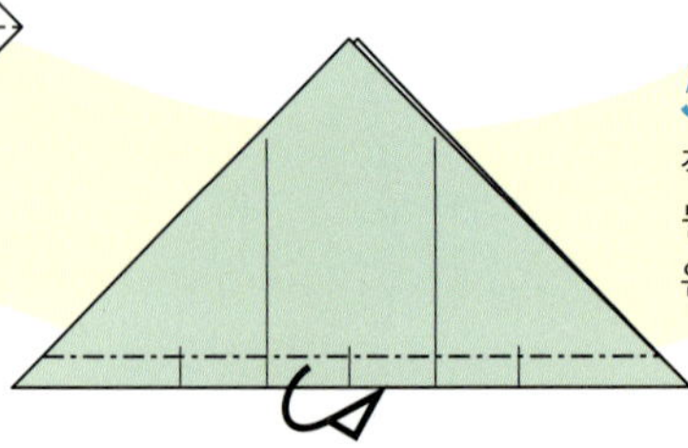

5 가방의 덧단(2~4cm 폭, 작은 사이즈는 1.5~3cm 폭)이 될 부분을 접는다. 이 폭의 2배가 완성된 덧단의 실제 폭이 된다.

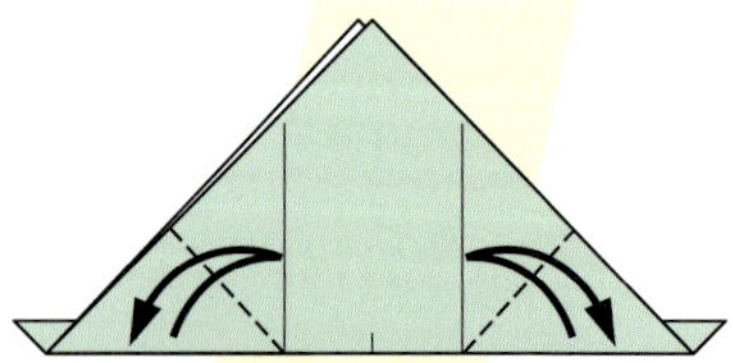

6 양 가장자리를 접었다 펴준다.

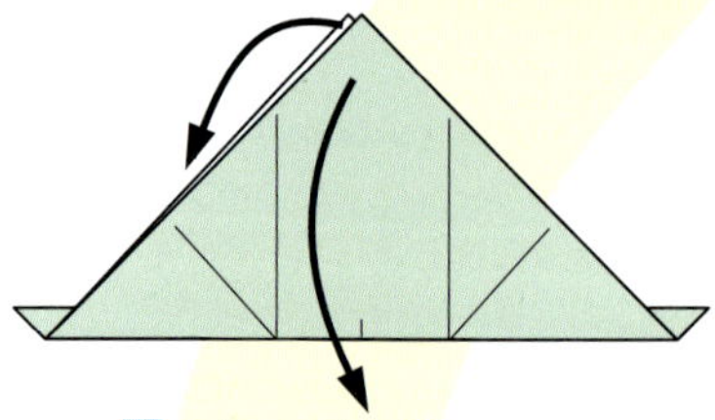

7 처음으로 돌아간다.

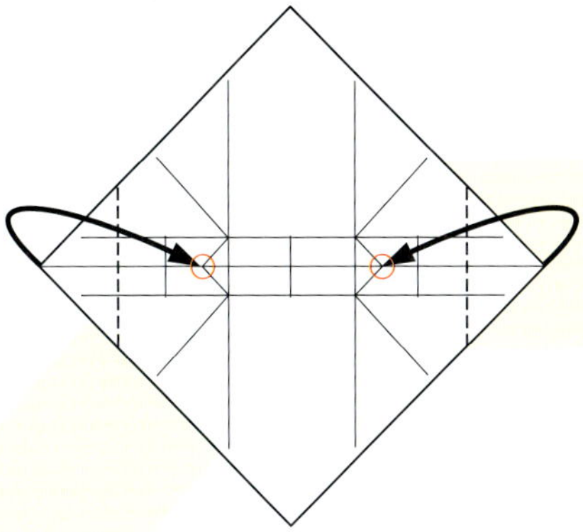

8 ○부분에 맞춰
좌우 모서리를 접는다.

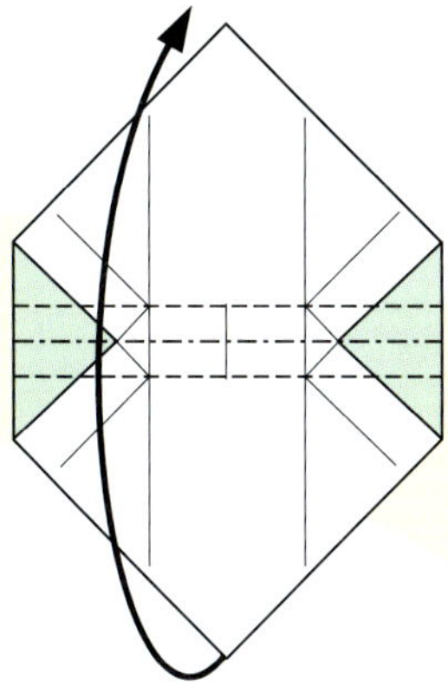

9 계곡→산→계곡
접기 순으로 접어 아래쪽
모서리를 위로 접는다.

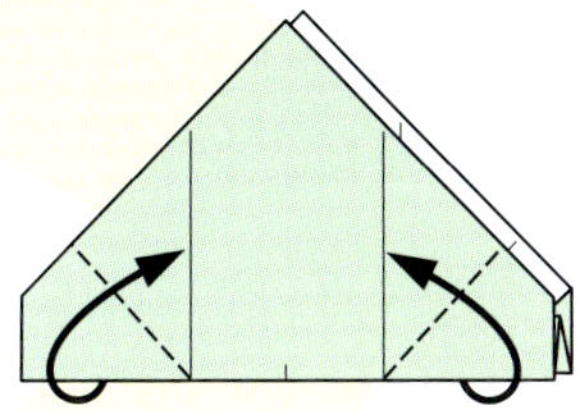

10 6의 보조선대로 접는다.

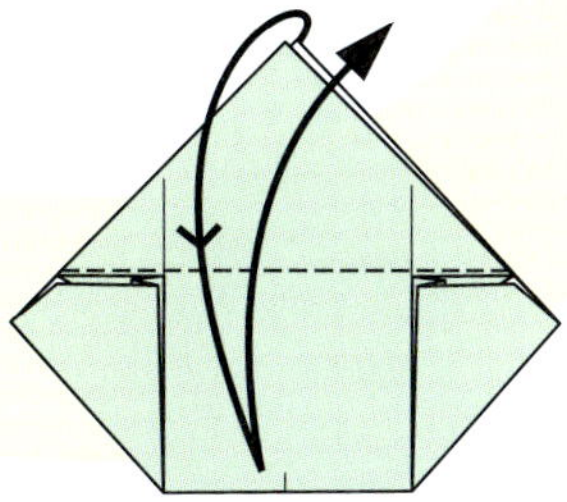

11 위쪽 끝부분을 접었다 펴준다.

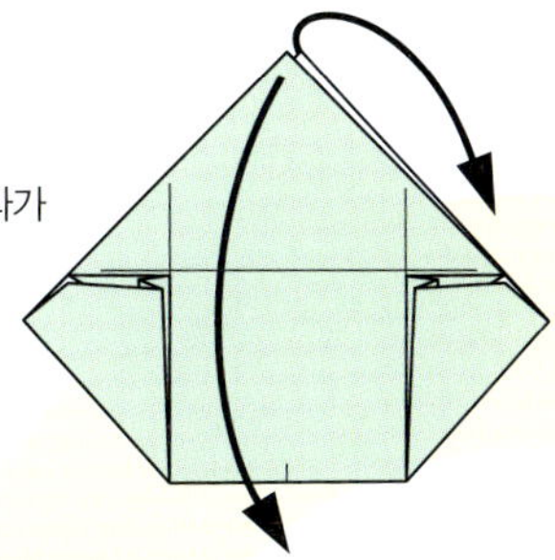

12 한 번 더 폈다가
13처럼 펴준다.

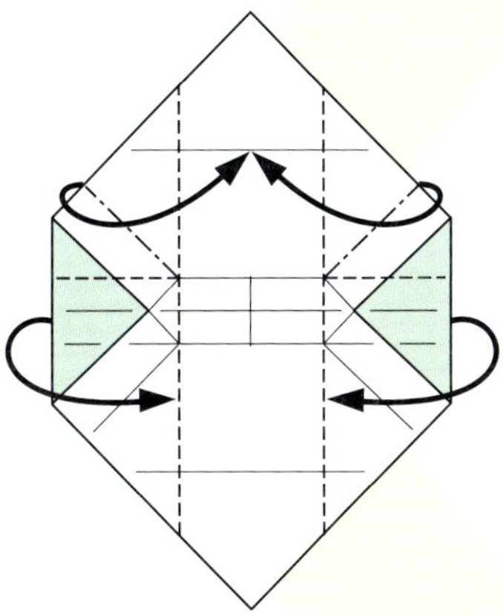

13 산 접기 부분을 세워서
전체를 입체로 만든다.

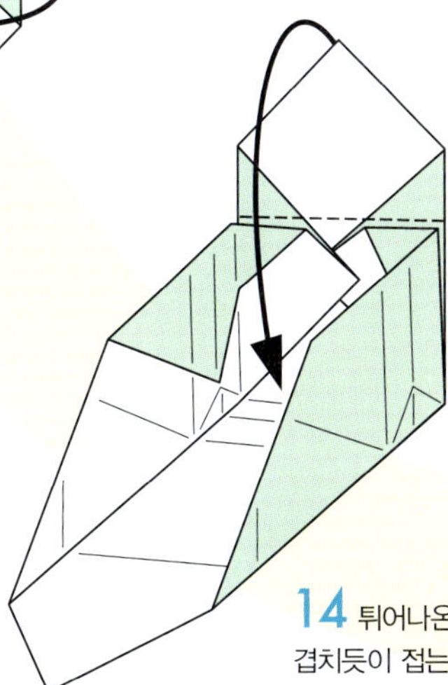

14 튀어나온 부분을
겹치듯이 접는다. 반대쪽도
13~14와 같이 접는다.

▲손잡이 부분은 끈 이외에도 다 쓴 종이봉투의
손잡이를 재활용하는 것도 좋습니다.

Welcome

PART.2

테이블에 감각을 더하는
아기자기 주방 소품

15 전통적인 젓가락 케이스

요리를 눈에 띄게 만드는 다양한 젓가락 케이스

전통적인 분위기의 젓가락 케이스를 모아봤어요. 맘에 드는 종이로 접어보세요. 평범한 식탁이 젓가락 케이스 하나로 분위기가 확 바뀝니다.

접는법··· 56쪽

16 현대적인 젓가락 케이스

화사하고 세련된 종이로 접으면 파티 테이블에 제격!

종이 무늬나 색상을 고르는 것이 즐거운 다양한 젓가락 케이스.
파티용으로 많이 만들어 테이블 위를 화려하게 꾸며보세요.

접는법 … 57쪽

식사 시간을 더욱 즐겁게 해주는 작고 귀여운 젓가락 받침

17 토끼 모양 젓가락 받침

접는법…58쪽

19 매듭 모양 젓가락 받침

접는법…57쪽

18 모자 모양 젓가락 받침

접는법…60쪽

귀엽고 멋스런 소품으로 식탁에 핸드메이드 분위기를 더하는 최강의 아이템.
테이블을 둘러싼 사람들을 상상하면서 색상이나 무늬를 골라보세요.

20 배 모양 트레이

마음에 드는 포장지로 만들어 과자를 더 먹음직스럽게

손님이 과자를 사오면 그 자리에서
포장지를 접어 대접해보면 어떨까요?
손님이 아주 기뻐할 거예요.

접는법…62쪽

21 학 모양 젓가락 케이스

접는법…64쪽

22 벚꽃 모양 접시

접는법…66쪽

접대의 마음을 담아 접는 그릇들. 잔잔한 색상으로 접어야 과자가 두드러집니다.

조용한 티타임에 어울리는 청초한 그릇들
마주 앉은 이에게 전하는 다정한 마음

23 종이 깔개

접는법…68쪽

24 학 모양 종이 깔개

접는법…63쪽

25 이쑤시개 케이스

접는법…68쪽

접는 법을 외워두면 편리한 가루 포장법 3가지
파티에 가져가는 허브나 소금도 예쁘게 접어 편리하게 사용하세요.
요리가 더 맛있게 느껴질 거예요.

26 약봉지

접는법… 70쪽

27 삼각형 포장

접는법···71쪽

28 후추 포장

접는법···70쪽

29 과자 접시

무엇을 넣든지 업그레이드
두 가지 색을 사용한 소박한 그릇

보통 과자도 담는 그릇에 따라 멋스런 과자로 변신.
먹으면서 이야기하다 보면 가족 간의 대화도 더 즐거워져요.
언제 어디서나 쉽게 접을 수 있는 그릇입니다.

접는법··· 72쪽

30 사탕 상자

달콤함이 수북히!
입구가 넓어서 더 풍성해요

뚜껑의 접힌 부분 색상이 포인트인 사탕 상자.
담긴 내용물에 맞추어 여러 가지 사이즈로 만들어보세요.

접는법··· 74쪽

행복 나누기. 핸드메이드 소품으로 축복하는 결혼식

33 카드 스탠드

접는법… 79쪽

32 하트 모양 냅킨 링

접는법… 78쪽

31 포크, 나이프 받침

접는법… 76쪽

34 포토 프레임

접는법··· 81쪽

가족적인 분위기의 결혼식 자리.
사랑을 담아 접은 핸드메이드 물건들이
행복한 두 사람을 축복합니다.

15 전통적인 젓가락 케이스 44쪽

종이 사이즈 : 15×15cm

완성품 : 세로13×가로3.7cm

포인트 : 뒤집힌 세로 라인이 포인트. 겉은 무늬가 있는 종이, 안은 다른 색의 무지 종이가 좋습니다.

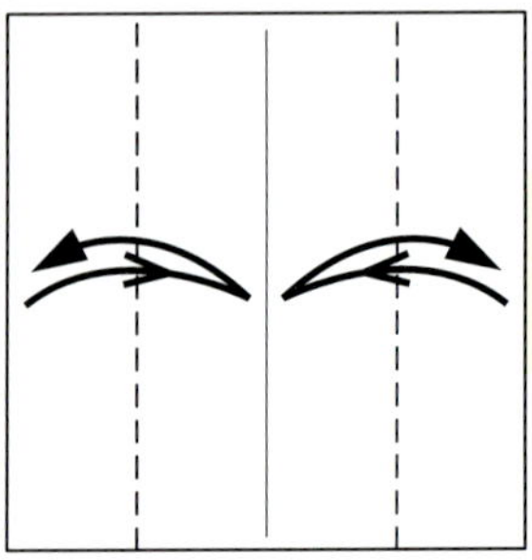

1 좌우를 반으로 접었다 펴준다. 그 보조선에 맞추어 한 번 더 좌우로 접었다 펴고 보조선을 만든다.

2 오른쪽 끝을 0.4cm 정도 산 접기 한다.

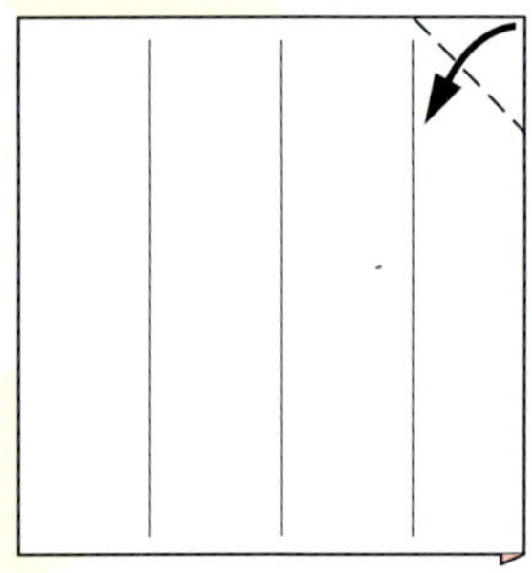

3 오른쪽 위의 모서리를 삼각형으로 접는다.

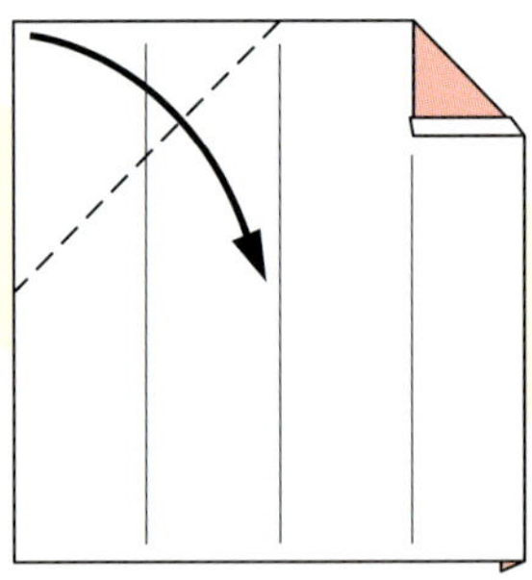

4 왼쪽 위의 모서리를 중앙선에 맞춰 삼각형으로 접는다.

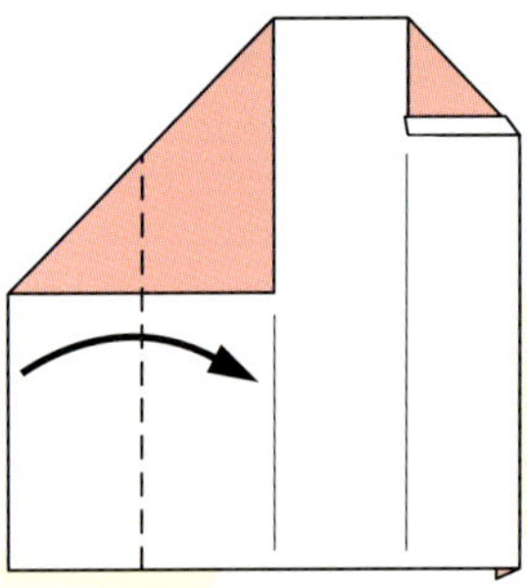

5 오른쪽 끝을 중앙선에 맞춰 접는다.

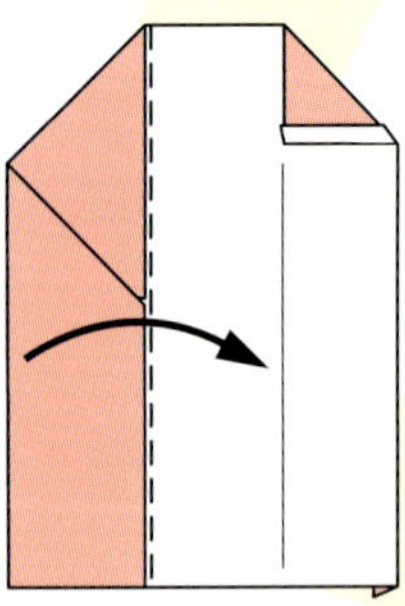

6 한 번 더 보조선에 맞춰 왼쪽을 접는다.

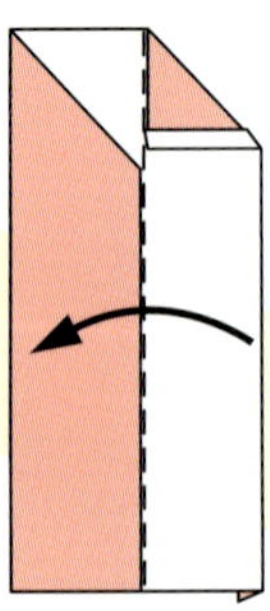

7 이번에는 오른쪽을 보조선대로 접는다.

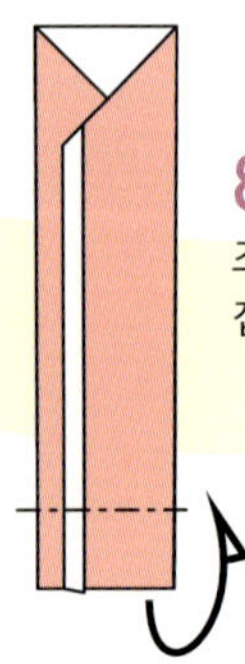

8 아랫부분을 조금만 뒤로 접어 올린다.

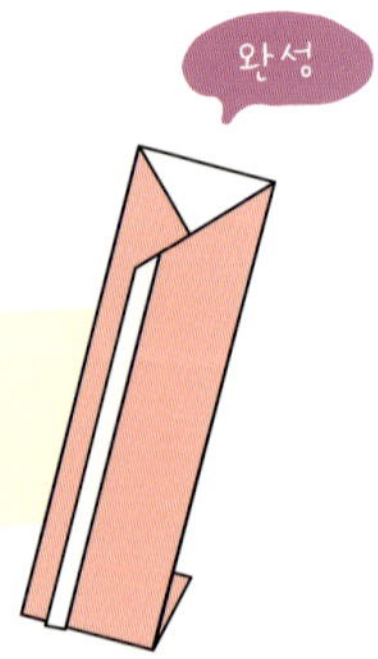

16 현대적인 젓가락 케이스 45쪽

종이 사이즈 : 케이스 세로18×가로12cm 별지 세로18×가로4cm

완성품 : 케이스 세로18×가로4cm

포인트 : 3등분으로 접은 주머니에 다른 무늬 종이를 끼우면 되는 간단한 젓가락 케이스.

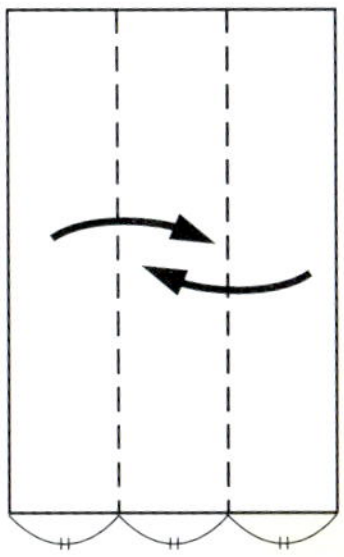

1 가로를 3등분한 다음, 우선 왼쪽부터 접고 오른쪽을 접는다.

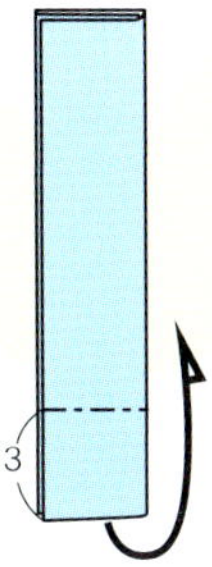

2 아래에서 3cm를 뒤쪽으로 접어 올린다.

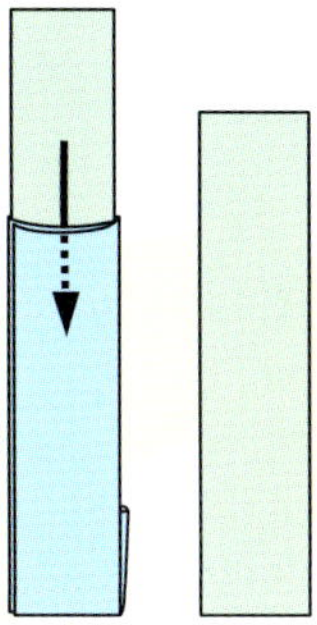

3 다른 종이를 2의 위에 끼운다.

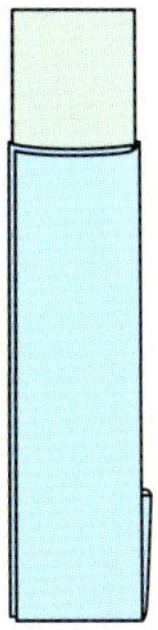

완성

펀치로 구멍을 뚫거나 좋아하는 일러스트를 그려 붙여서 나만의 스타일을 만들어보는 것도 즐겁습니다.

19 매듭 모양 젓가락 받침 46쪽

종이 사이즈 : 세로6×가로15cm

완성품 : 세로3.5×가로7.5cm

포인트 : 부드러운 종이를 이용하여 한 번 묶기만 하면 됩니다.

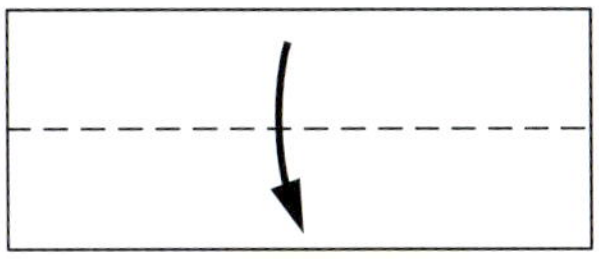

1 반으로 접는다.

3 2를 접은 모습. 이것을 한 번 묶어 매듭을 만든다.

완성

2 위에서 3분의 1 지점에서 계곡 접기를 하고, 아래에서 3분의 1 지점에서 산 접기를 한다.

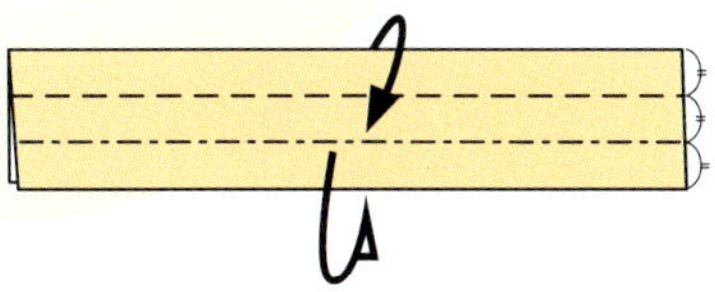

17 토끼 모양 젓가락 받침 46쪽

종이 사이즈 : 7.5×7.5cm

완성품 : 세로3×가로5×높이4.5cm

포인트 : 아이들이 좋아하는 토끼 모양 접기입니다.
탄력 있는 종이로 접는 게 좋습니다.

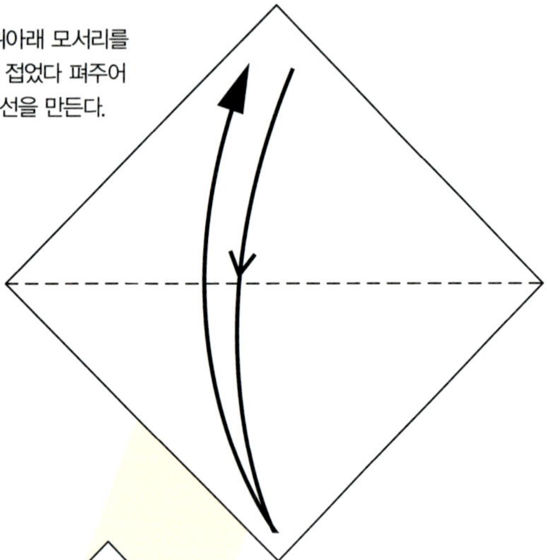

1 위아래 모서리를 맞춰 접었다 펴주어 보조선을 만든다.

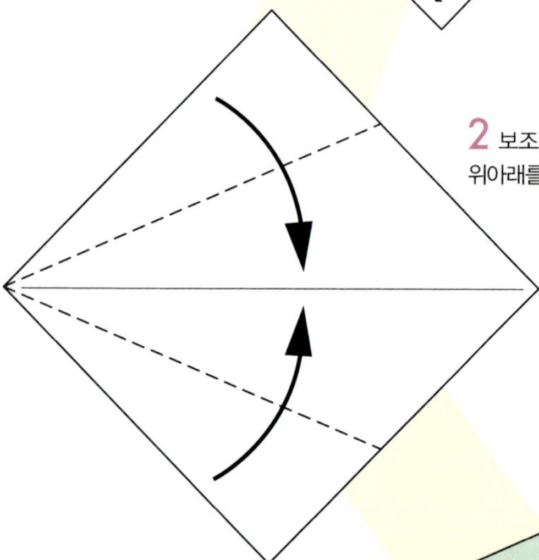

2 보조선에 맞춰 위아래를 접는다.

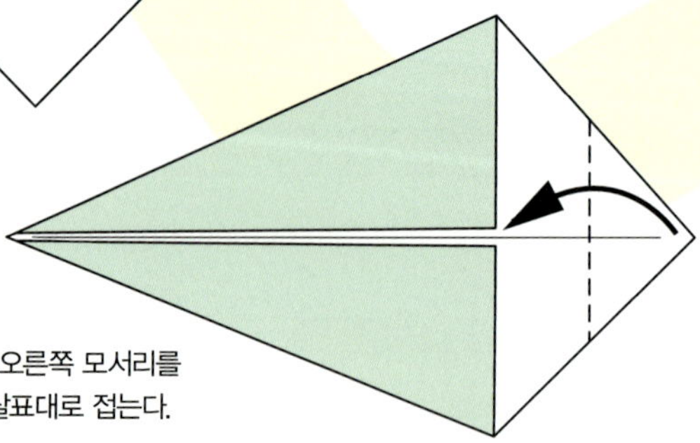

3 오른쪽 모서리를 화살표대로 접는다.

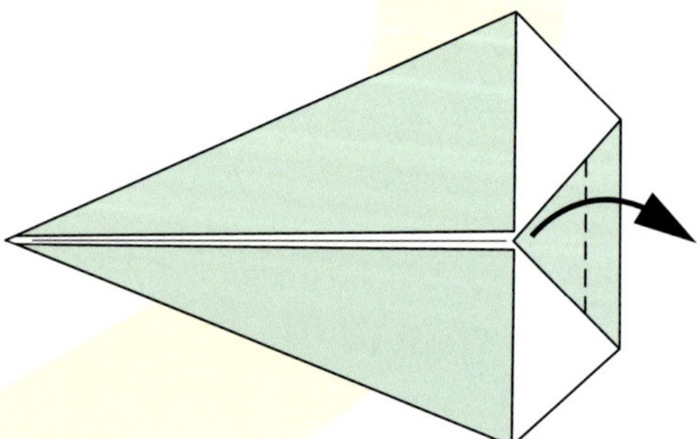

4 3에서 접은 삼각형의 모서리를 바깥 방향으로 펴준다.

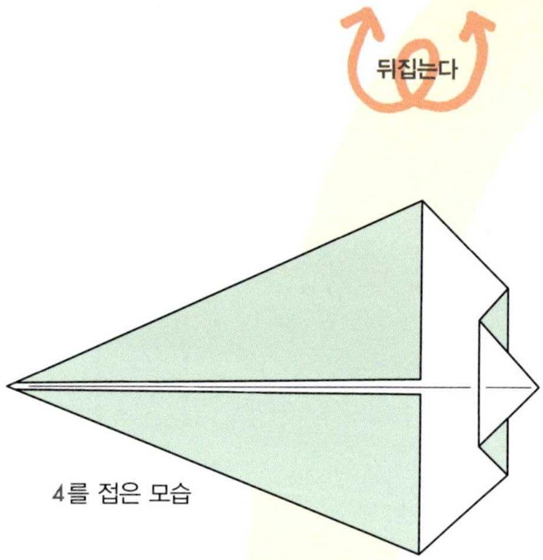

4를 접은 모습

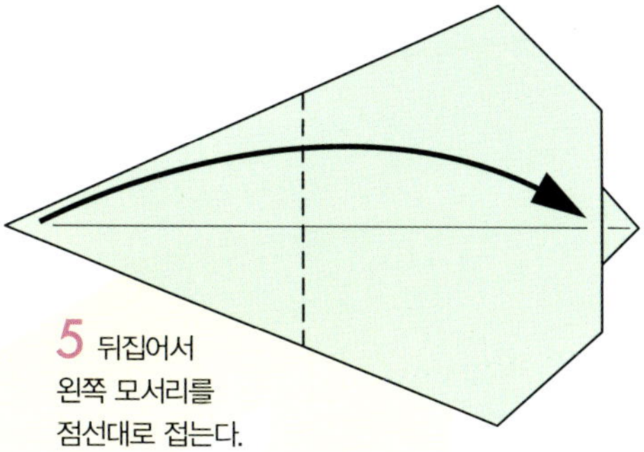

5 뒤집어서
왼쪽 모서리를
점선대로 접는다.

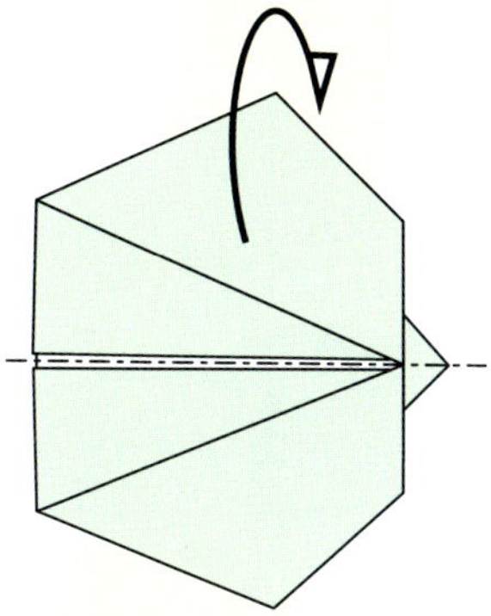

6 반대쪽으로
반으로 접는다.

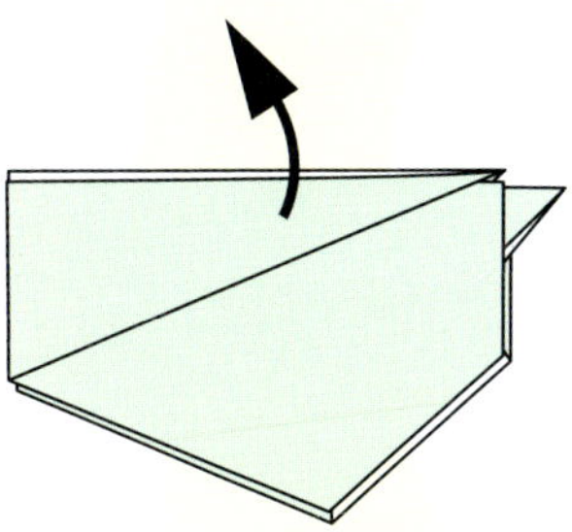

7 위쪽 삼각형 부분을
위로 잡아당긴다.
이게 귀가 된다.

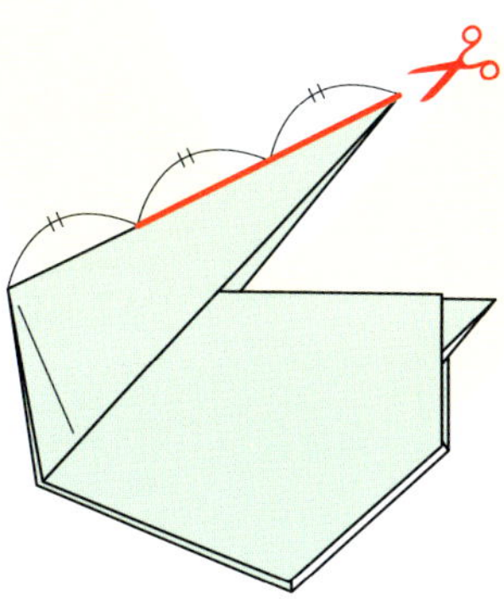

8 귀의 끝에서
3분의 2 지점까지
칼집을 낸다.

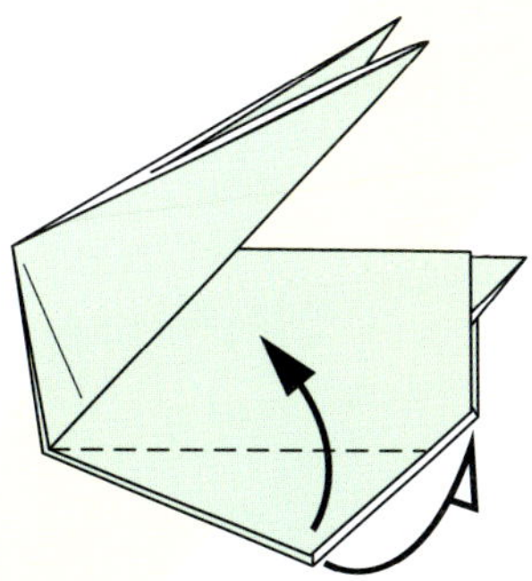

9 아래의 삼각형을
각각의 방향으로
접는다.

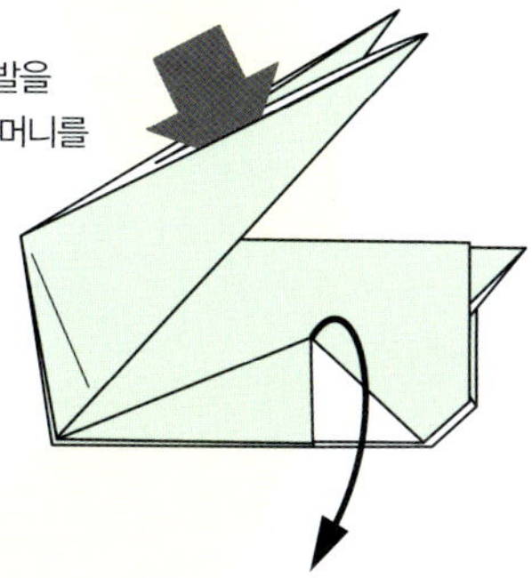

10 9에서 접은 발을
다시 펴주고, 귀 주머니를
조금 넓힌다.

완성

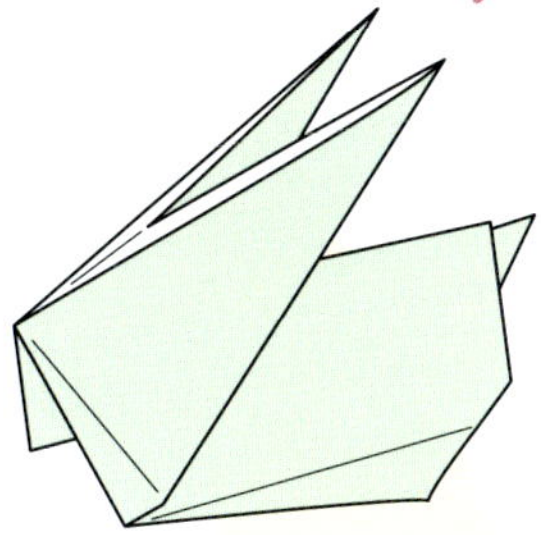

18 모자 모양 젓가락 받침 46쪽

종이 사이즈 : 10×10cm

완성품 : 세로2×가로5×높이2.5cm

포인트 : 흔히 '아메리칸 모자' 라 불리는 접기의 소형 버전.
큰 종이로 접으면 실제로 쓸 수 있는 모자가 됩니다.

1 반으로 접는다.

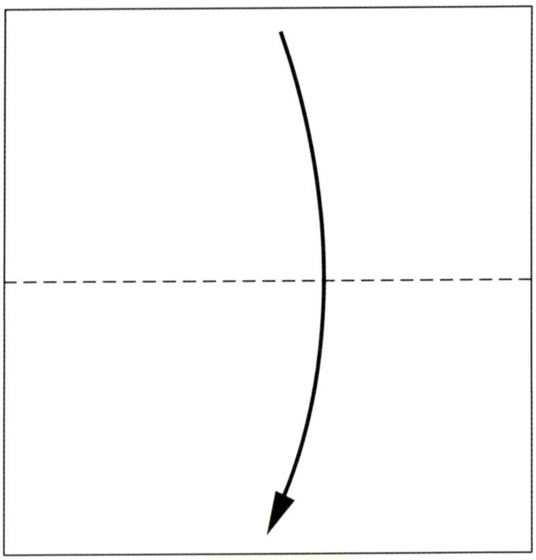

2 좌우를 반씩 접었다 펴주어 보조선을 만든다.

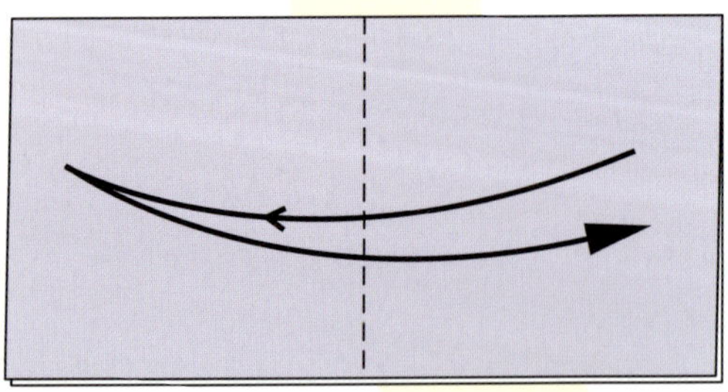

3 보조선에 맞춰
좌우를 각각
반으로 접는다.

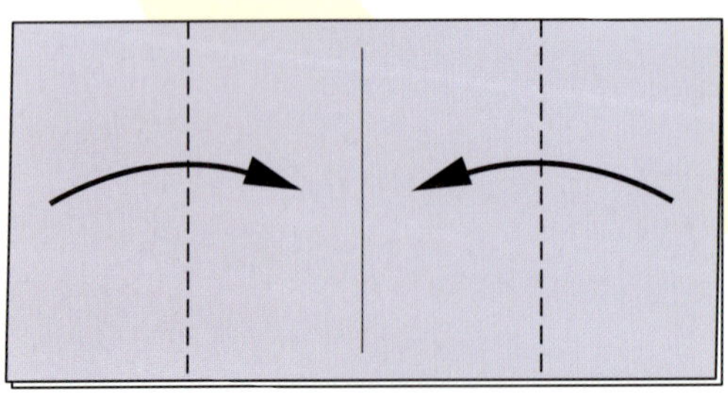

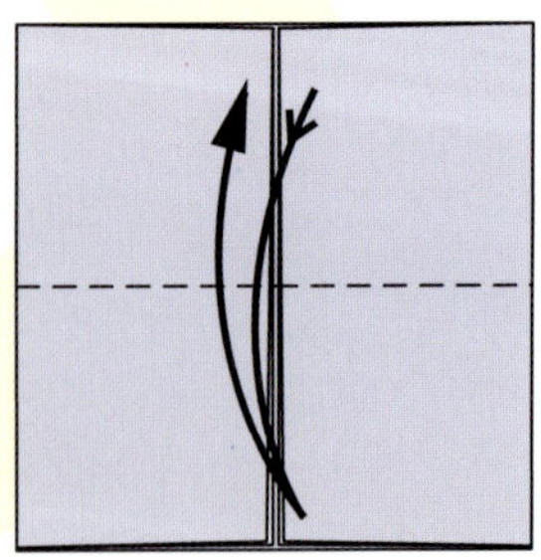

4 한 번 더 위아래를
반으로 접었다 펴주어
보조선을 만든다.

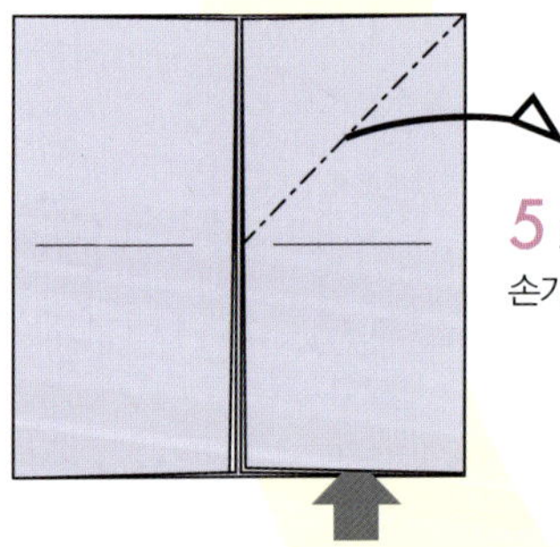

5 오른쪽 종이 사이에
손가락을 넣어 펴준다.

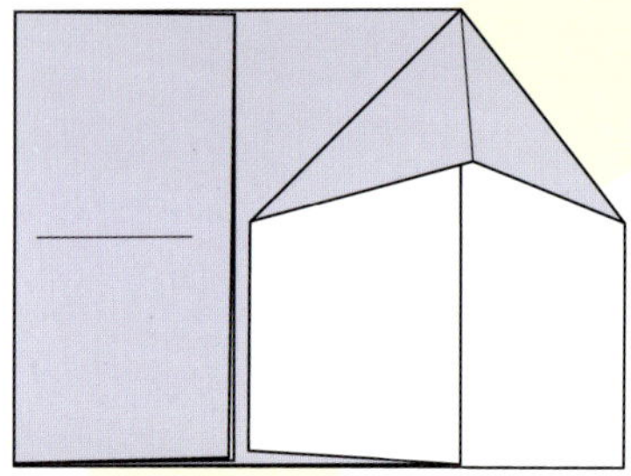

5를 접은 모습

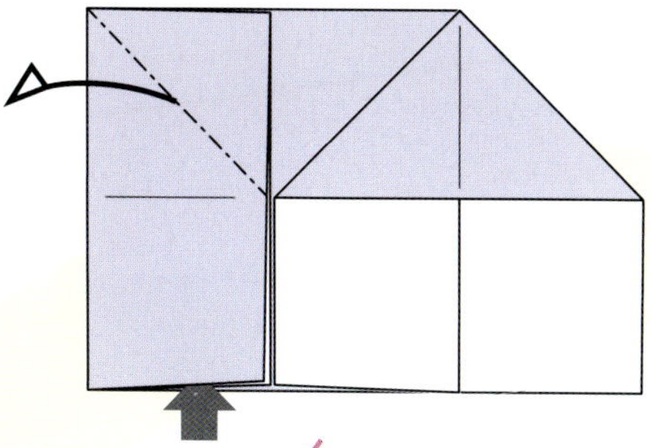

6 왼쪽도 똑같이 펴서 누른다.

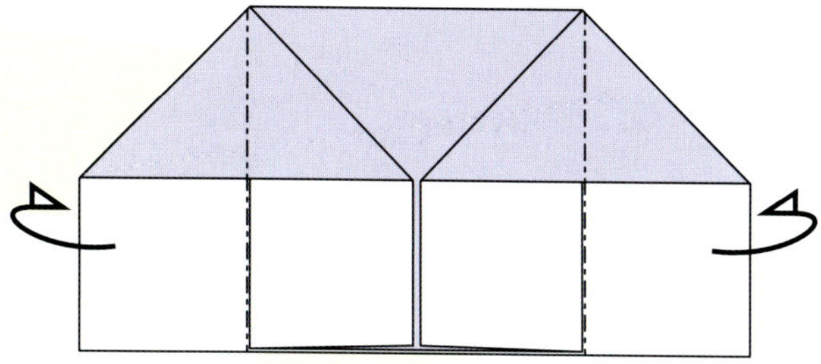

7 양옆을 그림과 같이 뒤쪽으로 접는다.

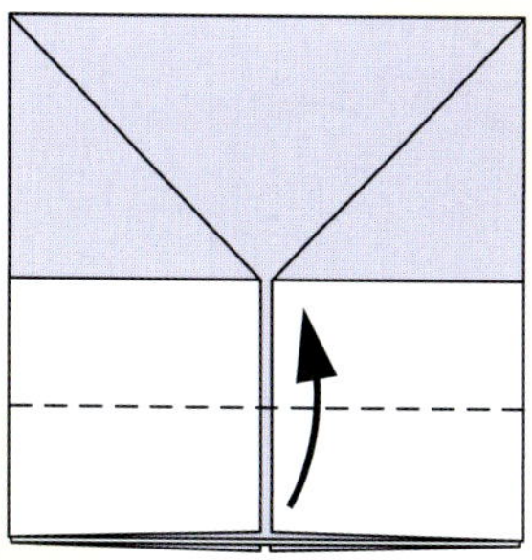

8 앞면만 위로 접어 올린다.

9 한 번 더 위로 접는다.

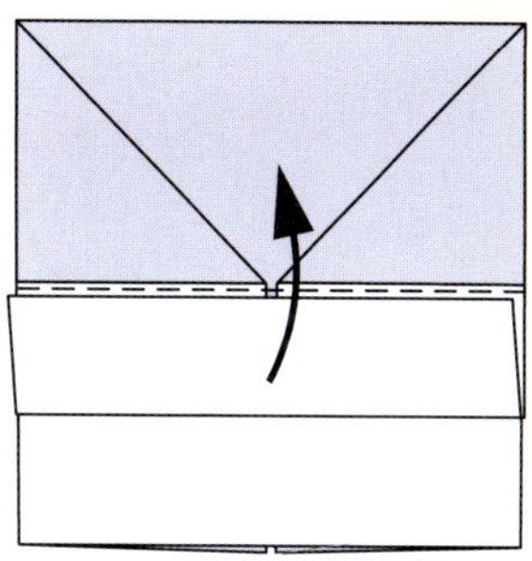

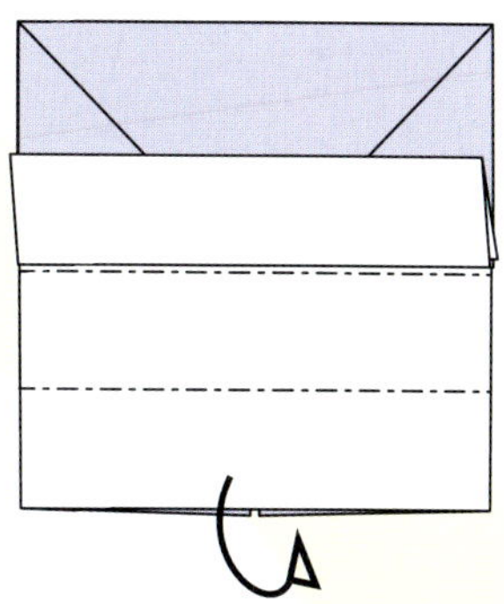

10 뒷면도 8~9와 같이 접는다.

20 배 모양 트레이 47쪽

종이 사이즈 : 21×21cm

완성품 : 세로11.5×가로18.5×높이2.5cm

포인트 : 가장자리를 펴서 양끝을 뒷면으로 접으면, 예쁜 배 모양이 됩니다.

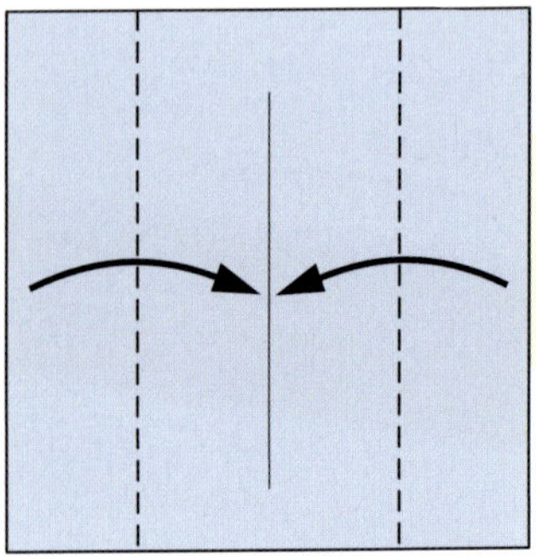

1 겉이 될 쪽을 보이게 해서 좌우를 반으로 접었다 펴준다. 보조선에 맞춰 좌우를 접는다.

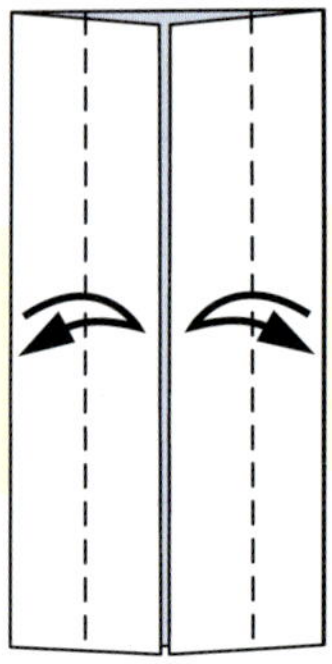

2 한 번 더 좌우를 접었다 펴주어 보조선을 만든다.

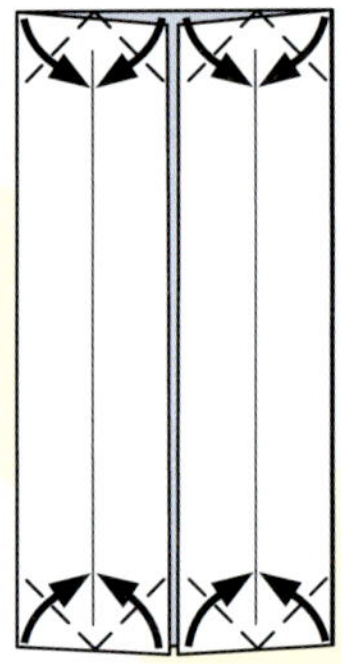

3 위아래 네 곳의 모서리를 삼각형으로 접는다.

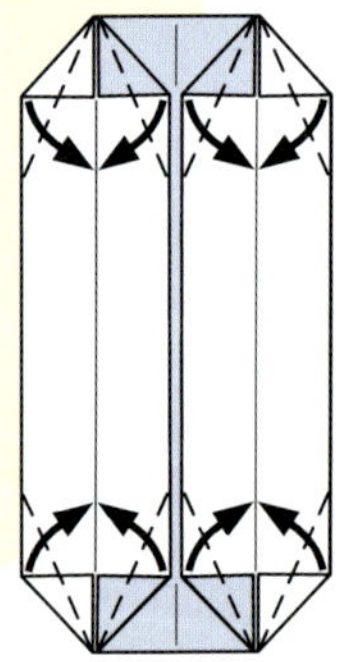

4 한 번 더 삼각형으로 접는다.

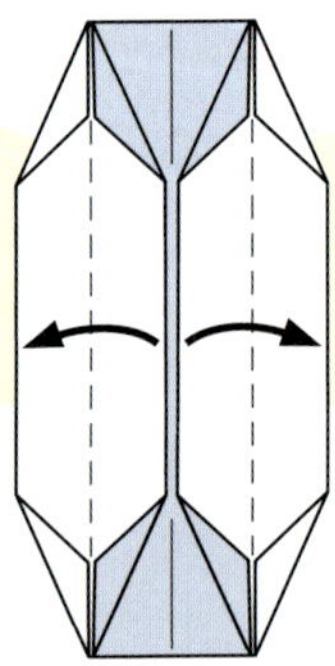

5 중앙에서 펼치듯이 접는다.

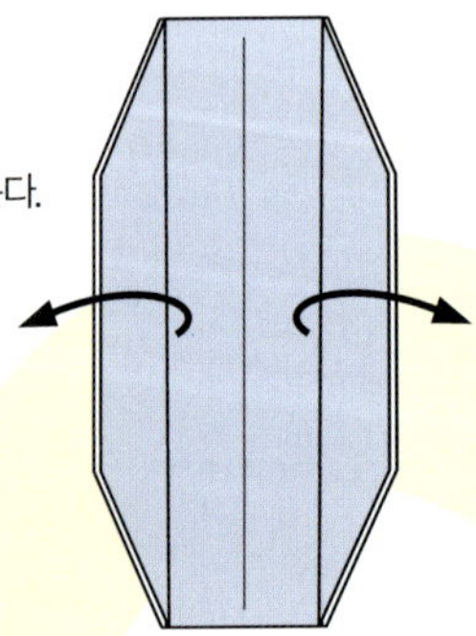

6 양끝을 세운다.

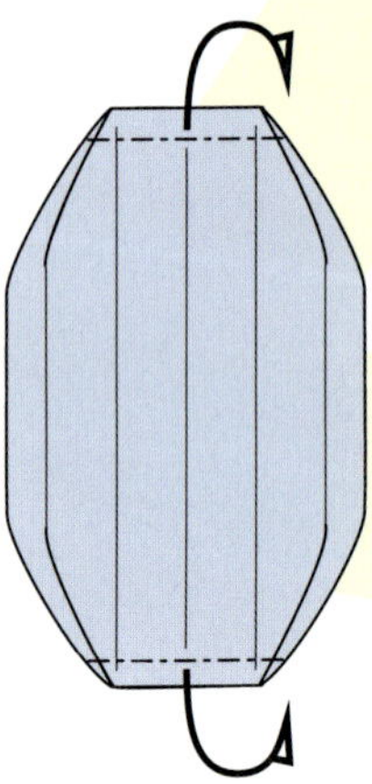

7 가장자리를 산 접기 한다.

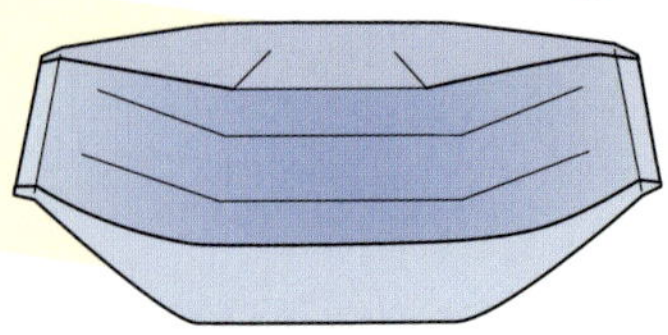

완성

24 학 모양 종이 깔개 49쪽

종이 사이즈 : 세로26×가로23cm

완성품 : 세로15×가로26cm

포인트 : 그릇에 음식을 담을 때 그 아래에 까는 종이입니다. 화과자 등을 담을 때 사용합니다.

1 세로가 길게 종이를 두고, 오른쪽 아래에서 왼쪽 위로 접어 올린다.

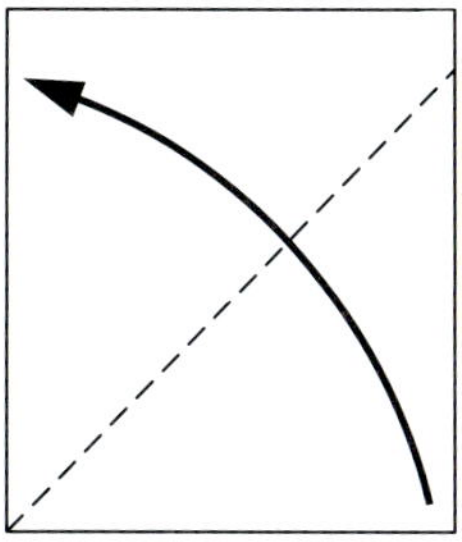

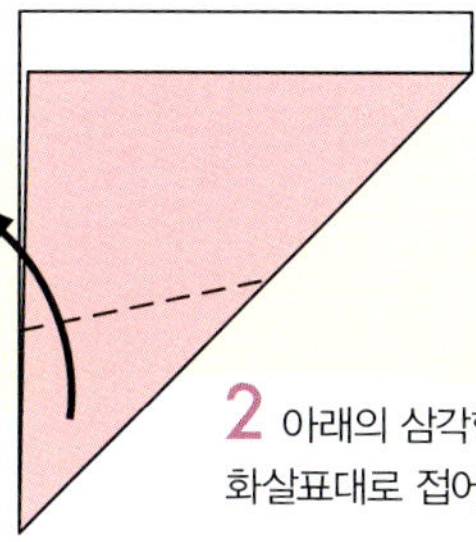

2 아래의 삼각형을 화살표대로 접어 올린다.

3 점선에서 산 접기 한다.

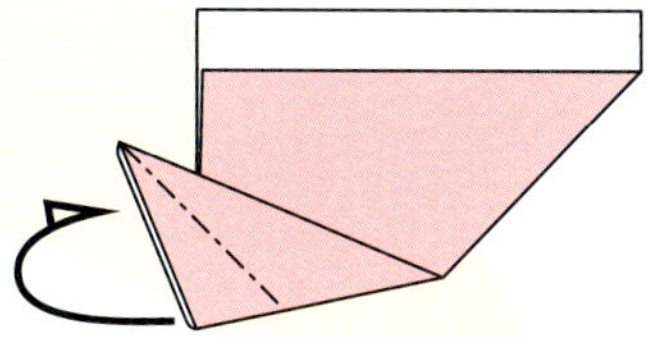

3을 접은 모습

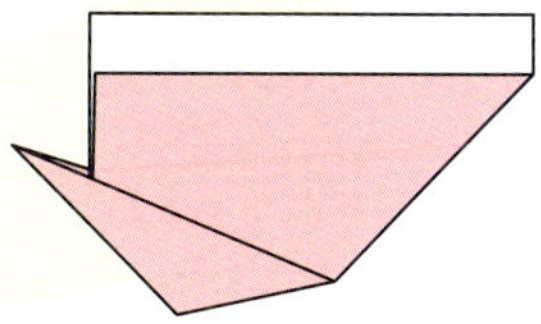

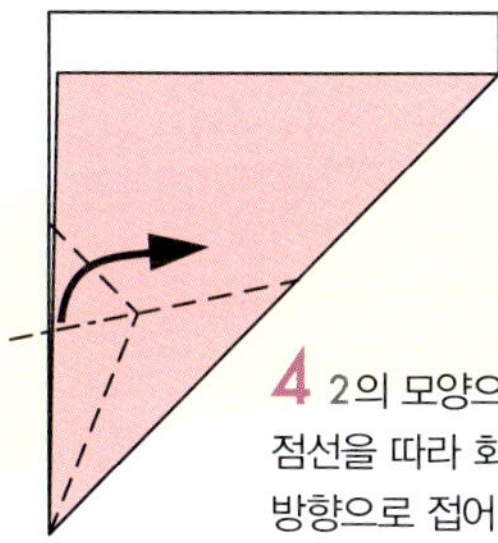

4 2의 모양으로 되돌려 점선을 따라 화살표 방향으로 접어 세운다.

4를 접은 모습

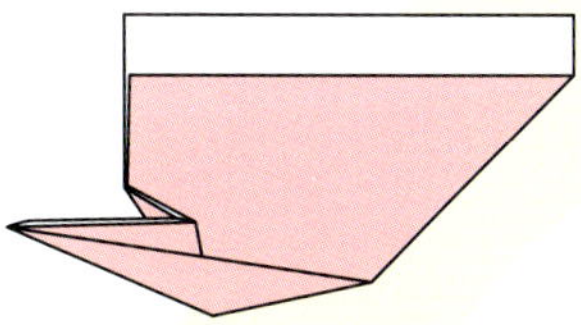

5 튀어나온 끝을 바깥쪽으로 접는다.

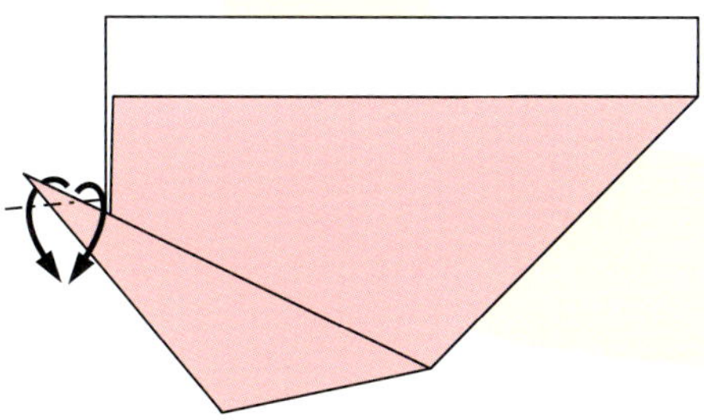

완성

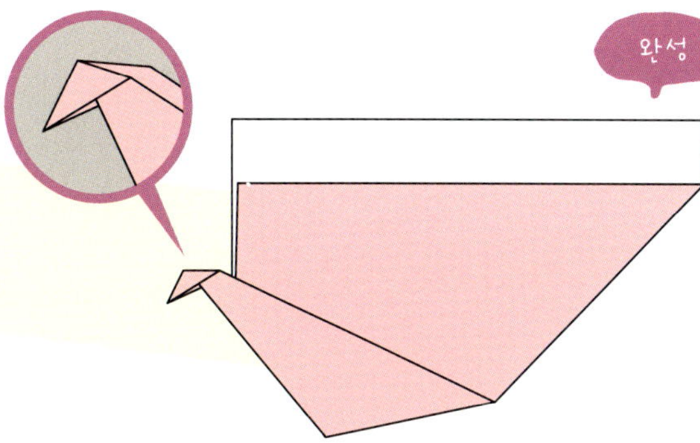

21 학 모양 젓가락 케이스 48쪽

종이 사이즈 : 15×15cm

완성품 : 세로14.5×가로7.5cm

포인트 : 중앙에 학을 장식한 화려한 젓가락 케이스.
양면 모두 색상이 고급스런 종이가 좋습니다.

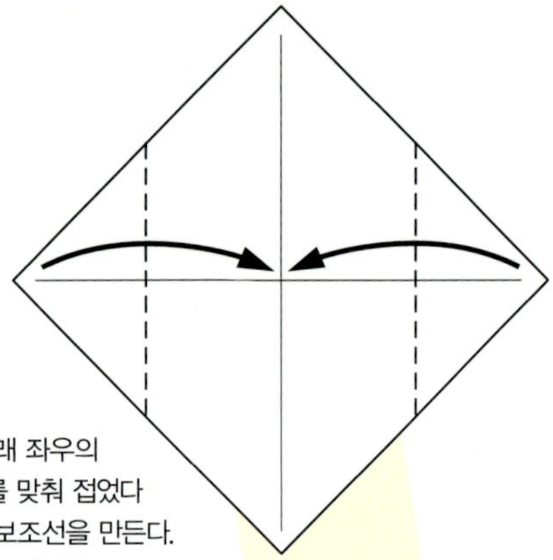

1 위아래 좌우의 모서리를 맞춰 접었다 펴주어 보조선을 만든다. 좌우의 모서리를 중심에 맞춰 접는다.

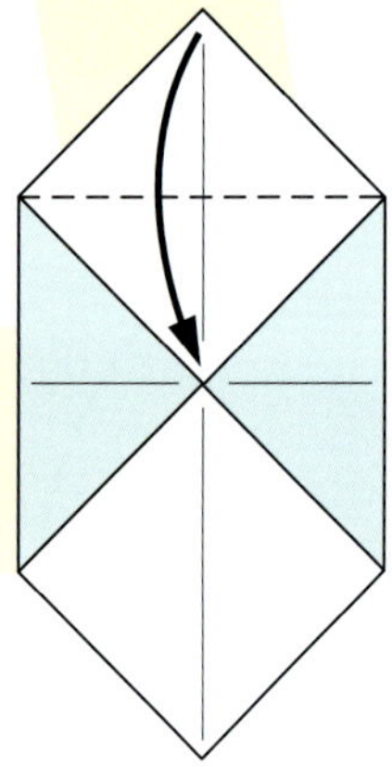

2 위쪽 모서리를 중심쪽으로 접는다.

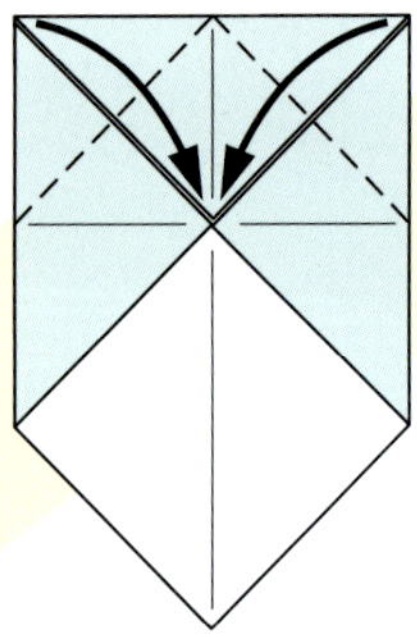

3 위의 양쪽 끝을 중심에 맞춰 각각 삼각형으로 접는다.

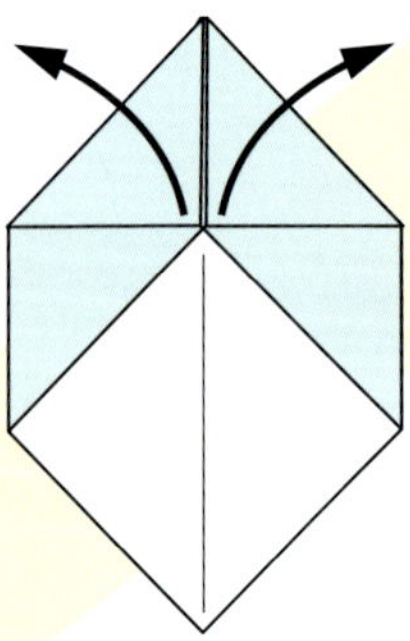

4 2의 모양으로 되돌린다.

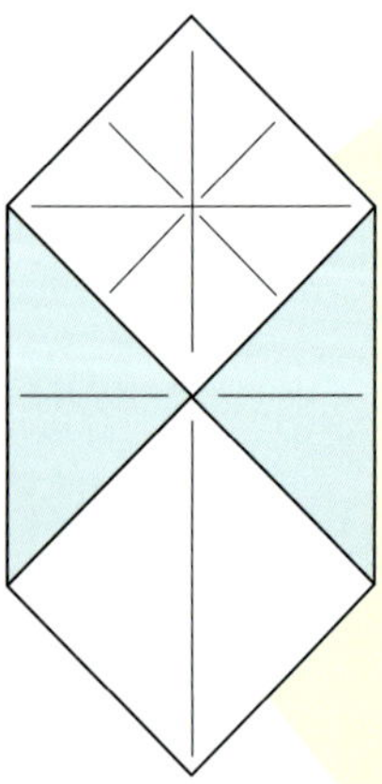

2로 되돌린 모습

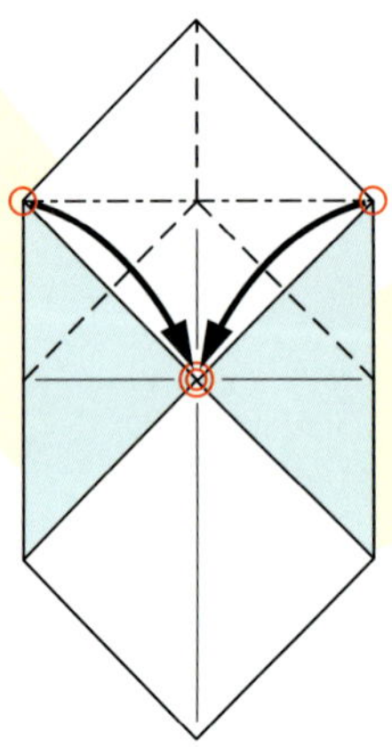

5 좌우의 ○부분을 ◎에 맞추듯이 계곡 접기 한다.

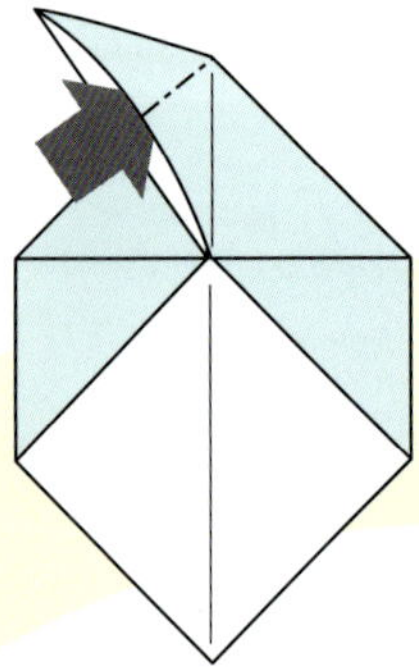

6 삼각형을 펴서 눌러준다.

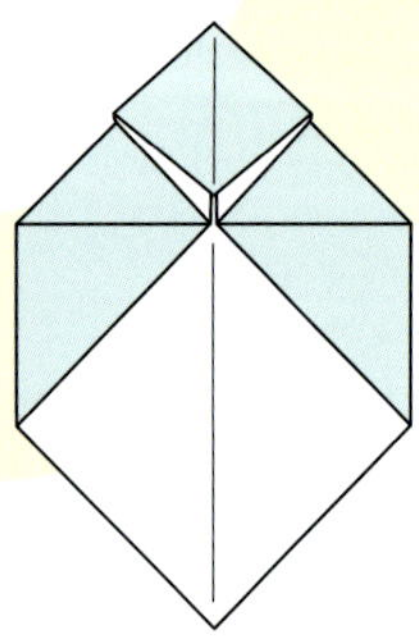

6을 접은 모습

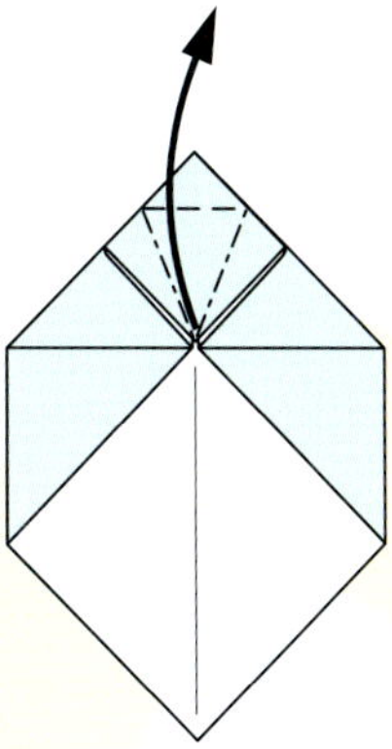

7 6에서 만든 모서리를
접어 올린다.

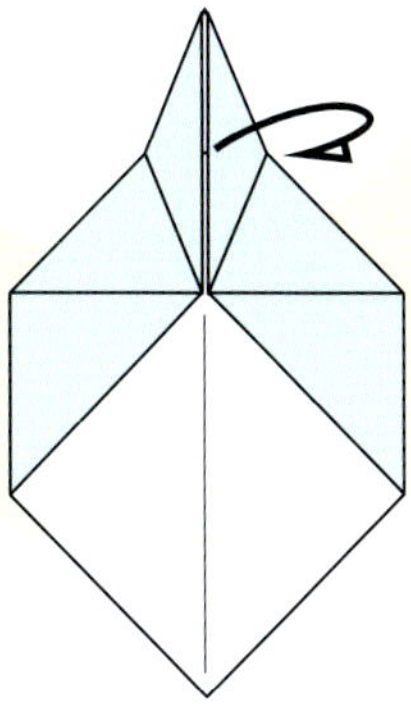

8 오른쪽 반만을 펴서
뒤쪽으로 뒤집는다.

▲8을 펴고 있는 모습

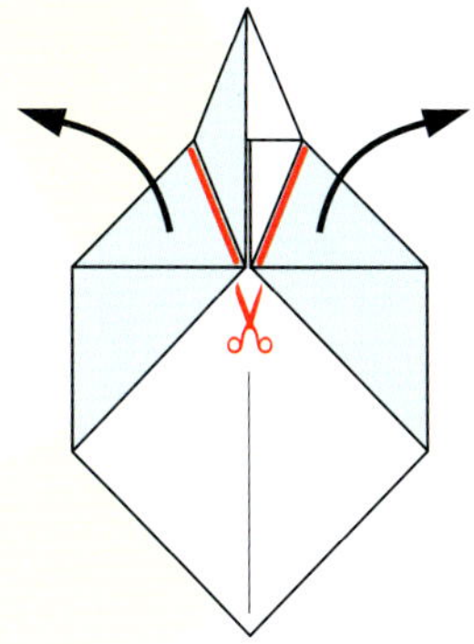

9 가위집을 내어
좌우를 넓힌다.

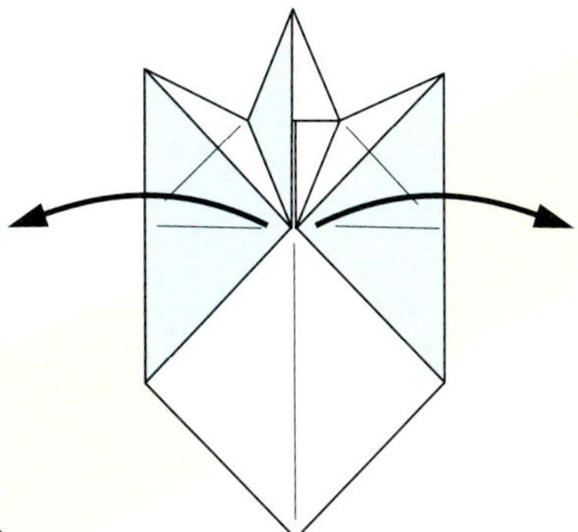

10 좌우의
삼각형을 넓힌다.

11 점선대로
반으로 접는다.

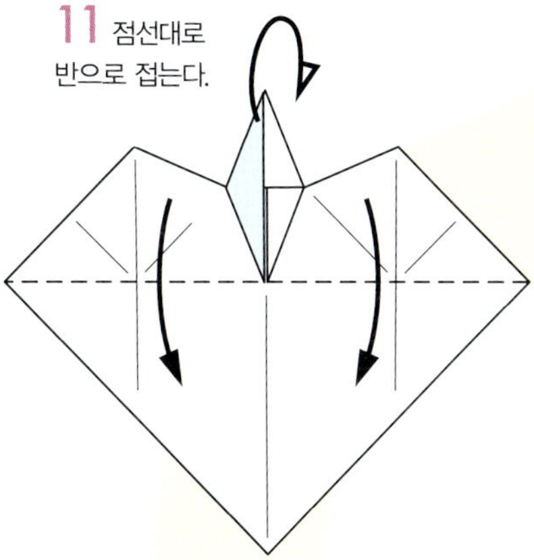

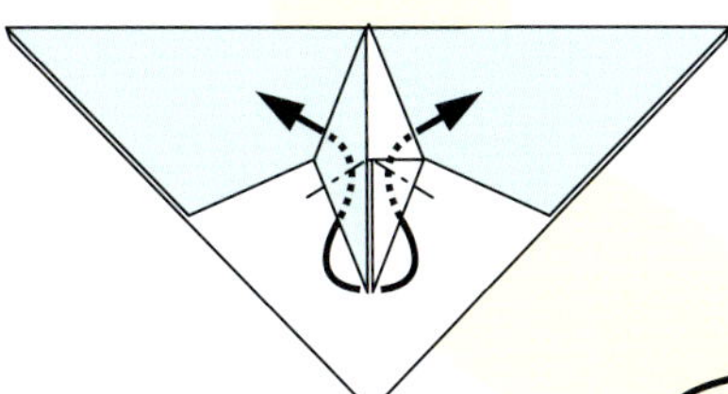

12 각각 절반으로
나눠 접는다.

13 양끝을 3분의 1
지점에서 뒤쪽으로 접는다.
학의 머리 부분을 만든다.

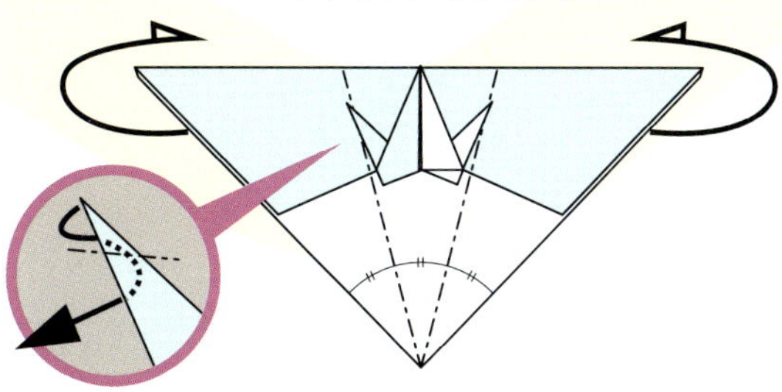

완성

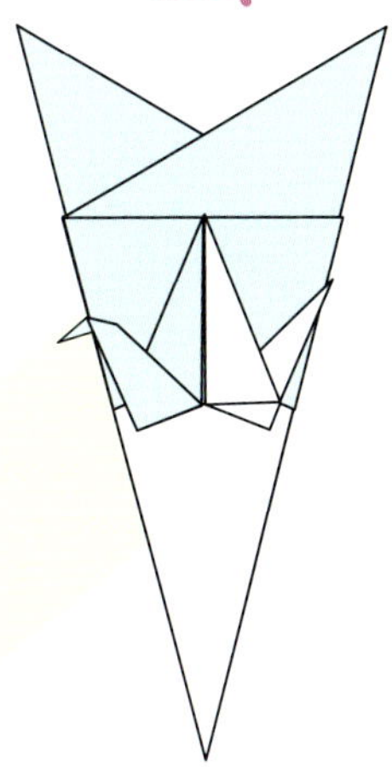

22 벚꽃 모양 접시 48쪽

종이 사이즈 : 세로8×가로16cm를 5장

완성품 : 직경17×높이2cm

포인트 : 꽃잎 모양 부분을 5개 만들어 조립하는 꽃 접시. 꽃잎이 하나여도 접시로 쓸 수 있습니다.

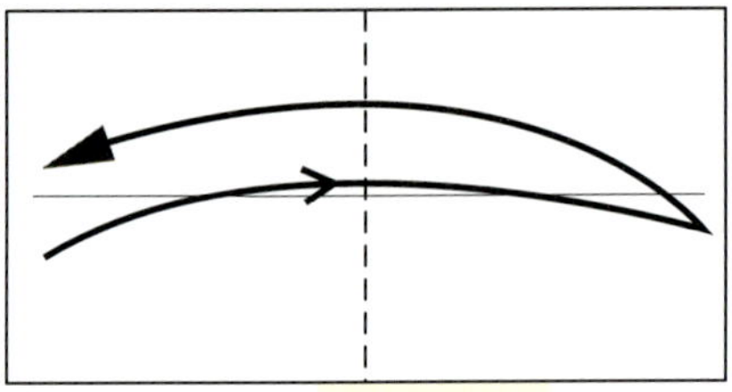

1 그림과 같이 위아래 좌우로 보조선을 만든다.

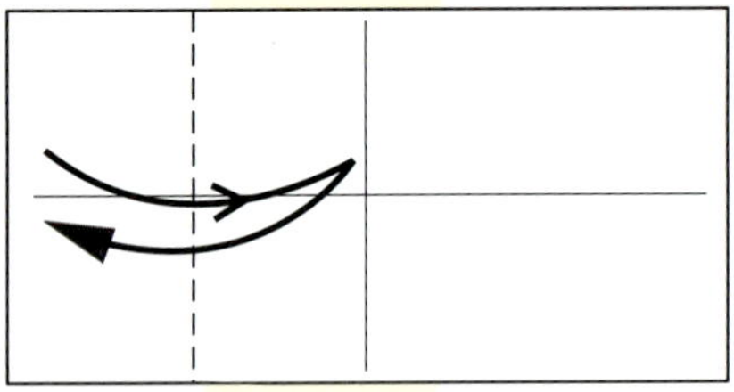

2 왼쪽만 한 번 더 반으로 접었다 펴주어 보조선을 만든다.

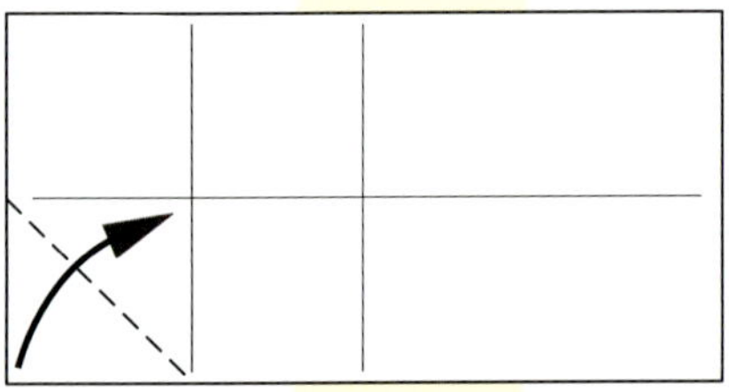

3 왼쪽 아래의 모서리를 삼각형으로 접어 올린다.

4 화살표대로 접는다.

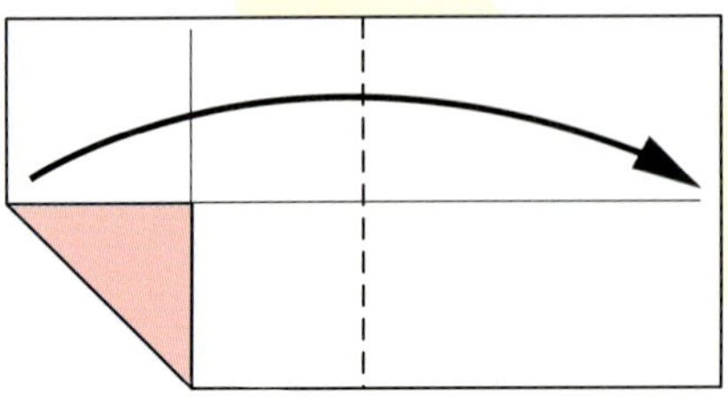

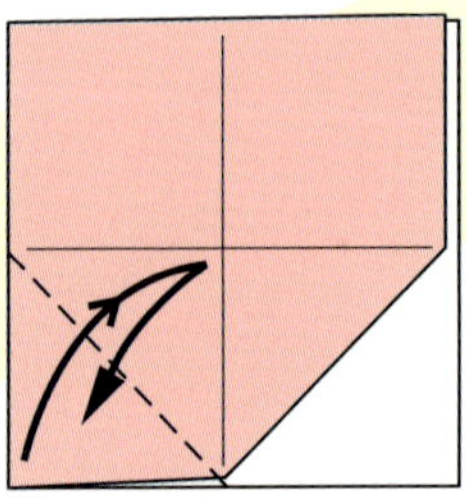

5 왼쪽 모서리를 삼각형으로 접어 올렸다 펴주어 보조선을 만든다.

6 보조선에 맞춰 모서리를 안쪽으로 접어 넣는다.

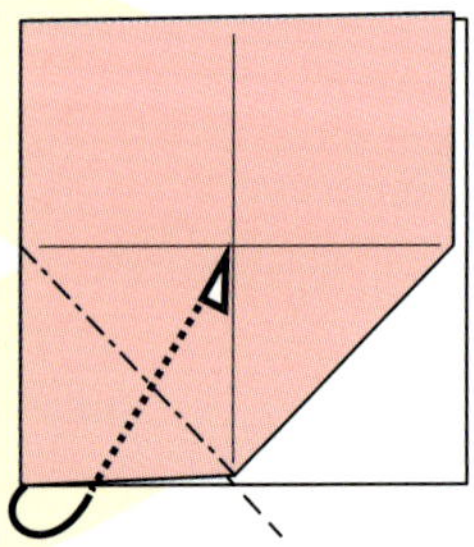

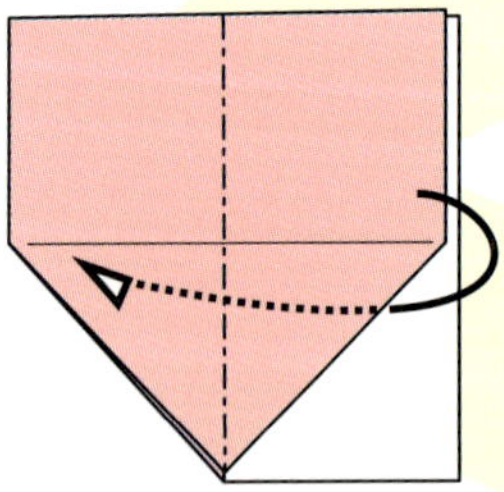

7 앞면만 반으로 산 접기 하고, 안쪽으로 넣는다.

7을 접은 모습

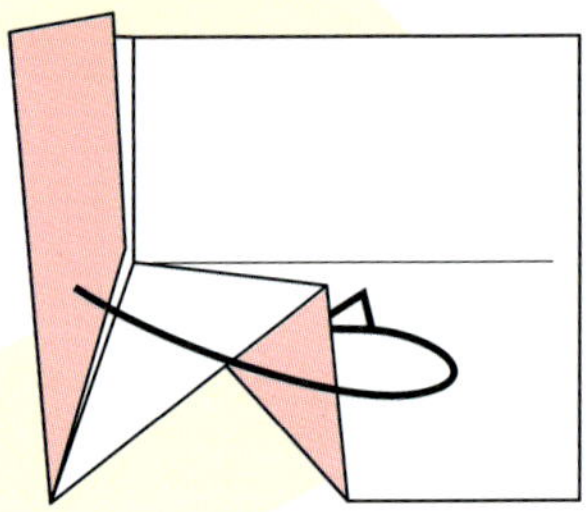

8 왼쪽 위의 모서리를 삼각형으로 접는다.

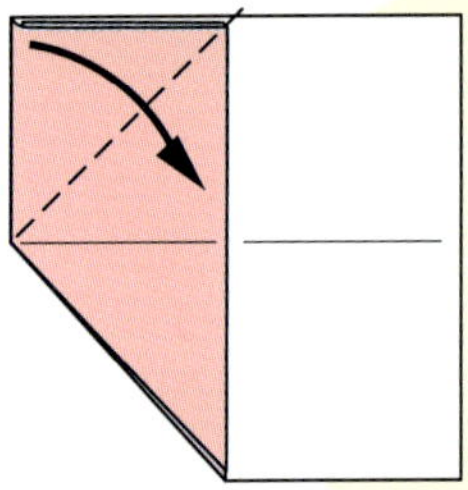

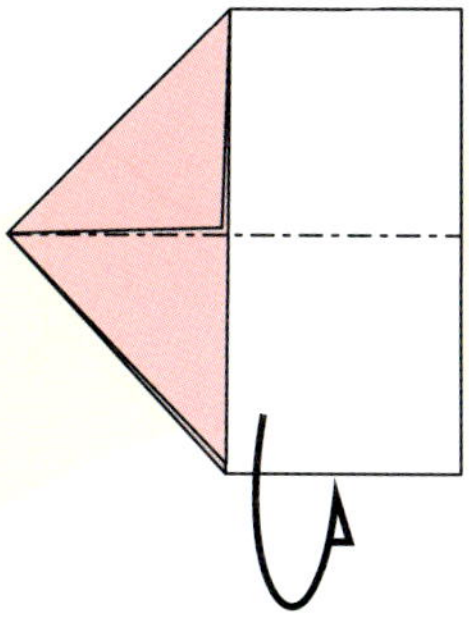

9 아래쪽 반만을
뒤쪽으로 접어 올린다.

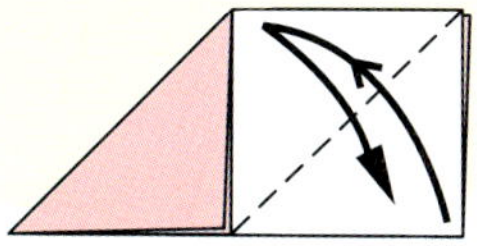

10 오른쪽 아래 모서리를
삼각형으로 접었다 펴주어
보조선을 만든다.

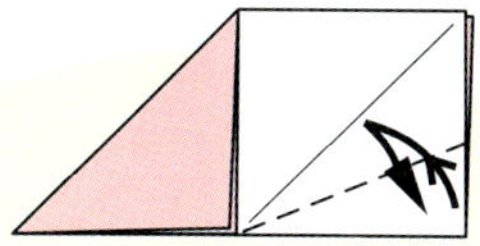

11 한 번 더 오른쪽
아래 모서리를
10의 보조선에 맞춰 접었다
펴주어 보조선을 만든다.

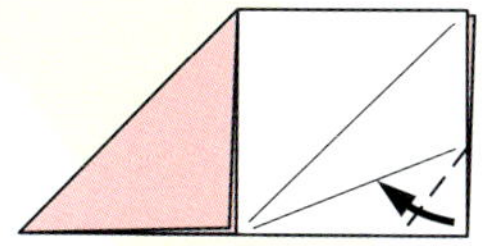

12 오른쪽 아래 모서리를
11의 보조선에 맞춰
삼각형으로 접어 올린다.

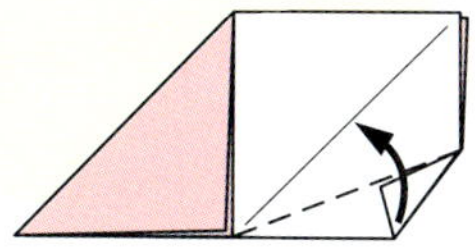

13 보조선대로 접는다.

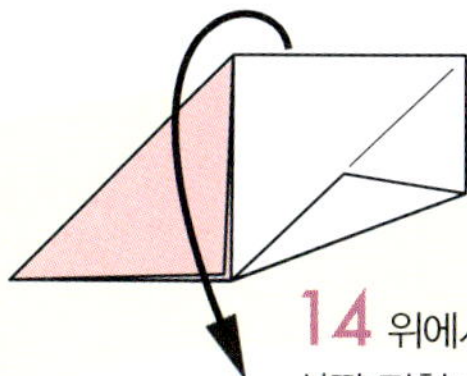

14 위에서
살짝 펼친다.

15 부분 완성.
이것을 5개 만든다.

전체 조립법

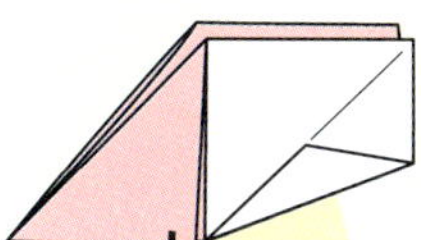

1 첫 번째 꽃잎의 삼각형 부분을
두 번째 꽃잎의 주머니 부분에
끼워 넣고 풀을 살짝 칠한다.

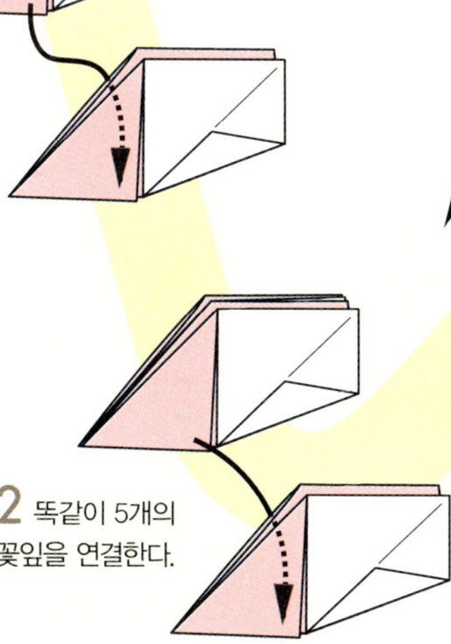

2 똑같이 5개의
꽃잎을 연결한다.

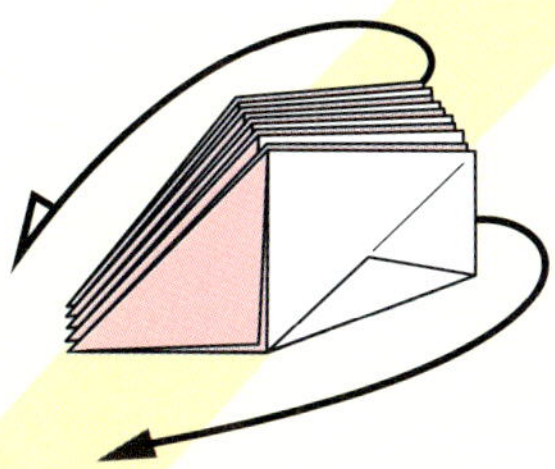

3 양끝을 잡고 펼친다.

4 남은 모서리도
똑같이 끼워 넣고
풀을 칠한다.

23 종이 깔개 49쪽

종이 사이즈 : 23×23cm

완성품 : 세로15×가로30cm

포인트 : 두 번 접기만 하면 되는 기본적인 종이 깔개.
종이는 한지 등이 좋습니다.

25 이쑤시개 케이스 49쪽

종이 사이즈 : 11×11cm

완성품 : 세로11.5×가로2.5cm

포인트 : 몇 번이나 겹쳐 접는 것이 어렵긴 하지만,
한번 도전해보세요.

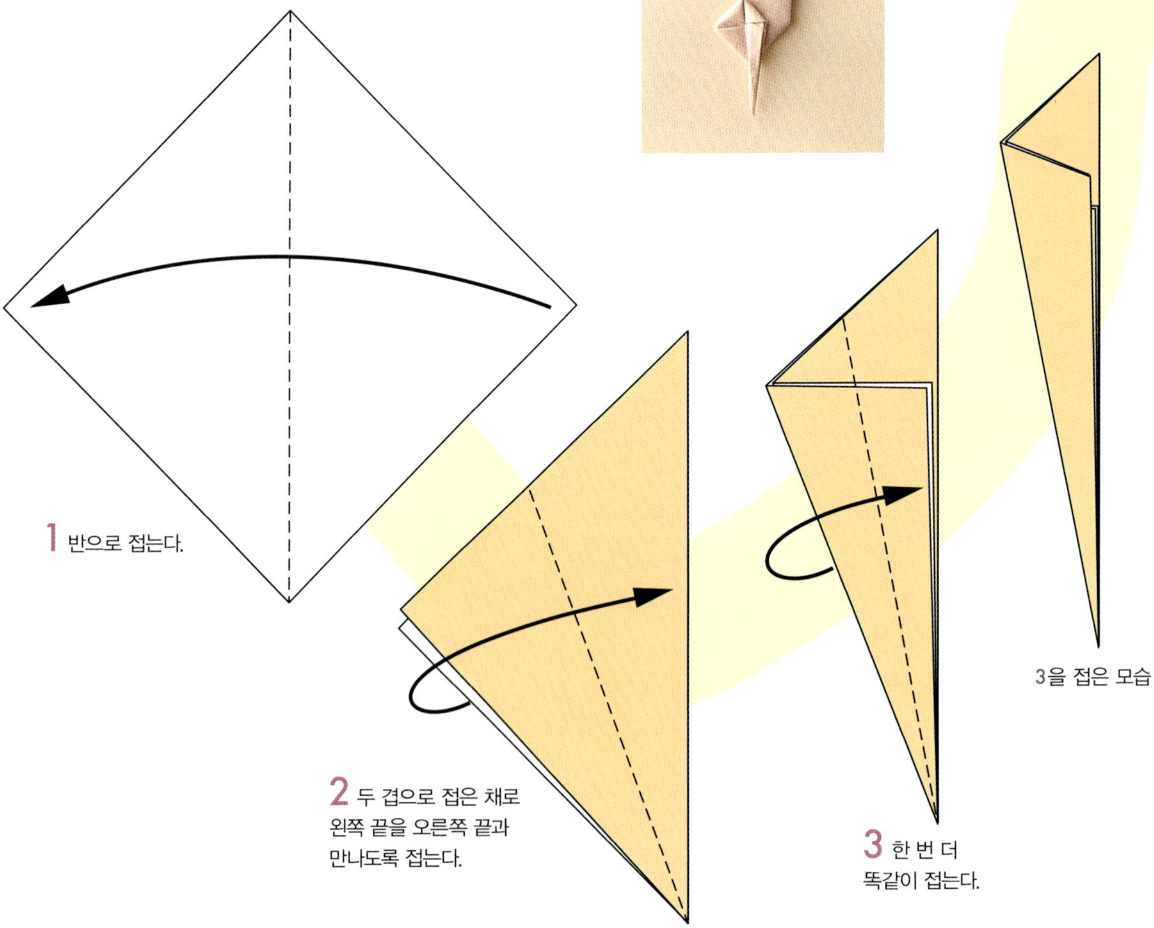

1 반으로 접는다.

2 두 겹으로 접은 채로 왼쪽 끝을 오른쪽 끝과 만나도록 접는다.

3 한 번 더 똑같이 접는다.

3을 접은 모습

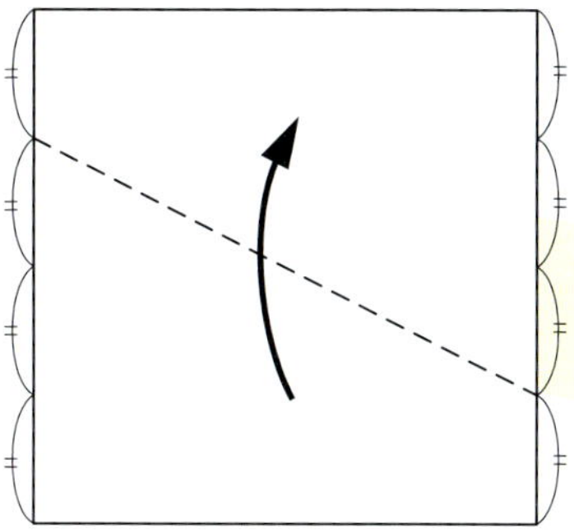

1 점선을 따라 대각선으로 접는다.
4분의 1로 나눈 것은 대략적인 것이니
적당히 접으면 된다.

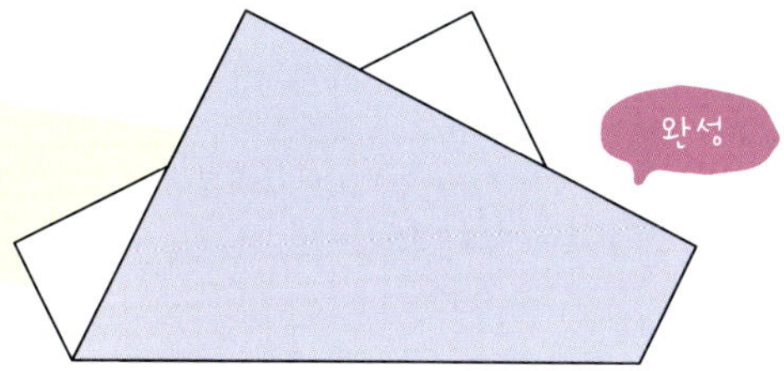

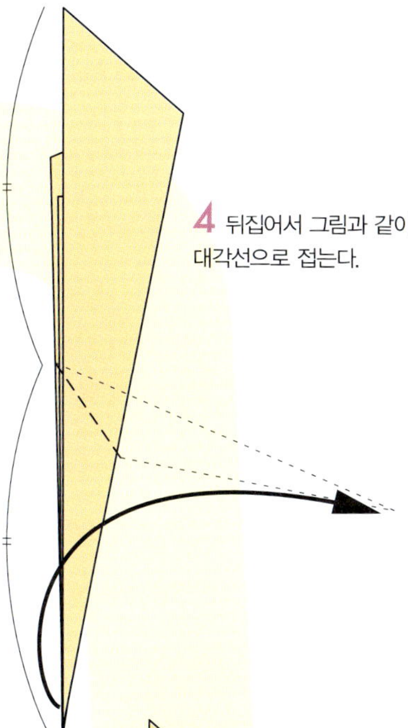

4 뒤집어서 그림과 같이
대각선으로 접는다.

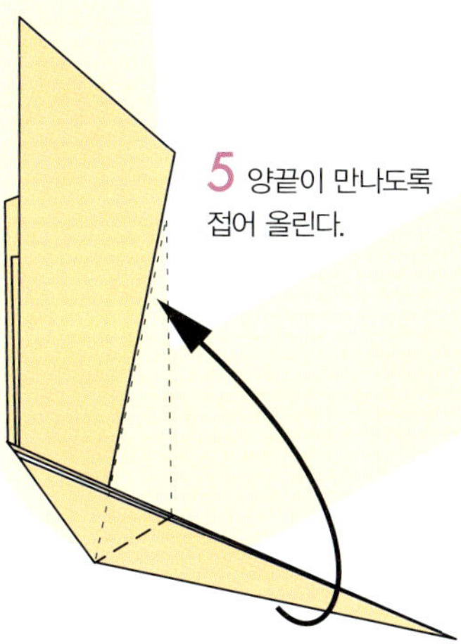

5 양끝이 만나도록
접어 올린다.

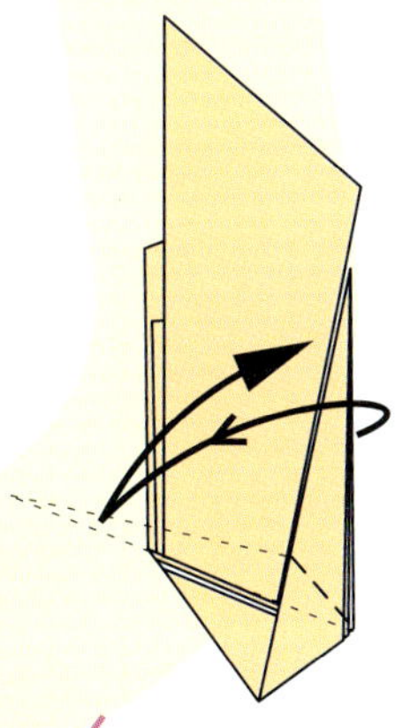

6 그림과 같이 접었다
펴주어 보조선을 만든다.

7 뒤집어서 6의
보조선대로 산 접기를
하고 뾰족한 부분을
오른쪽으로 뺀다.

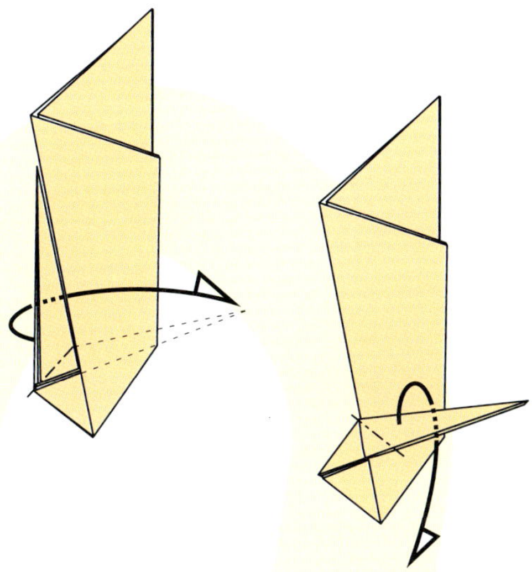

8 비틀듯이 산 접기를
하고 끝을 아래로 내린다.

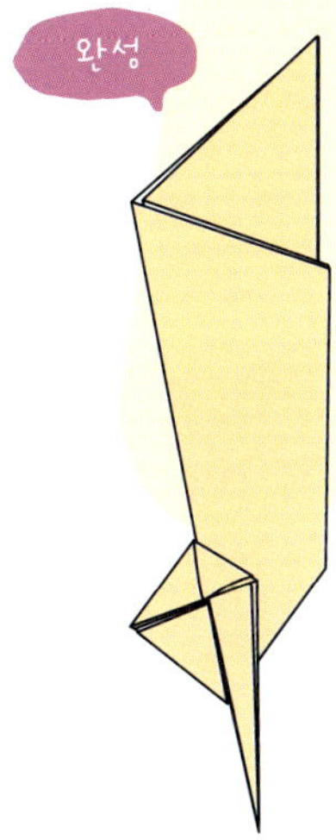

26 약봉지 50쪽

종이 사이즈 : 대 12×12cm 소 10×10cm

완성품 : 대 세로4.3×가로6cm 소 3.3×4.7cm

포인트 : 예전부터 전해져오는 접기 방법. 내용물이 보이도록 투명한 종이나 얇은 종이로 접는 것도 좋습니다.

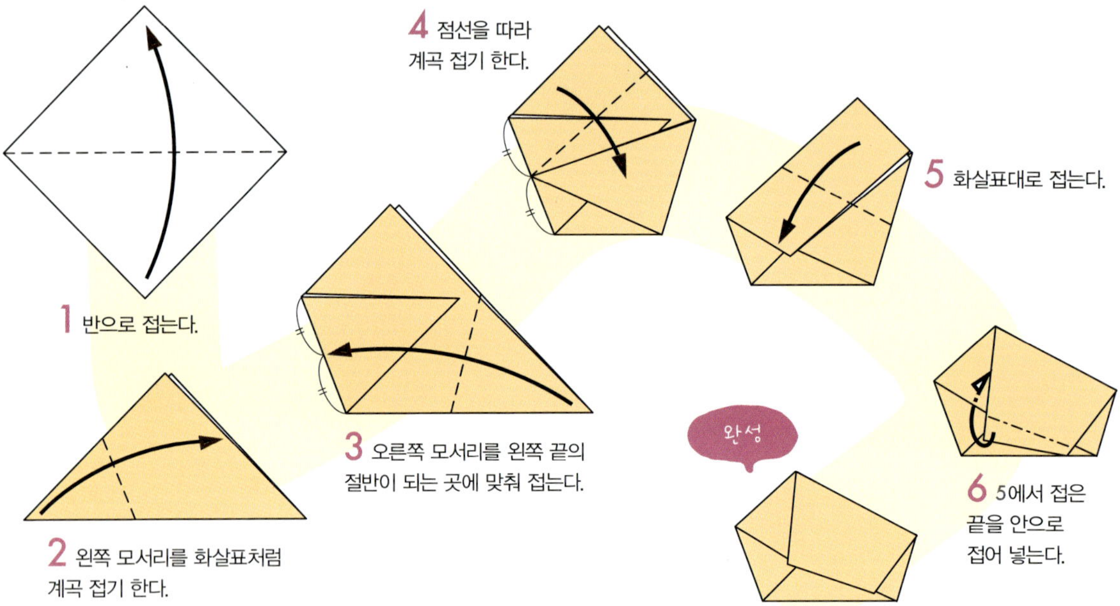

28 후추 포장 51쪽

종이 사이즈 : 10×10cm

완성품 : 세로5×가로5cm

포인트 : 중앙에 마름모가 만들어지는 접기. 두꺼워지기 때문에 얇은 종이가 좋습니다.

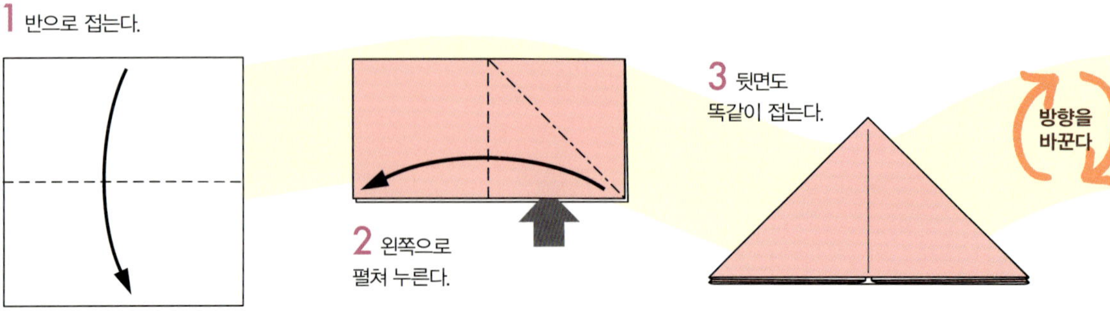

27 삼각형 포장 51쪽

종이 사이즈 : 대 세로6×가로20.5cm 소 세로4×가로14cm

완성품 : 대 세로6×가로7cm 소 세로4×가로4.8cm

포인트 : 정삼각형으로 접어 만듭니다.
컬러풀한 트레이싱 페이퍼로 접어봤습니다.

1 오른쪽 끝에서 2cm(크게는 3cm) 들어가 삼각형으로 접는다.

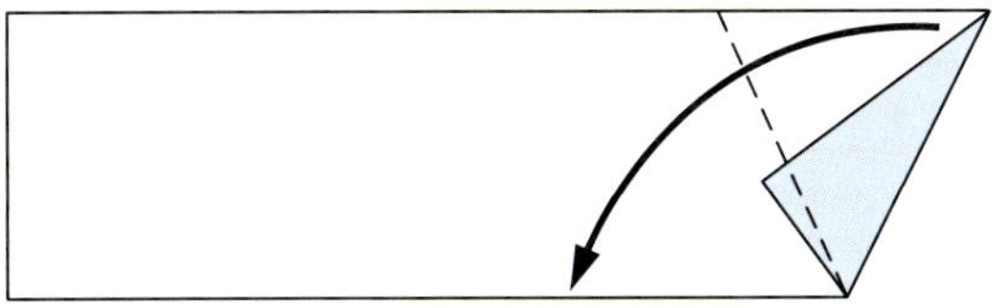

2 1에서 접은 삼각형의 정점을 아래쪽 끝과 만나도록 접는다.

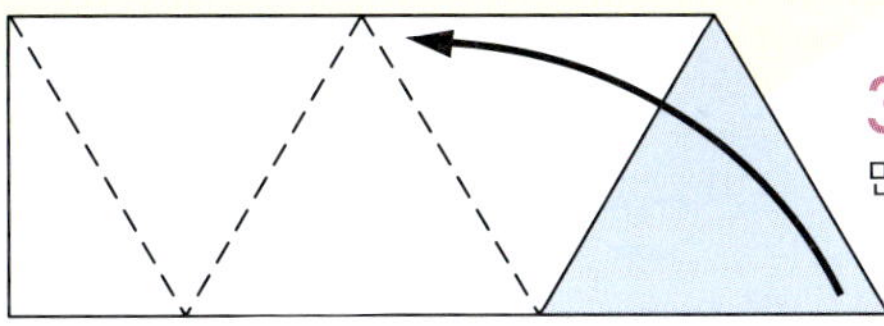

3 반복해서 삼각형을 만들며 접는다.

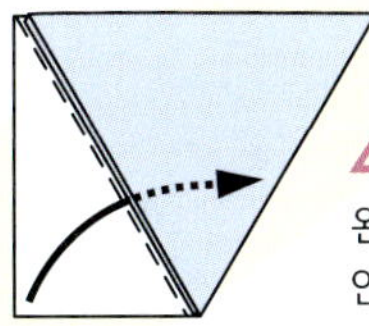

4 마지막으로 왼쪽 아래 모서리를 안쪽으로 접어 넣는다.

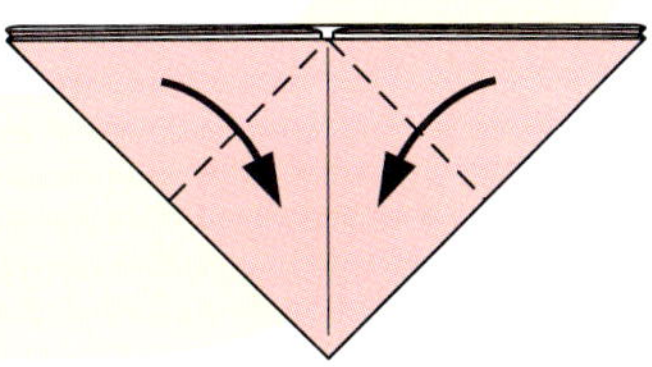

4 양쪽 위의 앞면만 보조선에 맞춰 접는다.

5 4에서 접은 삼각형을 안쪽으로 산 접기 한다.

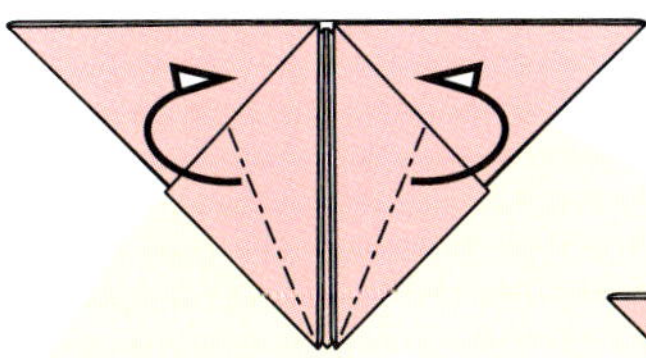

6 왼쪽 위 모서리를 안쪽으로 접어 넣는다.

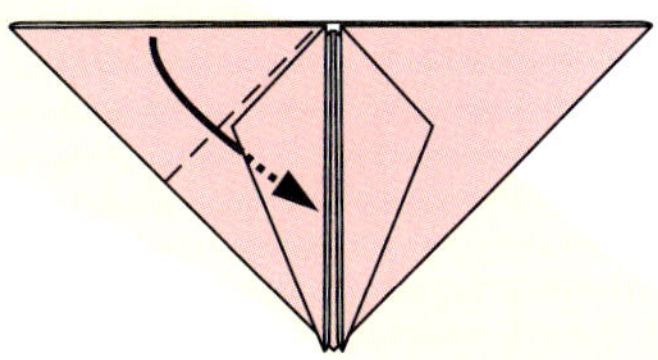

7 똑같이 오른쪽도 접어 넣는다.

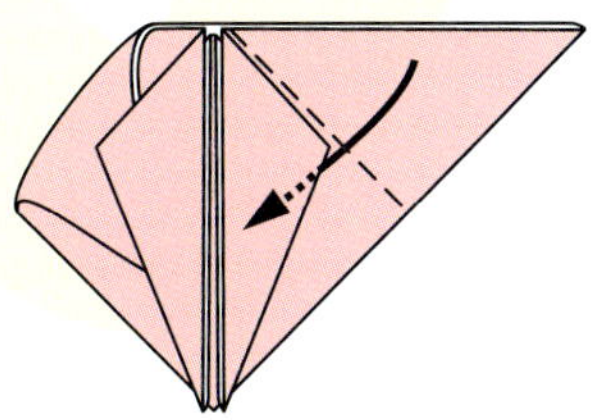

29 과자 접시 52쪽

종이 사이즈 : 대 25×25cm 소 20.5×20.5cm

완성품 : 대 세로10.5×가로10.5cm×높이4cm

소 세로8.5×가로8.5cm×높이3.5cm

포인트 : 마지막 과정에서 종이의 뒷면을 보여주는 것이 포인트입니다.

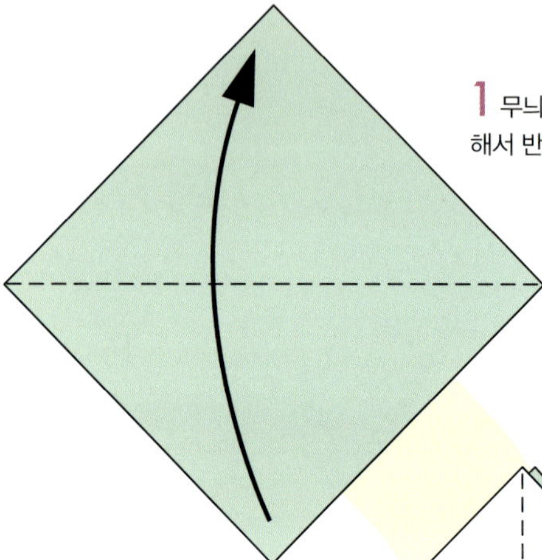

1 무늬 면을 겉으로 해서 반으로 접는다.

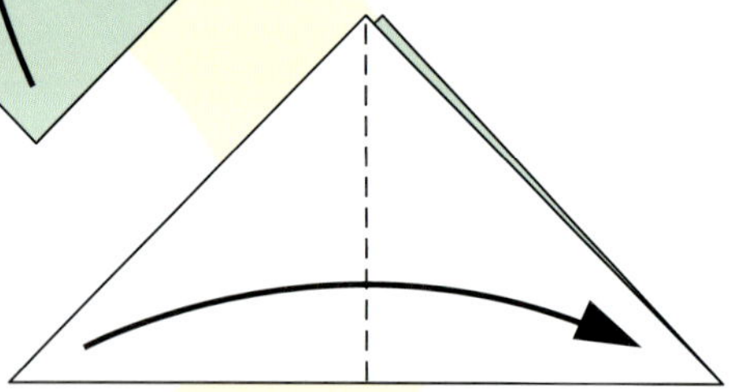

2 한 번 더 반으로 접는다.

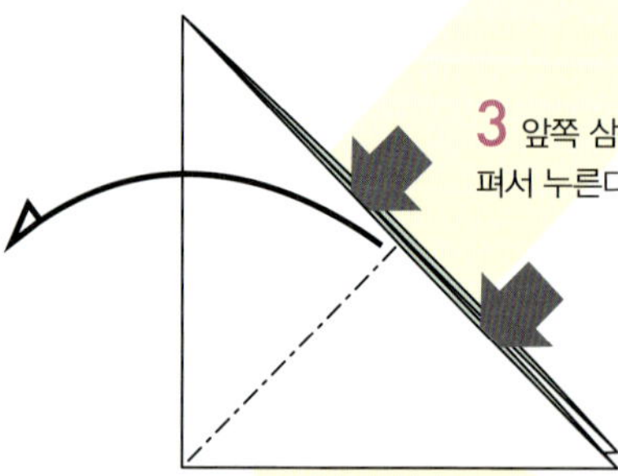

3 앞쪽 삼각형을 펴서 누른다.

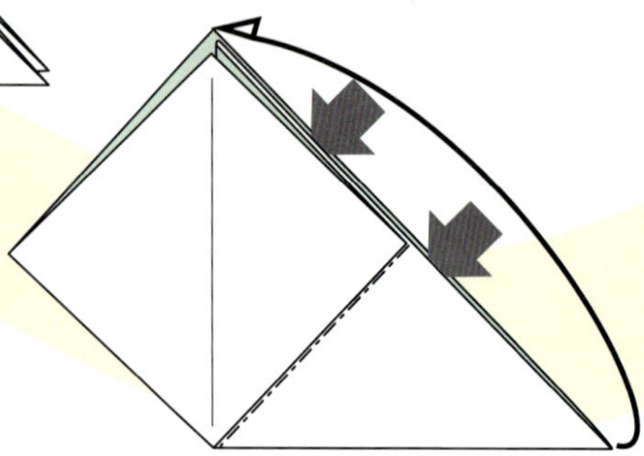

4 똑같이 뒤쪽도 펴서 누른다.

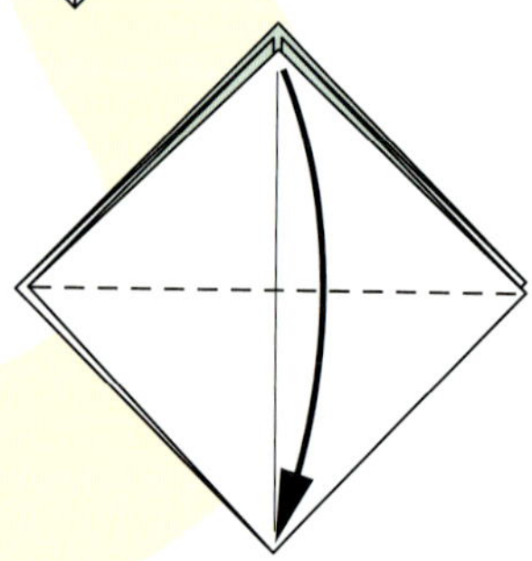

5 위쪽 앞면만을 아래쪽으로 접는다. 뒷면도 똑같이 접는다.

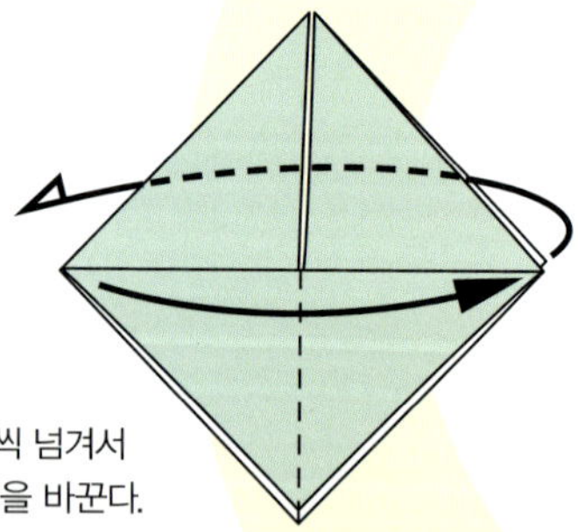

6 1장씩 넘겨서 접는 면을 바꾼다.

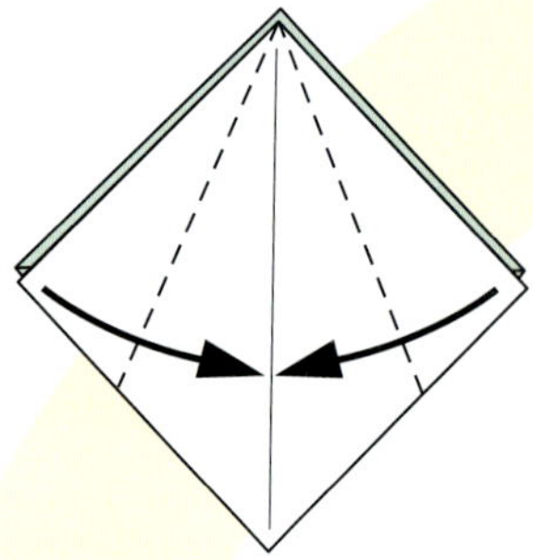

7 좌우 모서리를 보조선에 맞춰 접는다. 뒷면도 똑같이 접는다.

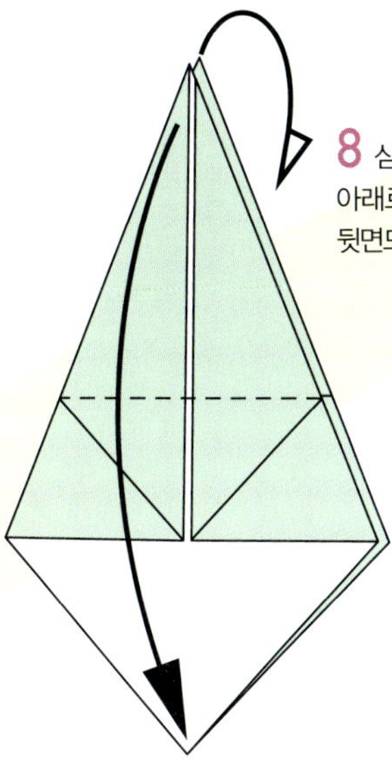

8 삼각형 끝을
아래로 접는다.
뒷면도 똑같이 접는다.

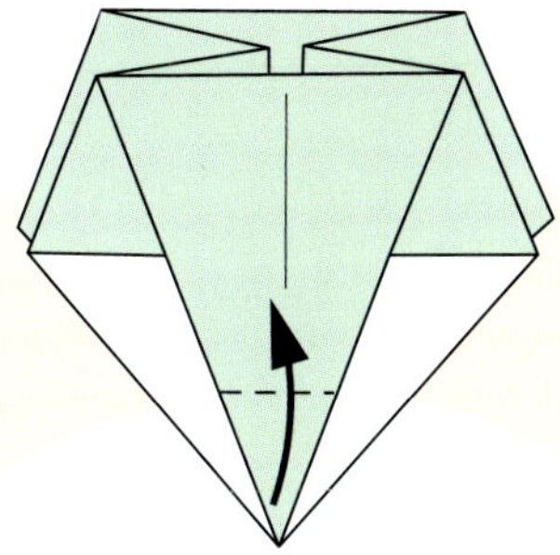

9 아래 삼각형의
끝을 접어 올린다.
뒷면도 똑같이 접는다.

10 9에서 접은 것을
안쪽으로 끼워 넣는다.
뒷면도 똑같이 접는다.

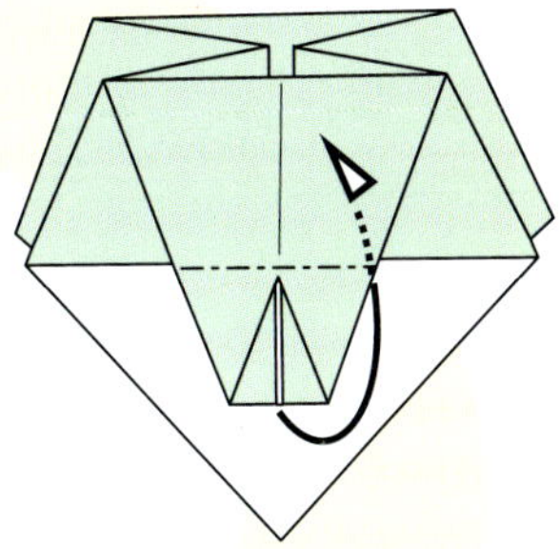

11 1장씩 넘겨서
접는 면을 바꾼다.

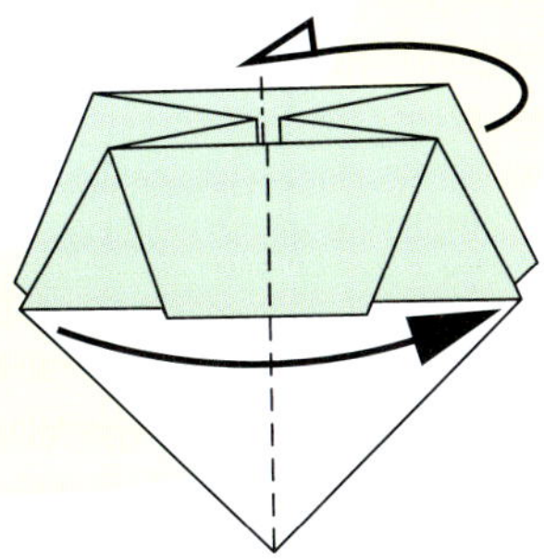

12 앞면만 점선대로
접어 올린다. 뒷면도
똑같이 접는다.

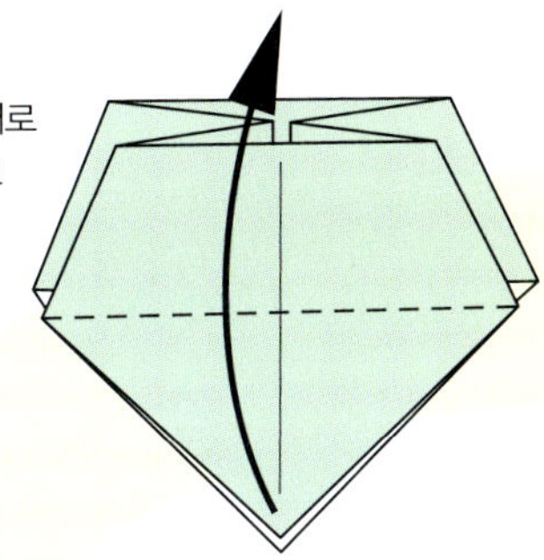

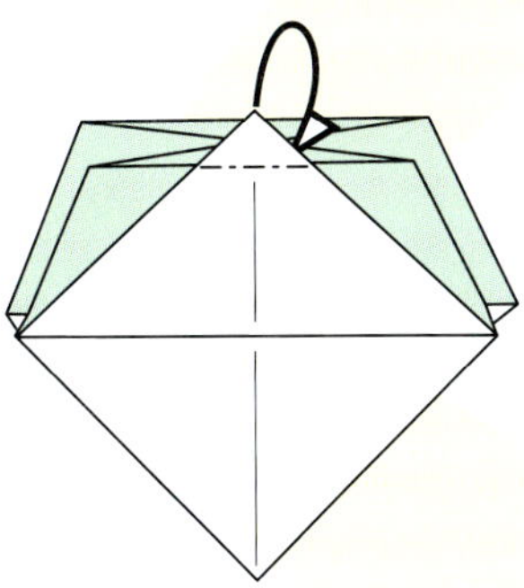

13 위쪽의 튀어나온
삼각형을 안으로 접는다.
뒷면도 똑같이 접는다.

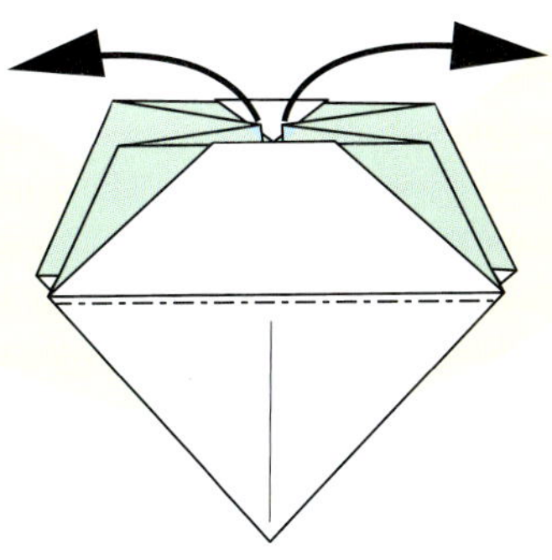

14 주머니에 손가락을
넣어 펼치면서 바닥이
펼쳐지도록 모양을 만든다.

완성

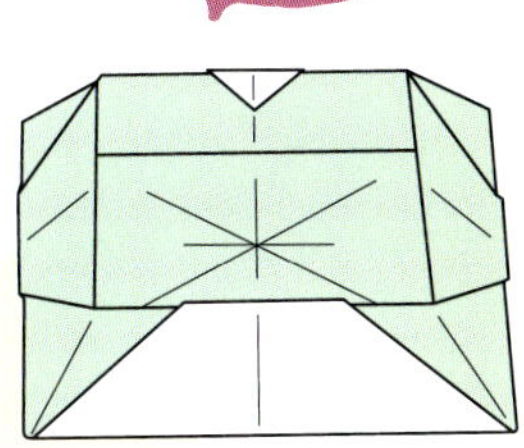

30 사탕 상자 53쪽

종이 사이즈 : 대 20×20cm 소 17×17cm

완성품 : 대 세로10×가로10×높이5.3cm

소 세로8.5×가로8.5×높이4.7cm

포인트 : 뒷면이 상자 무늬가 되기 때문에 앞면에 무늬가 있고, 뒷면이 무지인 종이가 좋습니다.

1 29 '과자 접시'(52쪽)의 4번까지 접는다.

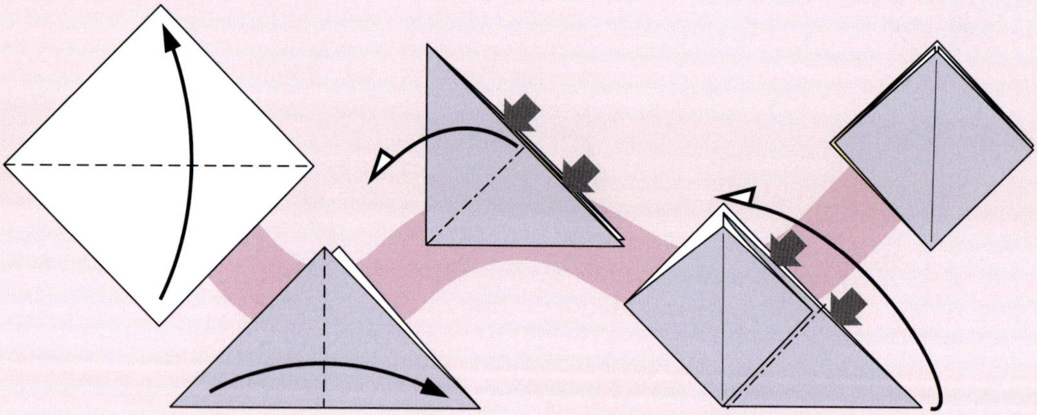

2 양 끝을 중앙의 보조선에 맞춰 접는다. 뒷면도 똑같이 접는다.

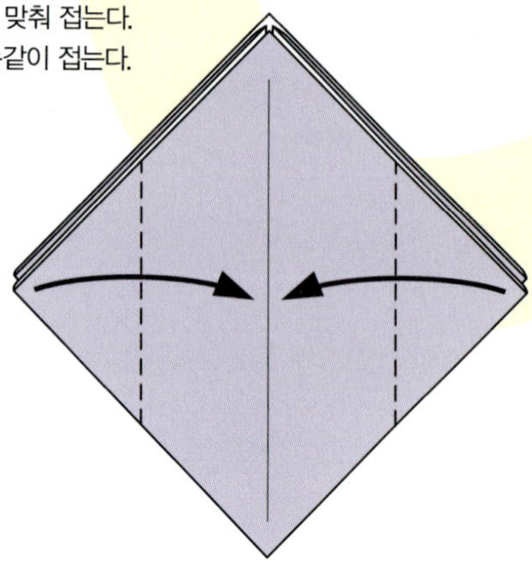

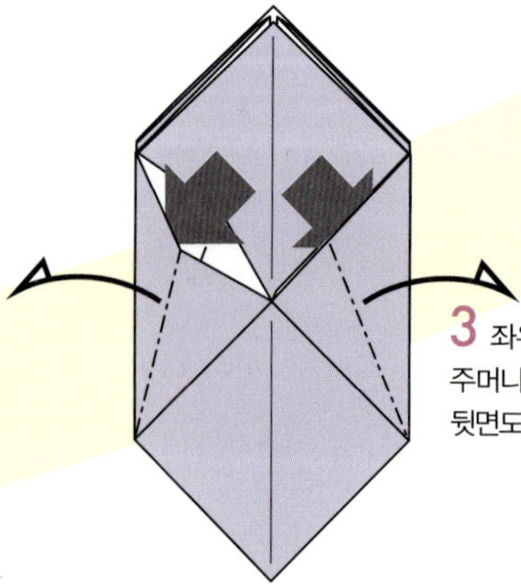

3 좌우의 삼각형 주머니를 펴서 누른다. 뒷면도 똑같이 접는다.

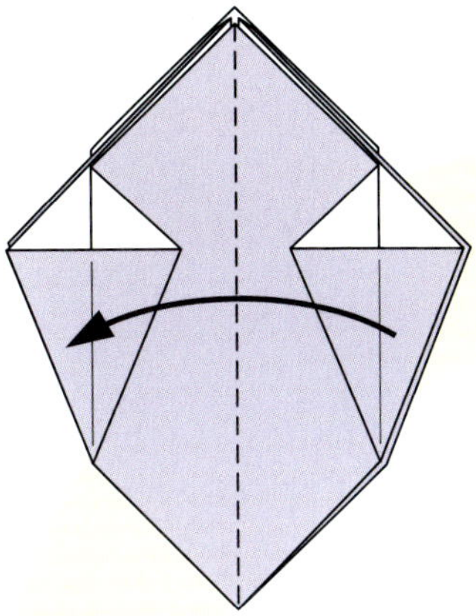

4 1장씩 넘겨서 접는 면을 바꾼다.

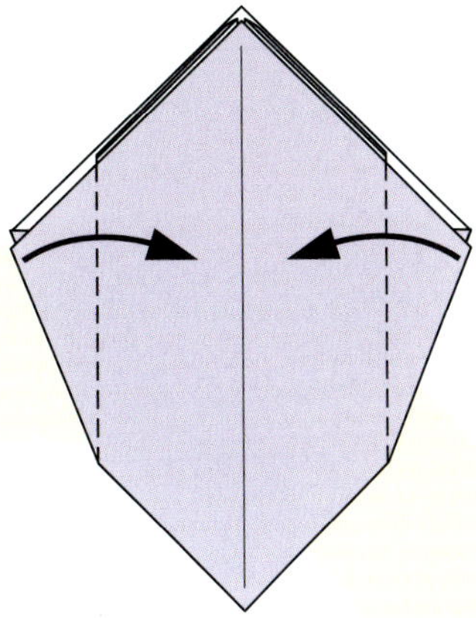

5 좌우 모서리를 점선대로 계곡 접기 한다. 뒷면도 똑같이 접는다.

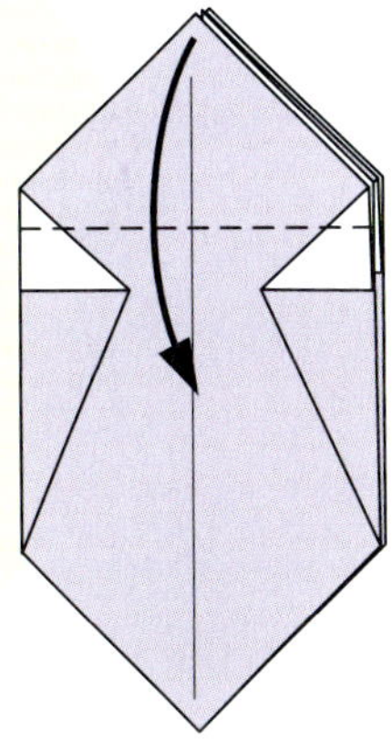

6 앞면만 점선대로 접어 내린다. 뒷면도 똑같이 접는다.

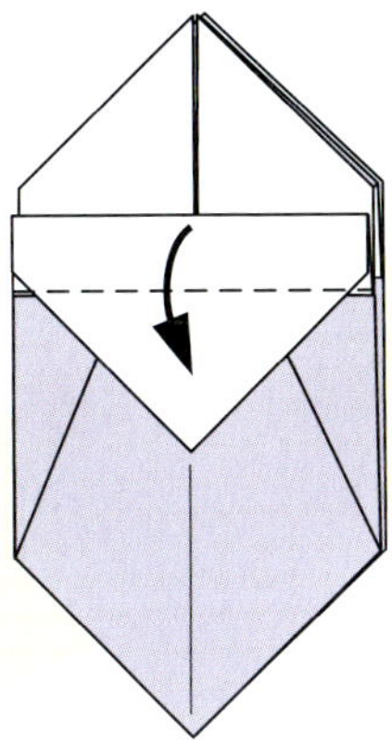

7 점선대로 한 번 더 접는다. 뒷면도 똑같이 접는다.

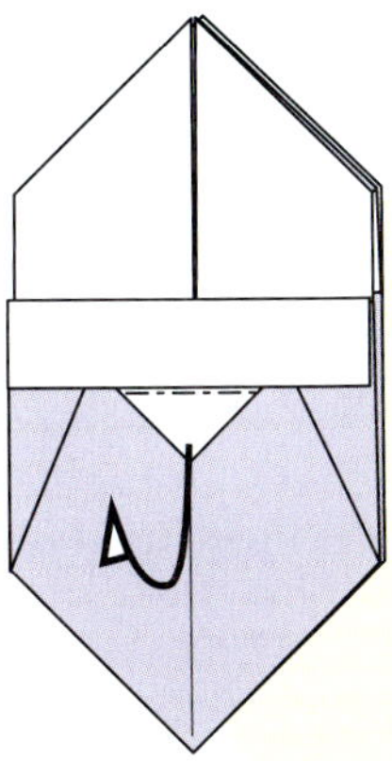

8 튀어나온 삼각형을 안쪽으로 접어 넣는다. 뒷면도 똑같이 접는다. 좌우도 6~8대로 접는다.

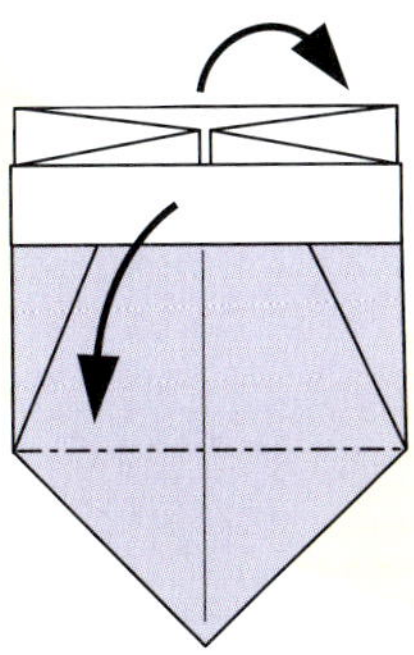

9 주머니를 펴면서 바닥이 펼쳐지도록 모양을 만든다.

완성

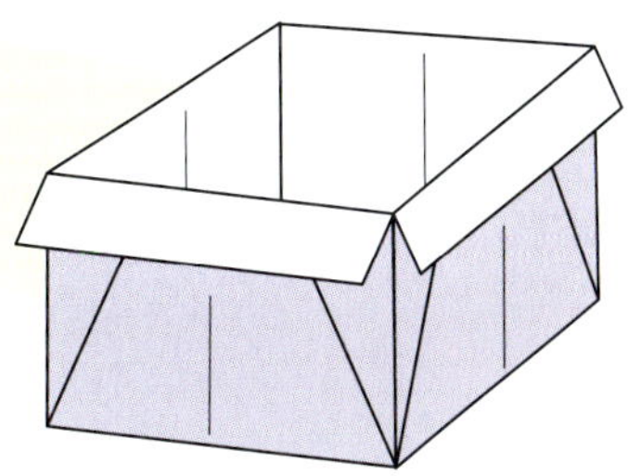

31 포크, 나이프 받침 54쪽

종이 사이즈 : 10×10cm

완성품 : 세로2.5×가로6×높이2.3cm

포인트 : 삼각주를 만듭니다. 그림을 잘 보고
바닥의 삼각형을 정확하게 만드세요.

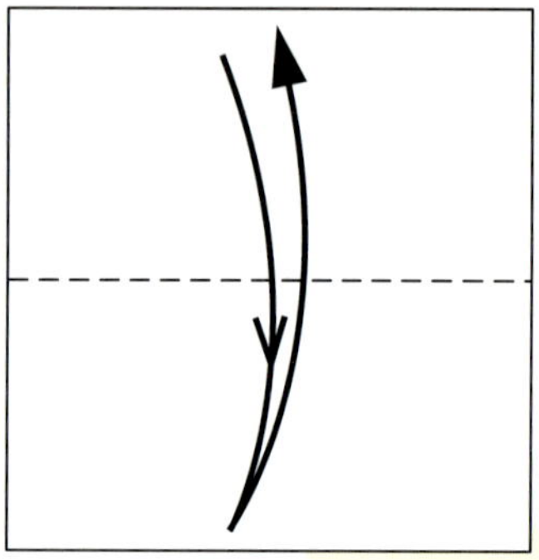

1 반으로 접었다 펴주어 보조선을 만든다.

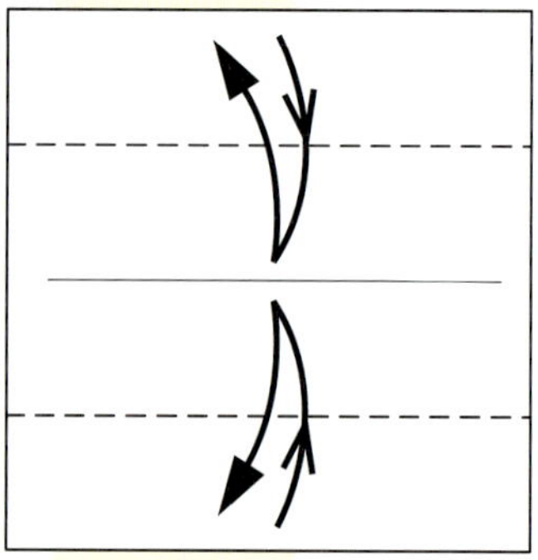

2 보조선에 맞춰 접었다 펴주어 보조선을 또 만든다.

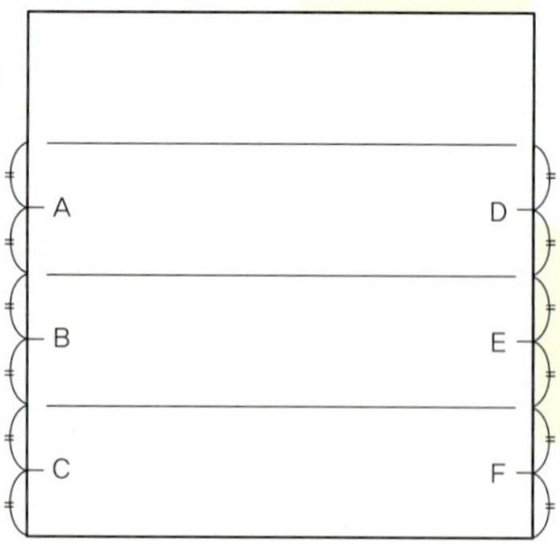

3 각각의 보조선에 절반 지점을 표시한다.

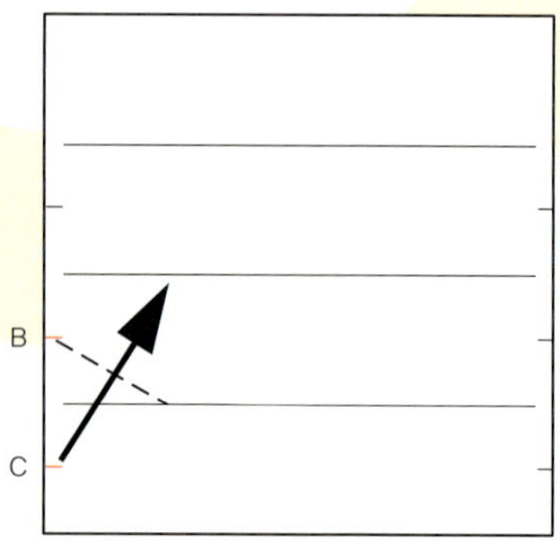

4 손으로 B를 누르면서 C를 중앙의 보조선에 맞춰 선을 만든다.

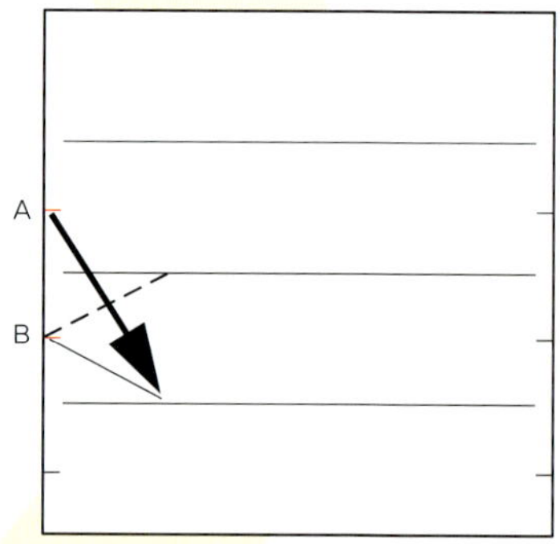

5 마찬가지로 B를 손으로 누르면서 A를 아래쪽 보조선에 맞춰 선을 만든다.

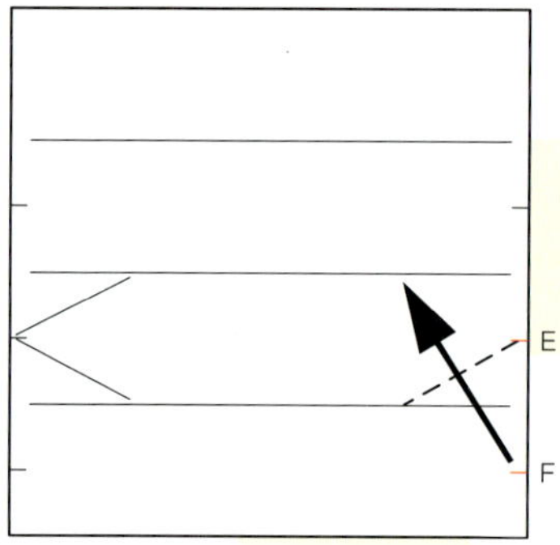

6 오른쪽도 마찬가지로 E를 누르면서 F를 보조선에 맞춰 선을 만든다.

8 좌우의 점선대로
계곡 접기를 한다.

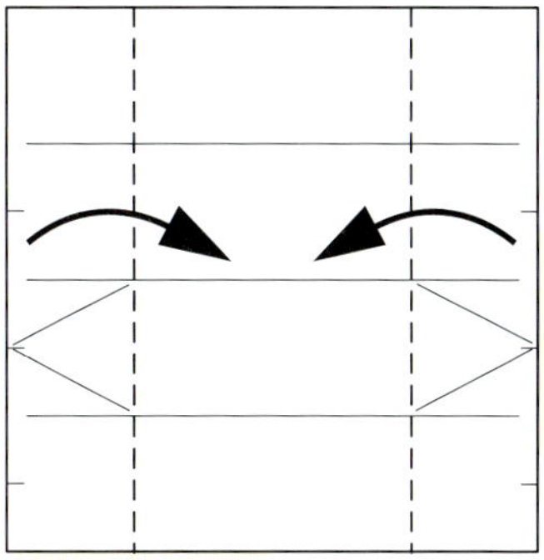

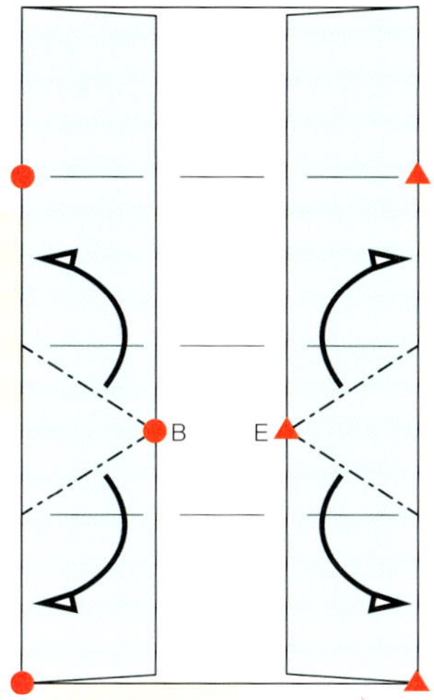

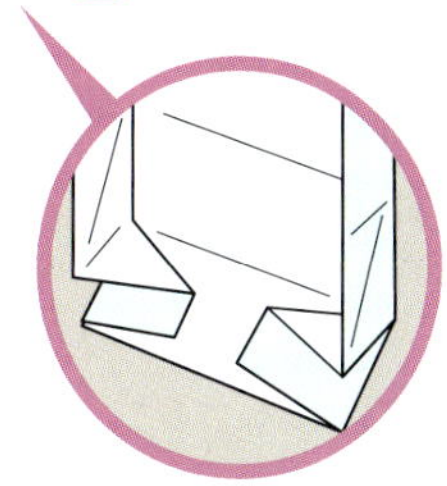

9 B를 정점으로
●와 ●가 만나도록,
E를 정점으로
▲와 ▲가 만나도록
조립한다.

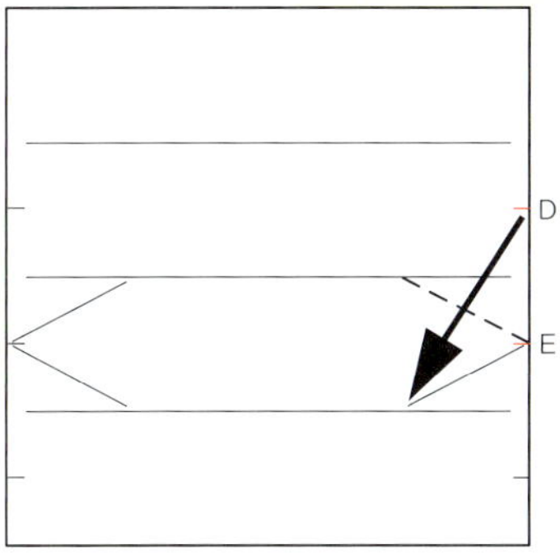

7 마찬가지로 E를 누르면서 D를 아래
보조선에 맞춰 선을 만든다.

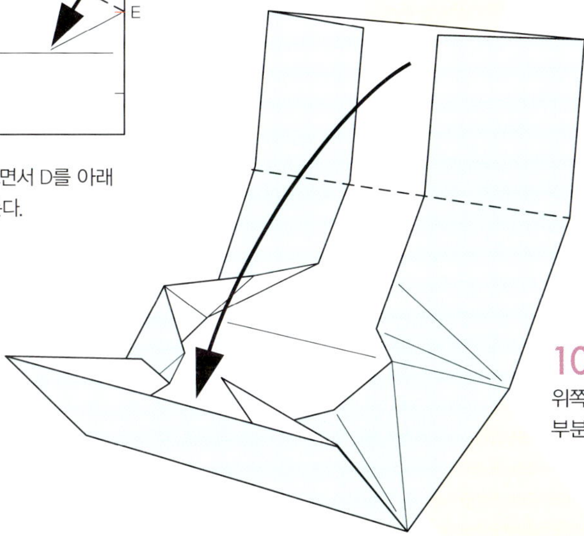

10 9를 접은 모습.
위쪽 끝을 앞쪽 접히는
부분에 끼워 넣는다.

32 하트 모양 냅킨 링 54쪽

종이 사이즈 : 19×19cm

완성품 : 하트부분 세로6×가로4.8cm

링 직경5.5cm

포인트 : 한 장의 종이로 접는 사이에 중앙에 하트가 생깁니다.

1 상하 좌우를 접었다 펴주어 보조선을 만든다.

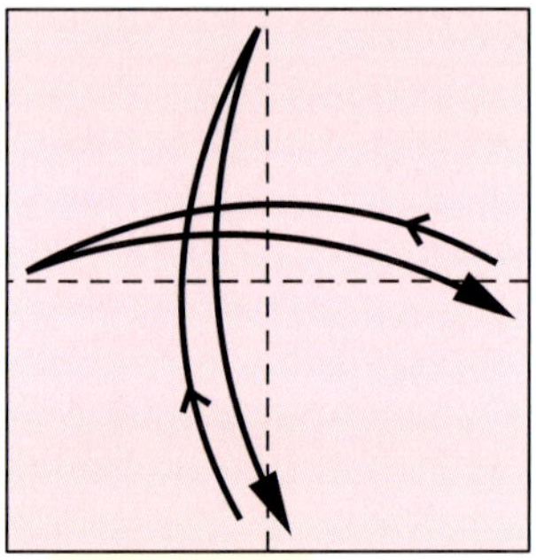

2 가로 보조선을 향해 두 번 말듯이 접는다.

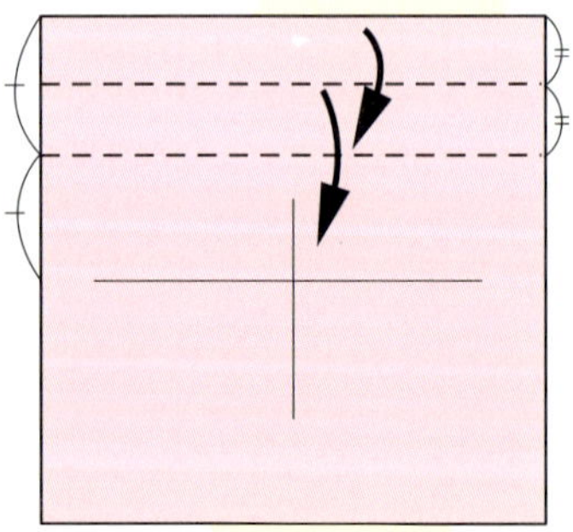

3 세로 보조선에 맞춰 뒤쪽으로 접는다.

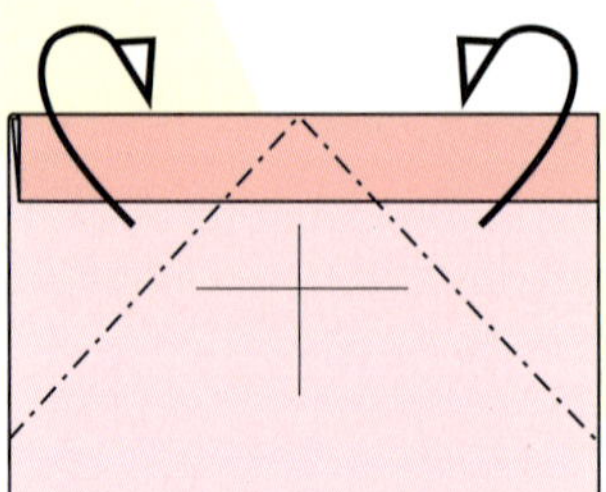

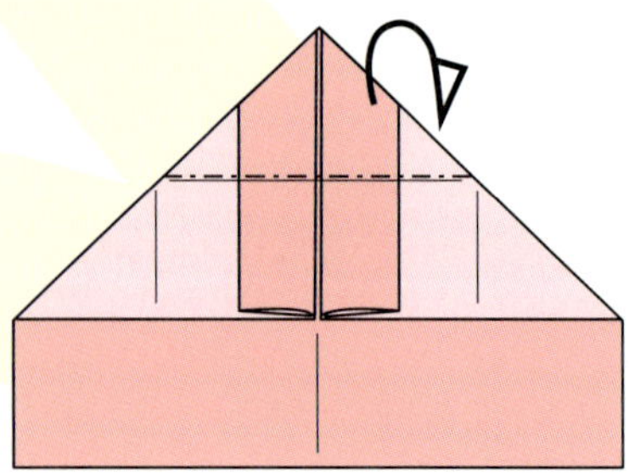

4 뒤집어서 보조선대로 뒤쪽으로 접는다.

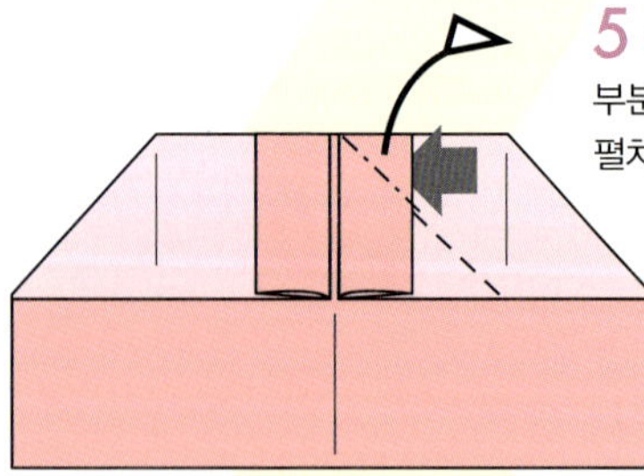

5 2에서 말듯이 접은 부분에 손가락을 넣어 펼쳐서 누른다.

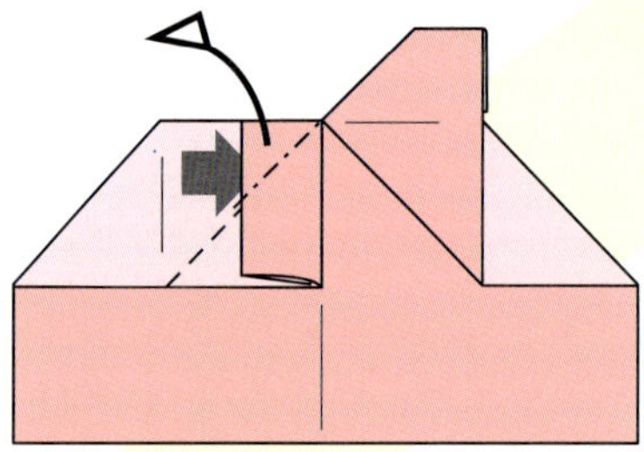

6 5를 접은 모습. 왼쪽도 똑같이 접는다.

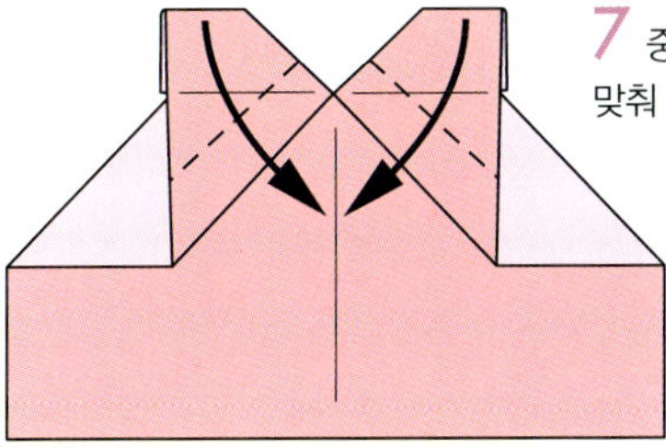

7 중앙 보조선에
맞춰 접어 내린다.

완성

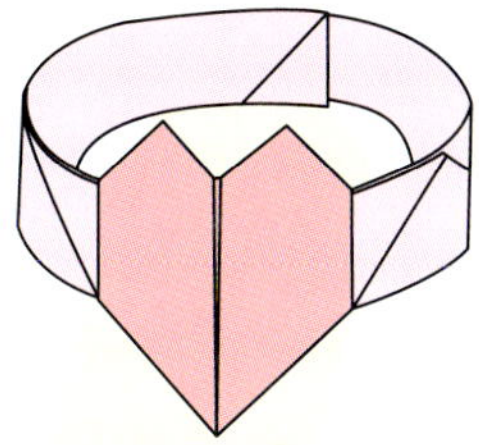

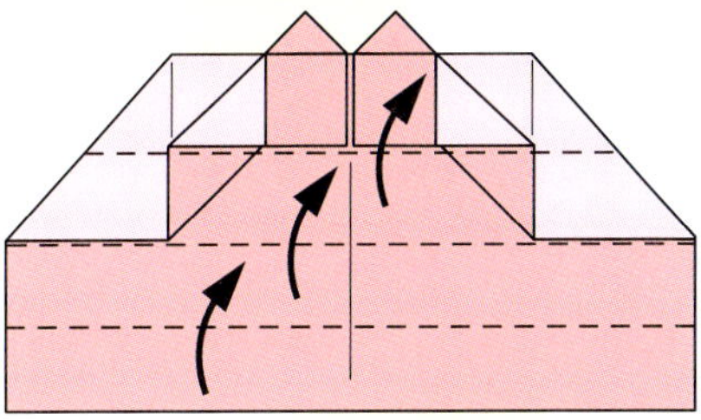

8 점선을 따라 말듯이 세 번 접어 올린다.

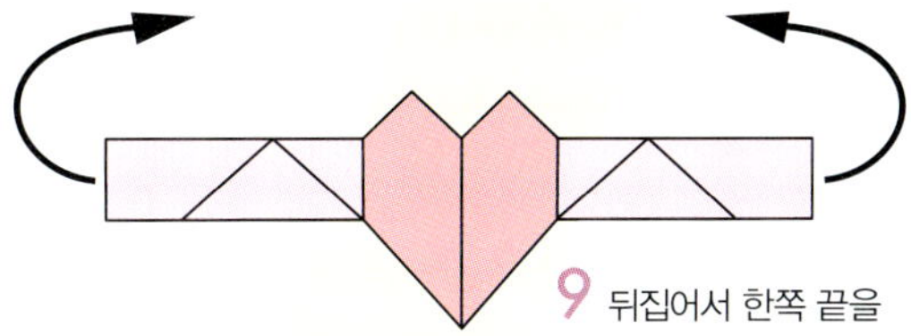

9 뒤집어서 한쪽 끝을
다른 쪽 틈에 끼워 넣어서
링 형태로 모양을 만든다.

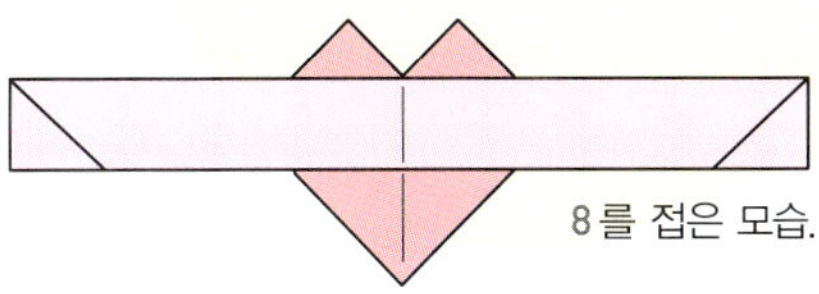

8를 접은 모습.

33 카드 스탠드 54쪽

종이 사이즈	: 15×15cm
완성품	: 세로6.5×가로7.5×높이3.7cm
포인트	: 안정감 있는 삼각형 형태. 이중으로 되어 있는 부분에 카드를 끼워 넣습니다.

1 상하 좌우로 접었다
펴주어 보조선을 만든다.

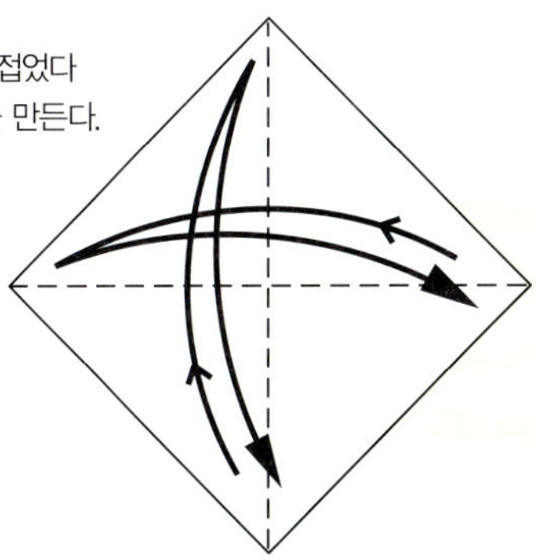

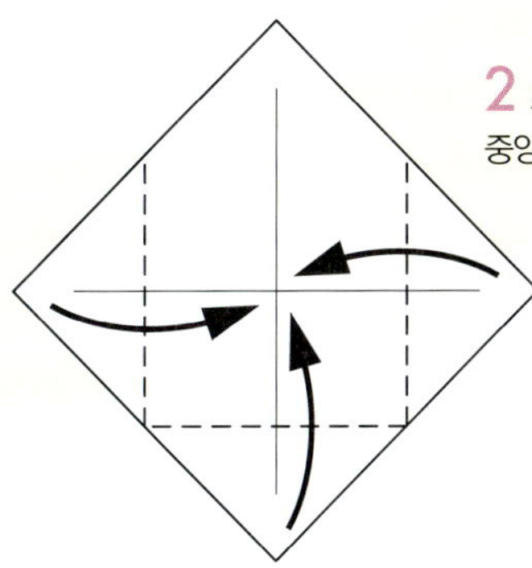

2 좌우와 아래 모서리를
중앙으로 접는다.

다음 페이지로

앞쪽에 이어서

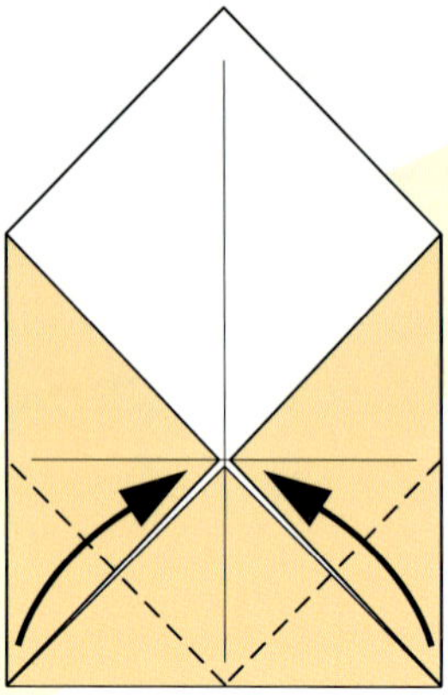

3 아래 양 끝을 한 번 더 중앙으로 접는다.

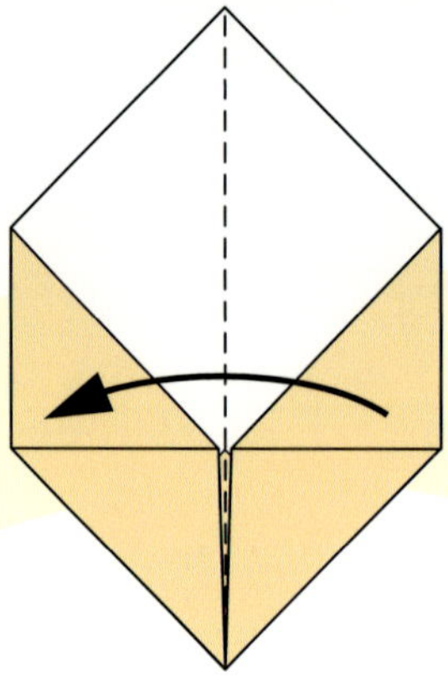

4 반으로 접는다.

5 위 모서리가 왼쪽으로 오도록 점선대로 접는다.

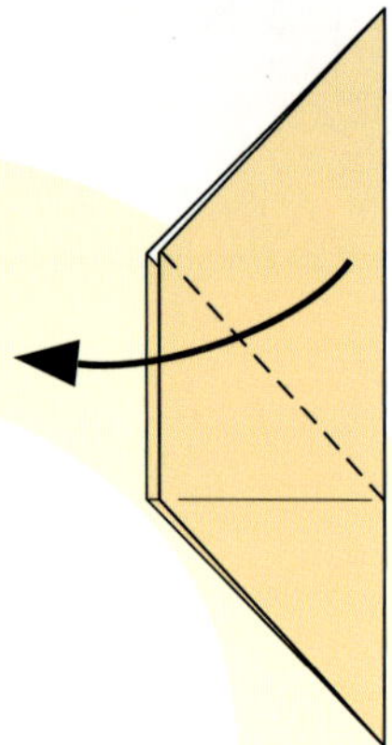

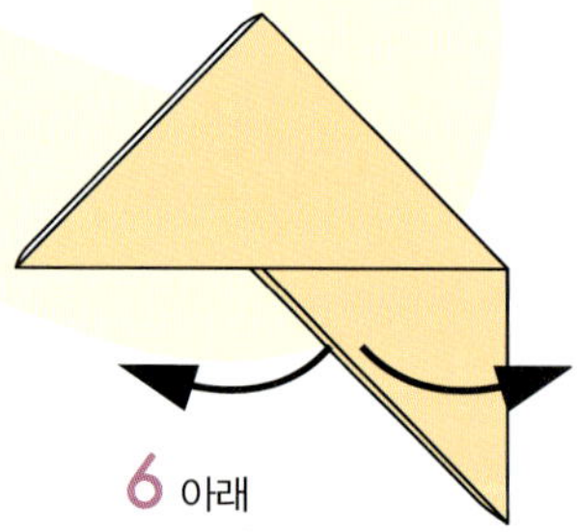

6 아래 삼각형을 넓힌다.

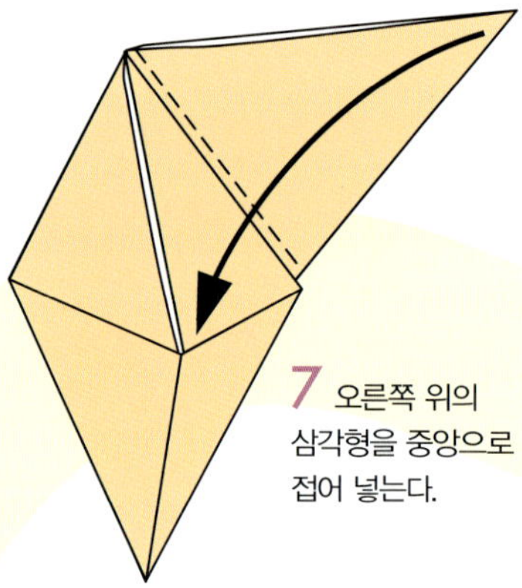

7 오른쪽 위의 삼각형을 중앙으로 접어 넣는다.

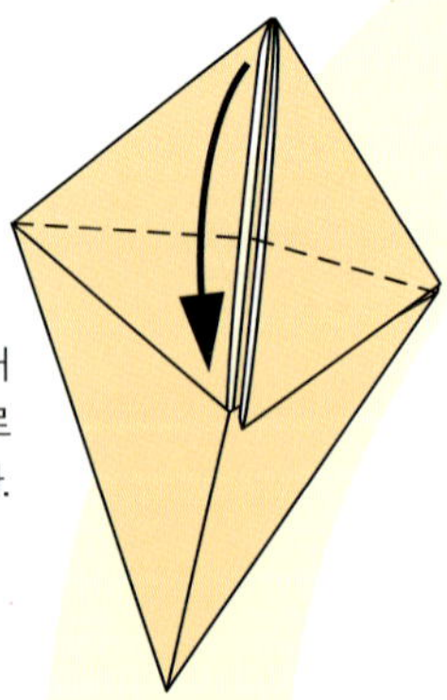

8 점선대로 접어 삼각형을 안쪽으로 집어넣는다.

완성

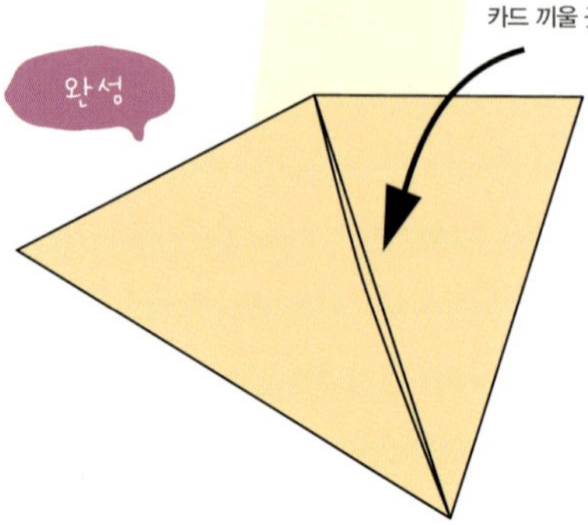

34 포토 프레임 55쪽

종이 사이즈 : 정방형 28×28cm 장방형 세로26×가로30cm

완성품 : 정방형 14×14cm 장방형 세로13×가로15cm

포인트 : 종이 크기의 절반 사이즈로 만들어지기 때문에,
사진 크기에 맞춰 종이를 준비하세요.
접는 법은 정방형이나 장방향이나 같습니다.

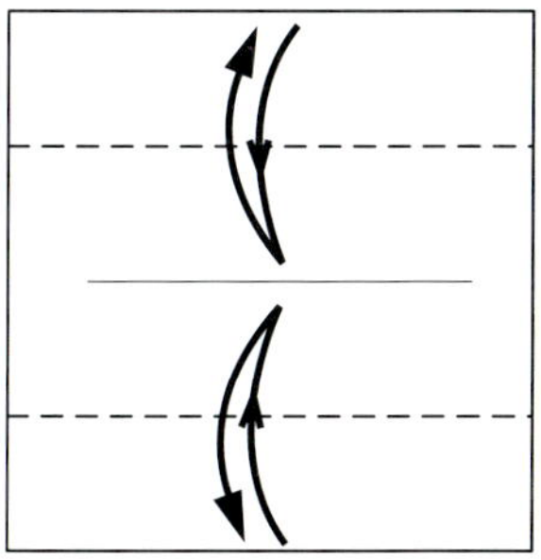

1 위아래를 반으로 접었다 펴주어 보조선을 만든다. 그 보조선에 맞춰 위아래를 접었다 펴주어 또 하나의 보조선을 만든다.

2 아래를 보조선에 맞춰 계곡 접기 한다.

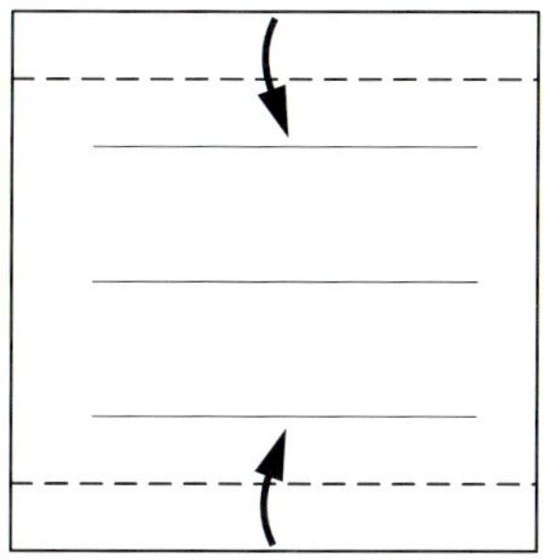

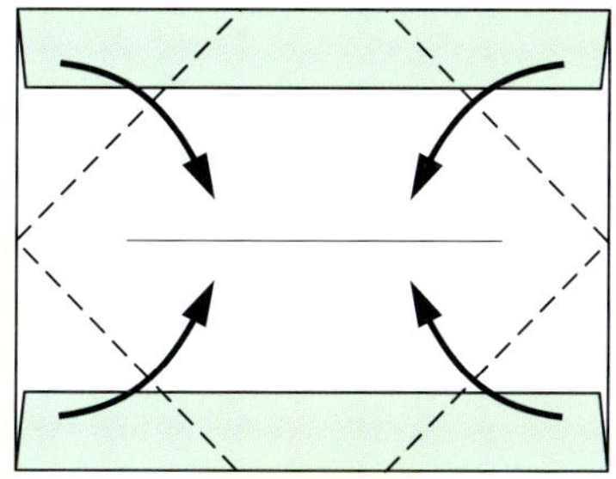

3 각 모서리를 중앙 보조선에 맞춰 삼각형으로 접는다.

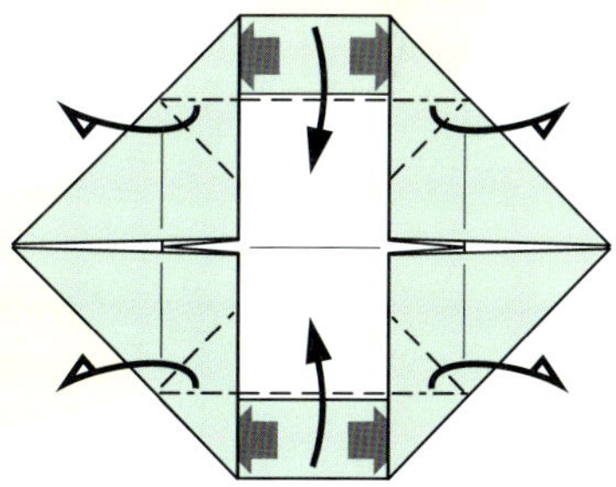

4 ➡에 손가락을 넣어 네 곳 모두 펴서 누른다.

5 좌우의 삼각형을 안쪽으로 접는다.

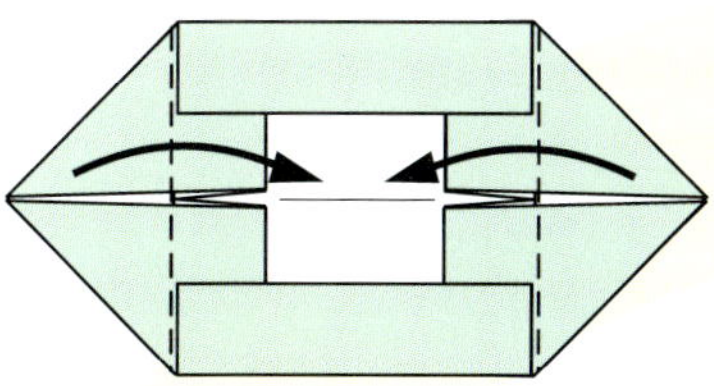

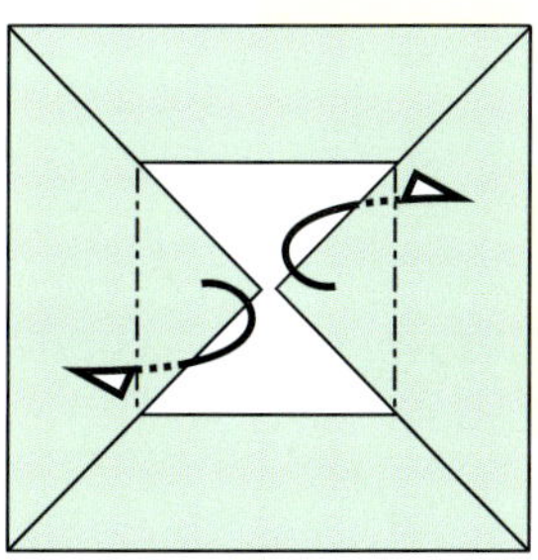

6 점선대로 삼각형을 안쪽으로 집어넣는다.

완성

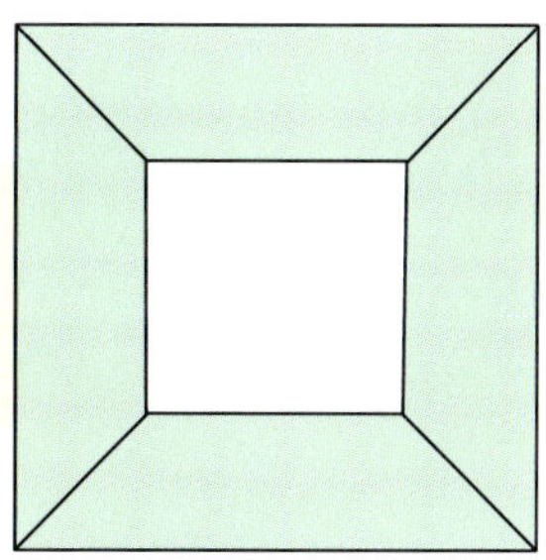

PART. 3

손끝에 마음을 담아 보내는 봉투 및 각종 케이스

36 십자형 종이주머니

접는법…94쪽

접는 법과 종이에 따라 색다른 멋을 표현

35 만자형 종이주머니

접는법…92쪽

세뱃돈이나 용돈을 줄 때, 잠깐만 시간을 들여 종이를 접어봅시다. 씨나 허브를 쌀 때도 좋아요. 동양 고유의 고이 싸는 문화가 숨 쉬고 있는 종이주머니는 다양하게 사용할 수 있습니다.

37 삼각형 종이주머니

접는법…93쪽

오동통하면서 야무진 전통의 아름다움

38 간단한 종이주머니

금방 접을 수 있어 아이들에게 세뱃돈이나
용돈을 줄 때 안성맞춤. 오른쪽 종이주머니는
요철이 있는 종이에 스탬프를 찍고 띠로
장식한 것입니다. 무늬 모양이나 스티커로
재미있는 장식이 가능합니다.

접는법···102쪽

풍차 모양 종이주머니

같은 접기를 반복해서 겹쳐가는 전통적인 접기입니다.
40번과 41번은 39번 접기를 변형한 것입니다.
자잘한 무늬의 날개 모양을 접어보세요.

접는법…102쪽

42 사각형 종이주머니

접는법…96쪽

전통적인 사각형과 육각형 종이주머니.
접는 법은 전통적이지만 서양풍 무늬의 종이와도 잘 어울립니다.

43 육각형 종이주머니

접는법…98쪽

44 팔각형 종이주머니

쉽게 만들 수 있는 종이주머니는 컵받침 등으로도 쓸 수 있습니다. 아름다운 무늬의 포장지로 접어서 즐거운 티타임을 연출해보세요.

접는법…100쪽

축의금 봉투

축복하는 마음, 그리고 함께 나누는 행복

축의금 봉투를 쉽게 살 수 있는 시대라서 더욱 손으로 만드는 것의 의미가 있습니다.
상대를 생각하며 종이를 고르고 접는 작업은 축복하는 마음을 몇 배나 더 크게 합니다.

현대적인 포장은 나의 개성을 표현해줍니다.

47 접는법…108쪽

48 접는법…109쪽

친한 사이라면 대담하고 유니크한 봉투도 좋습니다.
무늬나 소품을 사용해서 센스를 발휘해보세요.
'세상에 단 하나뿐인' 봉투에 마음을 담아 보내봅시다.

35 만자형 종이주머니 84쪽

종이 사이즈 : 무지 종이 14×14cm 무늬 있는 종이 13×13cm

완성품 : 세로8×가로8cm

포인트 : '卍(만)' 자를 뚜렷하게 보이기 위해서 사이즈와 무늬가 다른 2장을 가장자리가 보이도록 종이를 겹칩니다. 1장으로도 접을 수 있습니다.

1 2장을 겹치게 둔다.

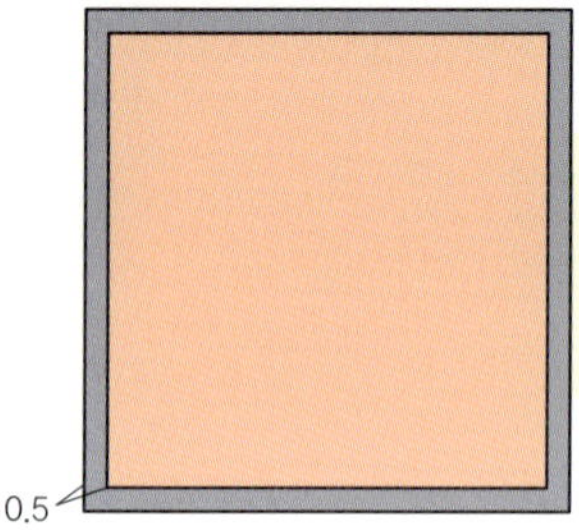

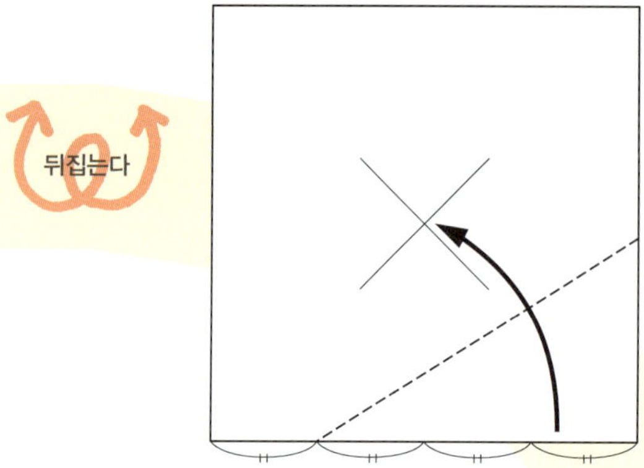

2 뒤집어서 중심에 표시를 한다. 아랫변이 중심을 지나도록 점선대로 접는다.

3 마찬가지로 가장자리가 중심을 지나도록 점선대로 접는다.

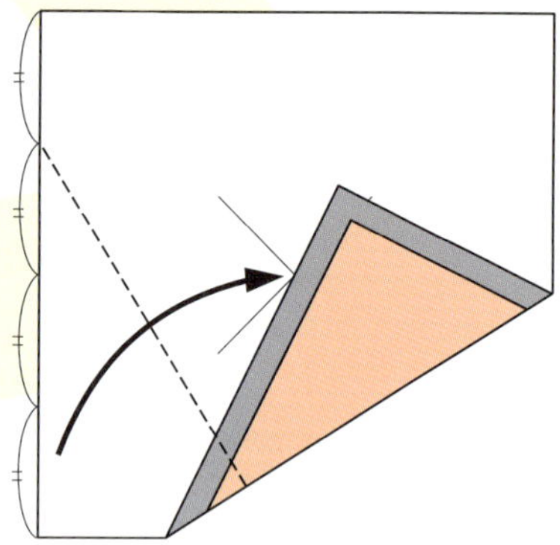

4 가장자리가 중심을 지나도록 접는다.

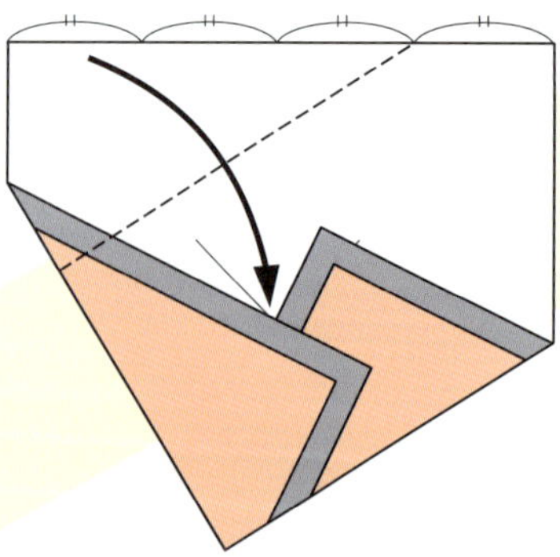

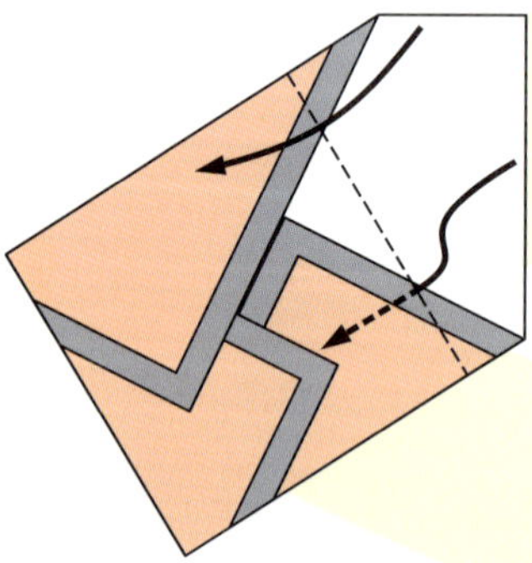

5 가장자리가 중심을 지나도록 한 번 접어 보조선을 만든다. 각 종이가 겹치도록 한쪽은 위로, 한쪽은 아래로 끼워 넣는다.

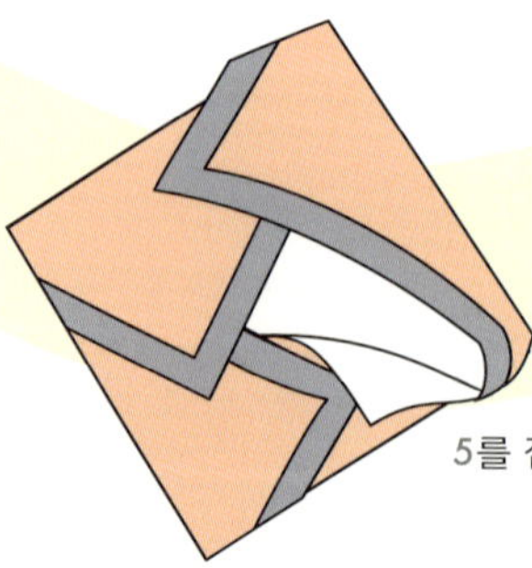

5를 접은 모습

37 삼각형 종이주머니 85쪽

종이 사이즈 : 21×21cm

완성품 : 세로7×가로7cm

포인트 : 안에 물건을 넣을 때는 끝까지 한 번 다 접은 다음에 2번으로 다시 돌아와 중앙의 사각형에 물건을 두고 싸면 됩니다.

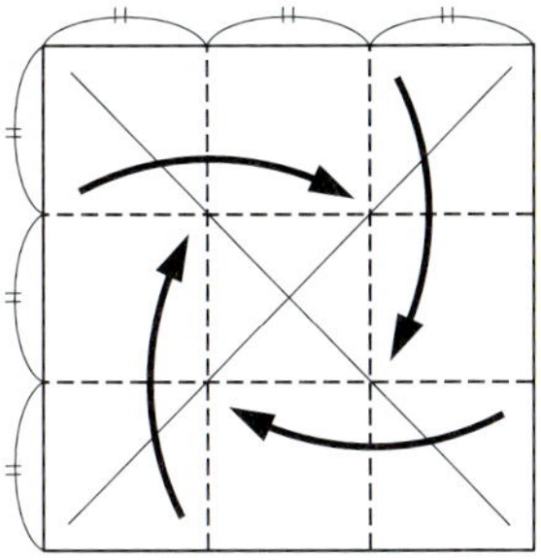

1 그림과 같이 대각선에 2개의 보조선을 만든다. 가로, 세로를 3등분해서 접고 보조선을 만든다.

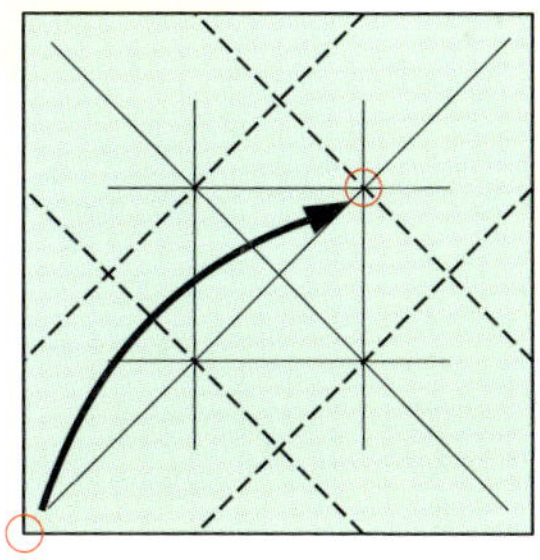

2 뒤집어서 ○와 ○를 맞춰 접고 보조선을 만든다. 다른 3개의 모서리도 마찬가지로 접는다.

3 산 접기 부분을 안쪽으로 접어 넣고, ○끼리 만나도록 접는다.

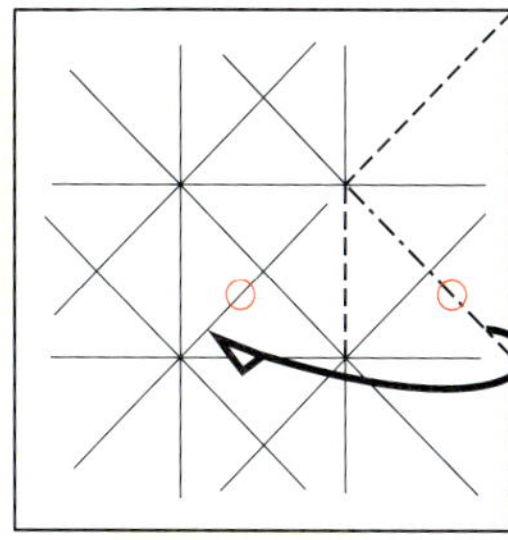

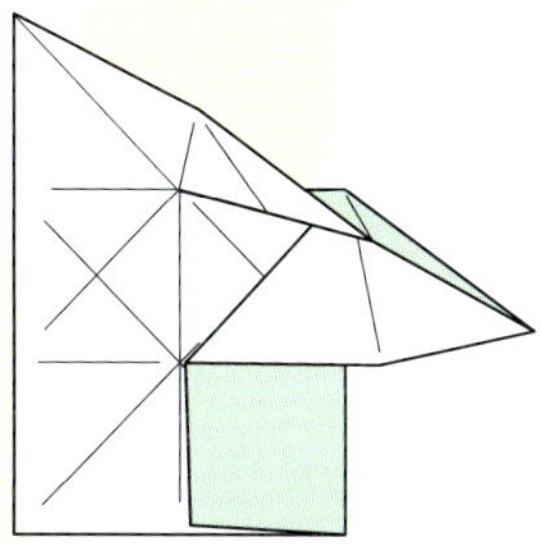

3을 접고 있는 모습

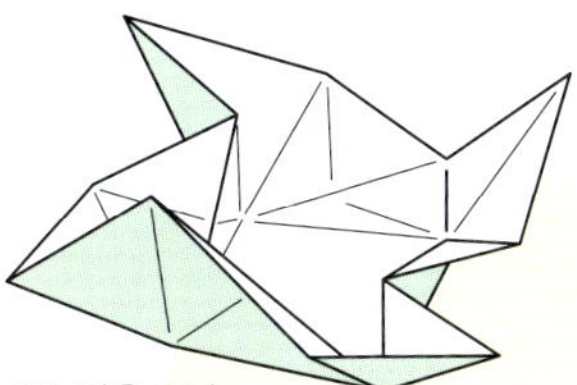

4를 접은 모습

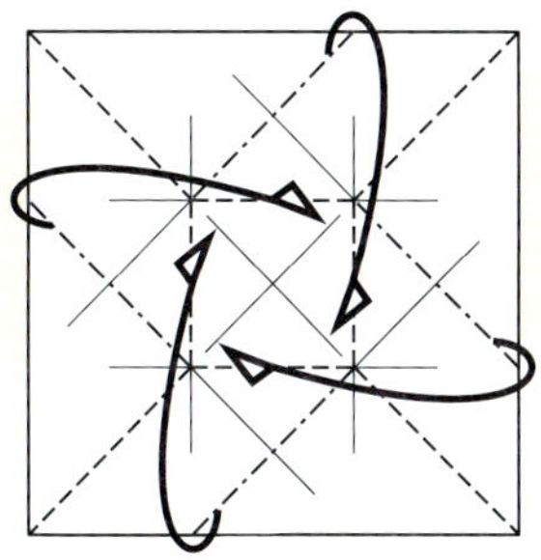

4 남은 세 곳도 3과 같이 산 접기 부분을 안쪽으로 접는다.

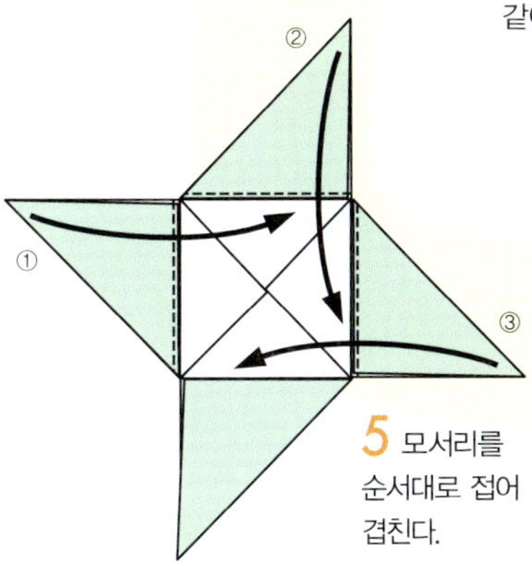

5 모서리를 순서대로 접어 겹친다.

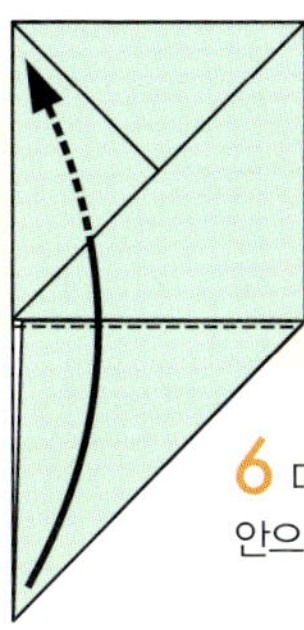

6 마지막 모서리는 안으로 집어넣는다.

36 십자형 종이주머니 84쪽

종이 사이즈 : 20×15cm

완성품 : 세로8.5×가로7cm

포인트 : 무늬가 있는 쪽을 겉, 무지인 쪽을 안으로 하거나, 겉과 안이 다른 색인 종이로 접으면 좋습니다.

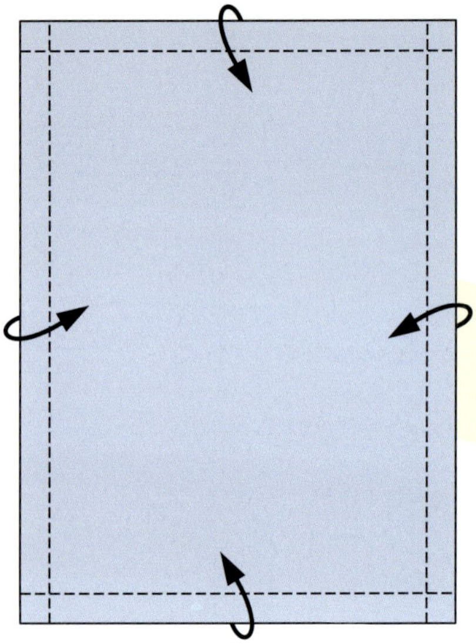

1 0.5~1cm 정도의 폭으로 각 끝을 접는다.

1을 접은 모습

뒤집는다

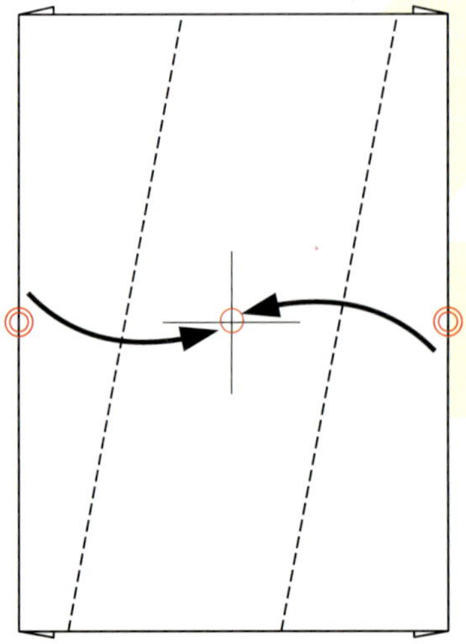

2 뒤집어서 중심에 살짝 표시를 한다. ◎가 중심을 지나도록 대각선으로 접는다.

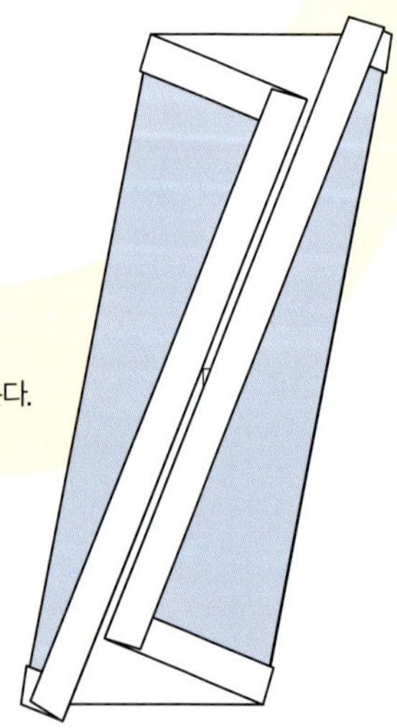

3 2를 접은 모습. 다시 펴서 2로 돌아온다.

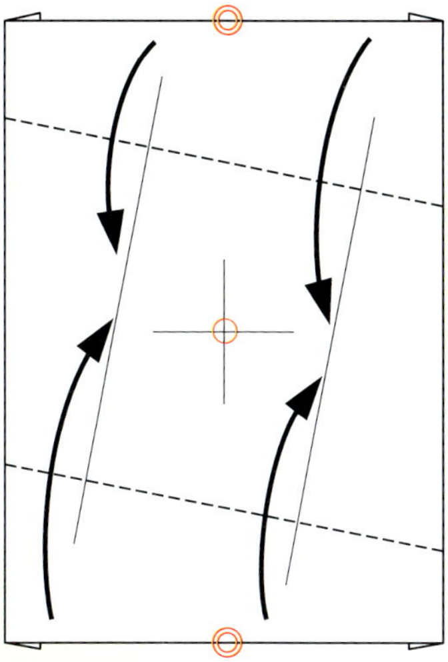

4 마찬가지로 ◎가
중심을 지나도록
대각선으로 접는다.

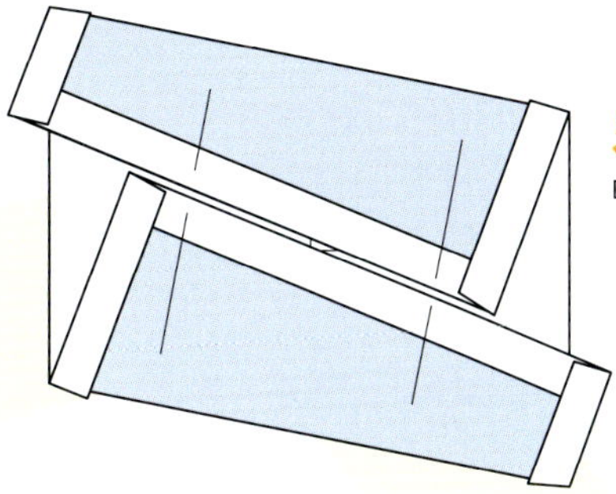

5 4를 접은 모습.
다시 펴서 4로 돌아온다.

6 4에서 만들었던
보조선을 따라
순서대로 접는다.

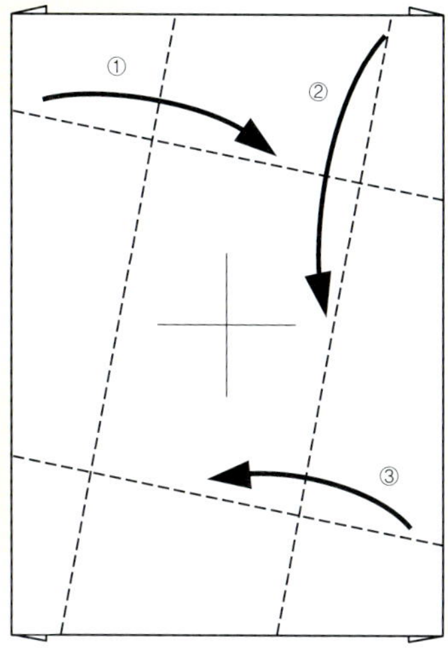

6을 접은 모습

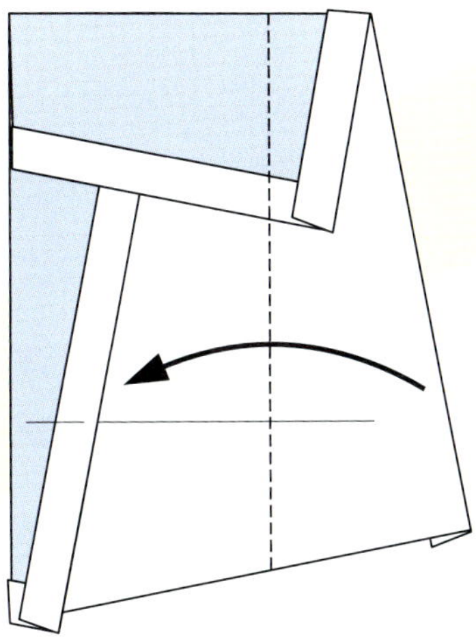

7 점선대로 한 번 접는다.

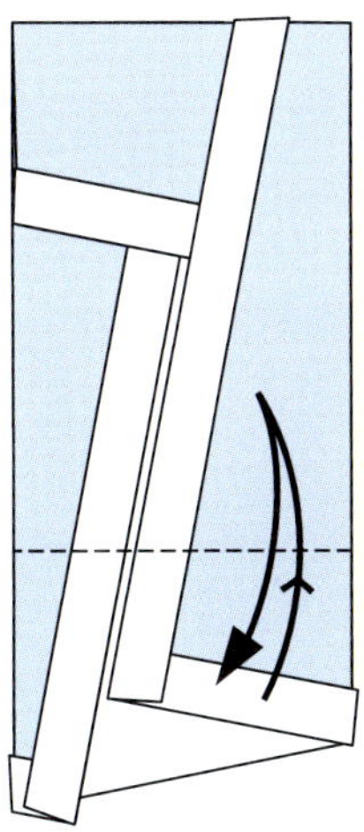

8 엇갈리게 겹치도록
왼쪽 모서리만 안으로
접어 넣는다.

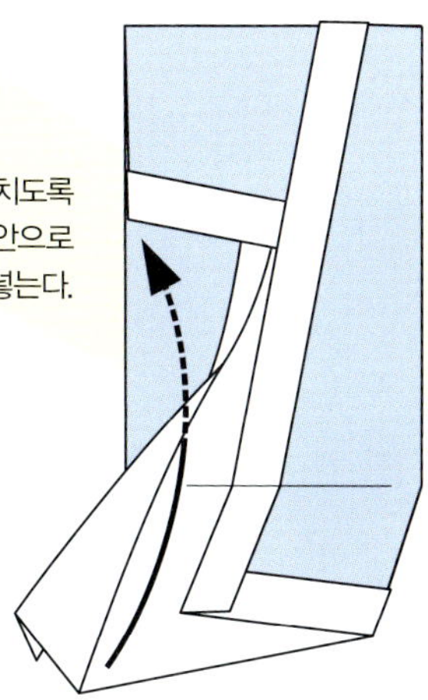

완성

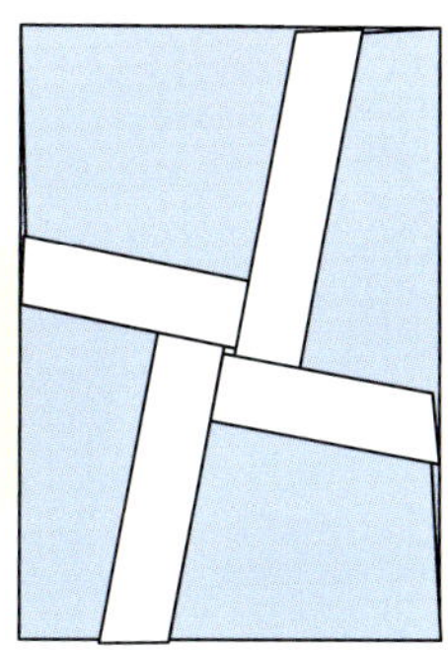

42 사각형 종이주머니 88쪽

종이 사이즈 : 16×16cm

완성품 : 세로7×가로7cm

포인트 : 보조선을 정확히 만들어두는 게 포인트.
하나의 과정이 끝날 때마다 그림과 같은 각도로 두고
다음 과정을 확인하면서 접으면 간단하게 접을 수 있습니다.

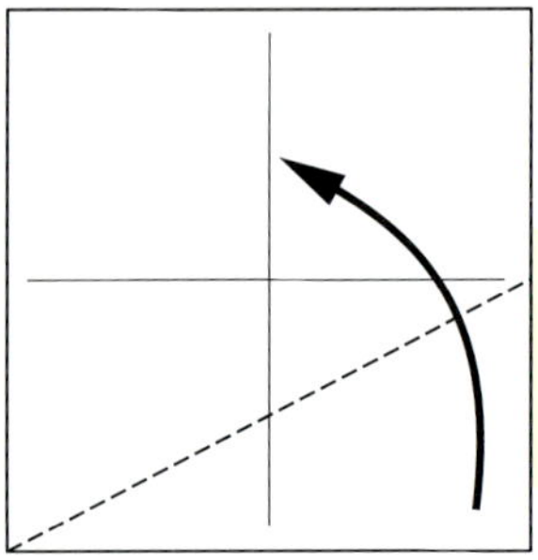

1 그림과 같이 보조선을 만들고,
보조선과 모서리를 연결하는
선대로 접는다.

2 위쪽도 마찬가지로 보조선과
모서리를 연결하는 선대로 접는다.

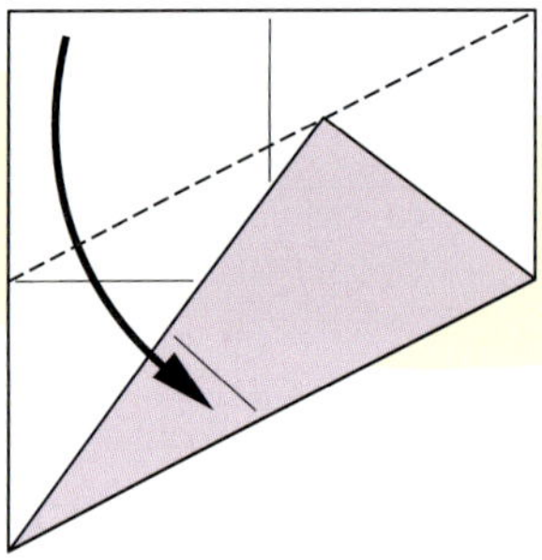

3 접은 것을 한 번 편다.

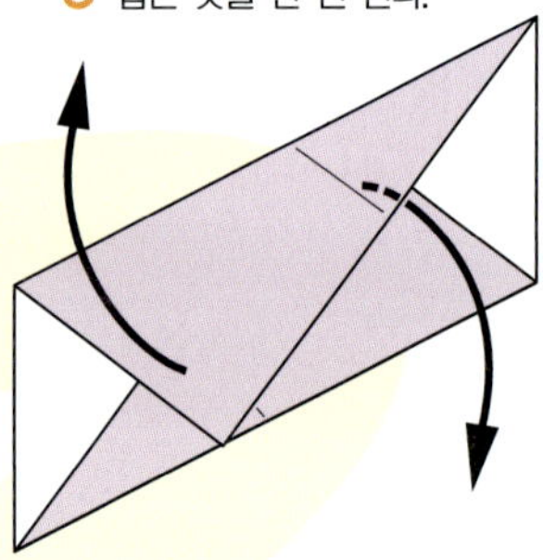

4 좌우를 1~2와 같이
접었다 펴준다.

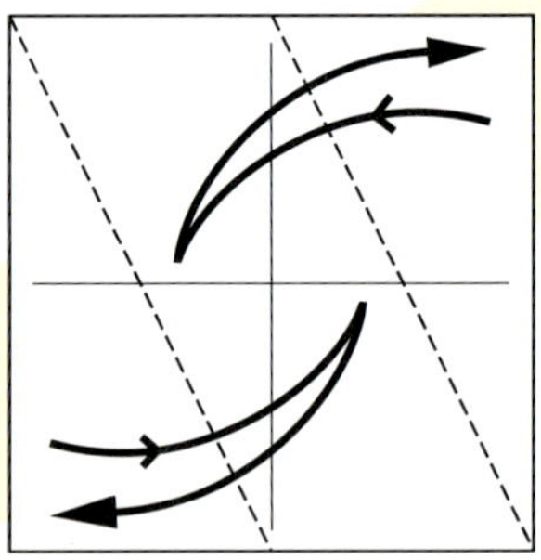

5 ○의 모서리와
보조선의 교점을 맞춘다.

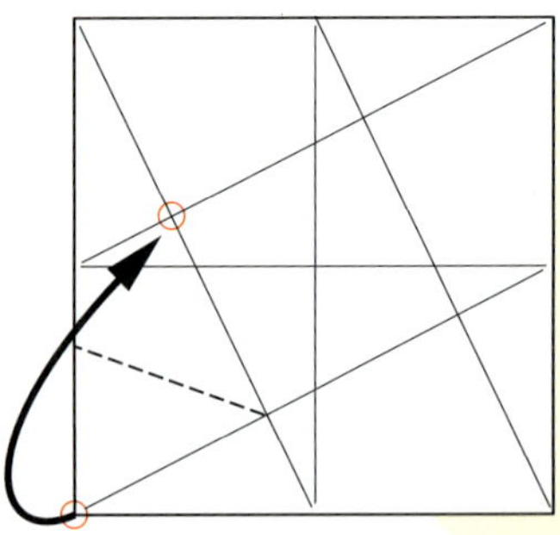

6 5에서 모서리를
맞추면 ★부분만
보조선을 만들고 펴준다.

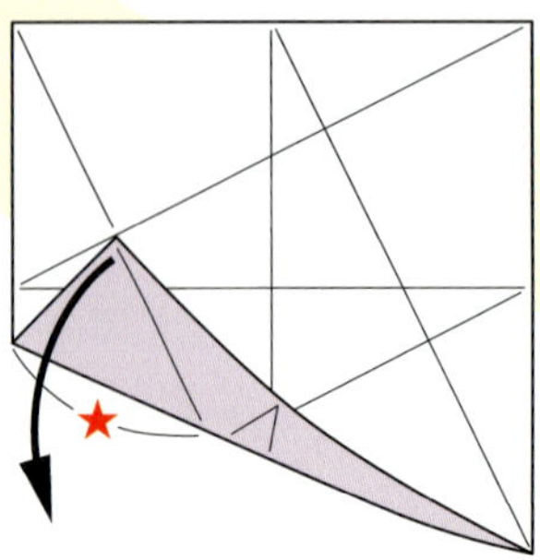

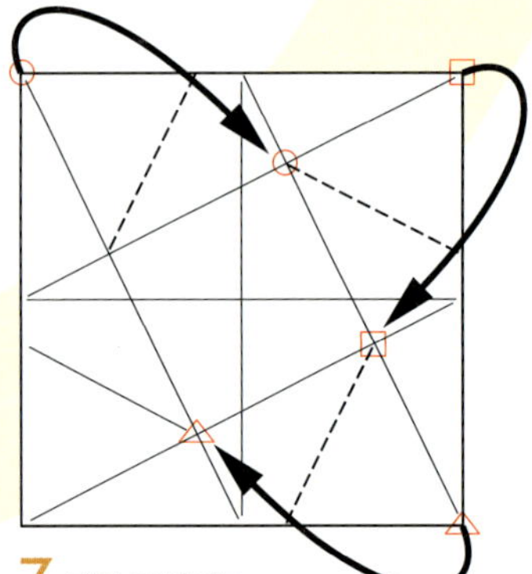

7 다른 모서리도
5~6과 같이 접는다.

8 7까지 접었다 펴준 모습.
점선대로 접는다.

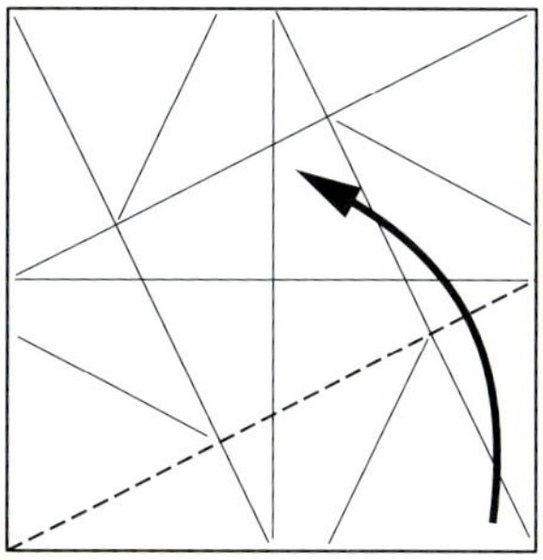

9 보조선을 잘 이용해서
○와 ○, □와 □의 각을
맞추듯이 접는다.

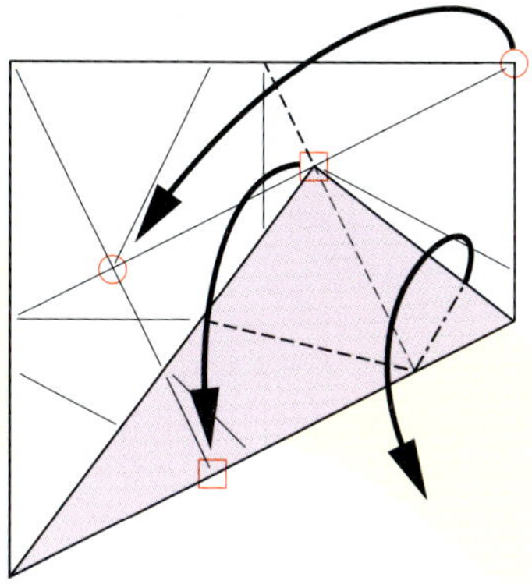

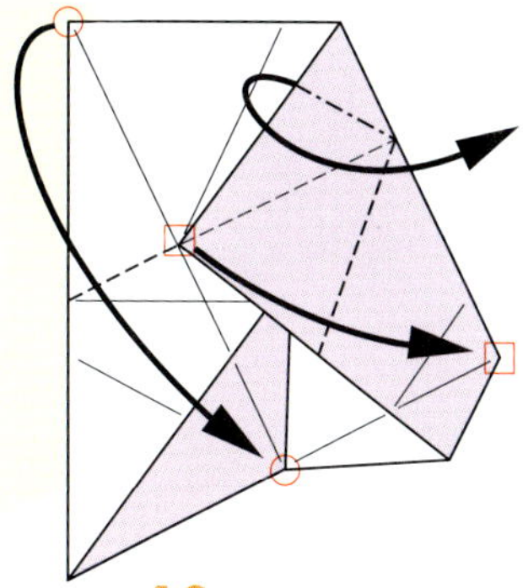

10 9와 마찬가지로
○와 ○, □와 □의 각을
맞추듯이 접는다.

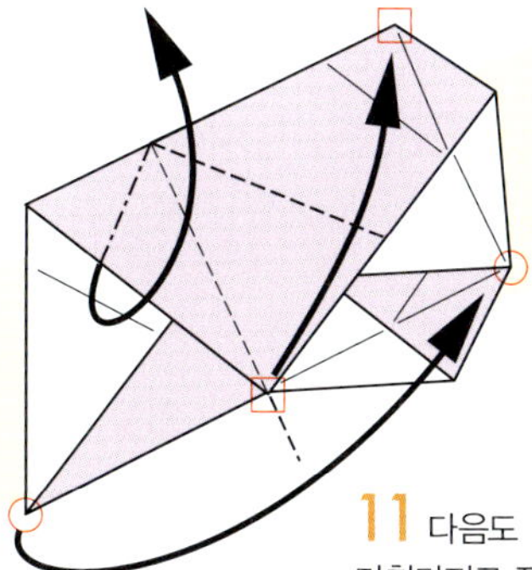

11 다음도
마찬가지로 접는다.

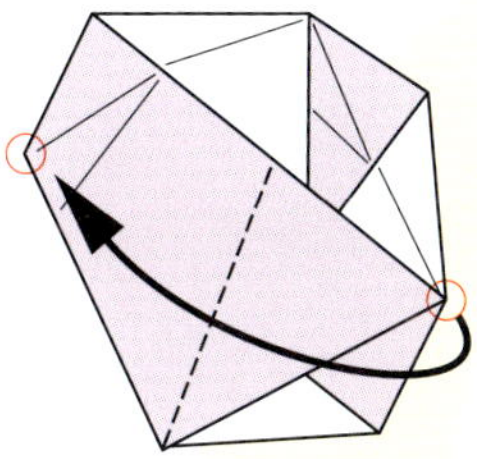

12 ○와 ○의 각을
맞추듯이 접는다.

13 안쪽에서 모서리를
빼내어 위로 겹친다.

▲왼쪽을 들어 아래 깔려 있던 모서리를 꺼낸다.

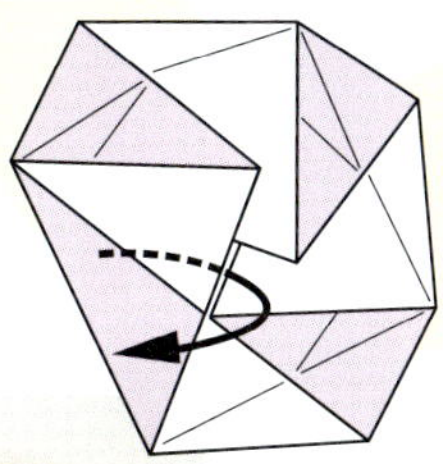

▲왼쪽을 다시 내리고 그 위에 꺼낸 모서리를 겹친다.

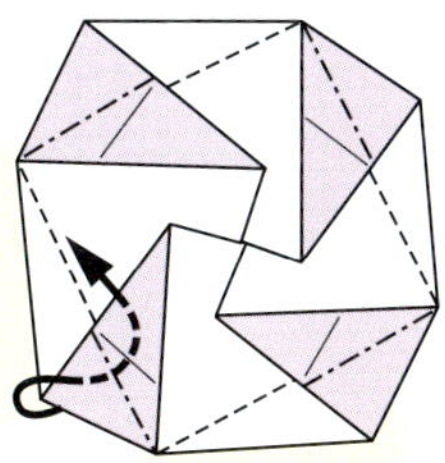

14 안쪽에서
모서리를 빼내어
위로 겹친다.

완성

43 육각형 종이주머니 88쪽

종이 사이즈 : 17×17cm

완성품 : 직경8~9cm

포인트 : 육각의 모서리를 깔끔하게 자르면 전체가 아름답게 완성됩니다.

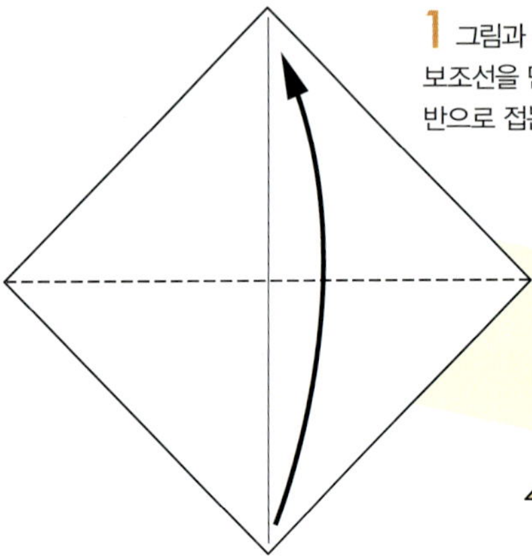

1 그림과 같이 보조선을 만들고 반으로 접는다.

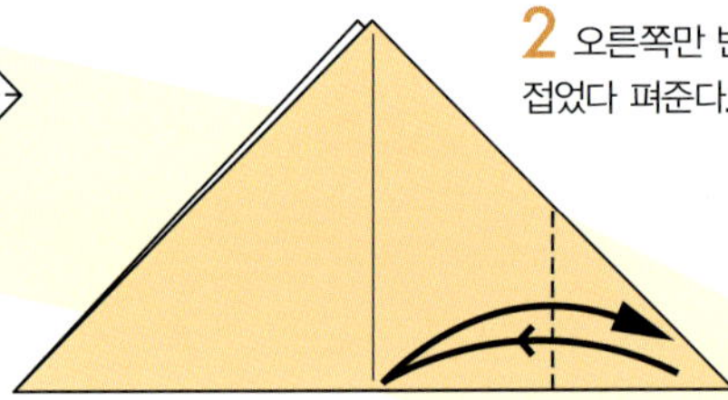

2 오른쪽만 반으로 접었다 펴준다.

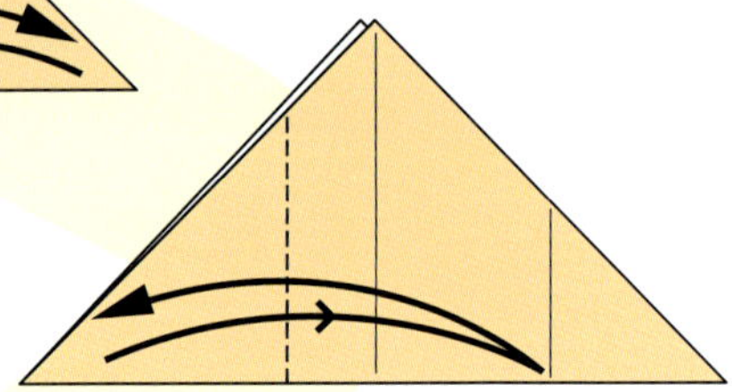

3 2의 보조선에 맞춰 왼쪽 모서리를 접었다 펴준다.

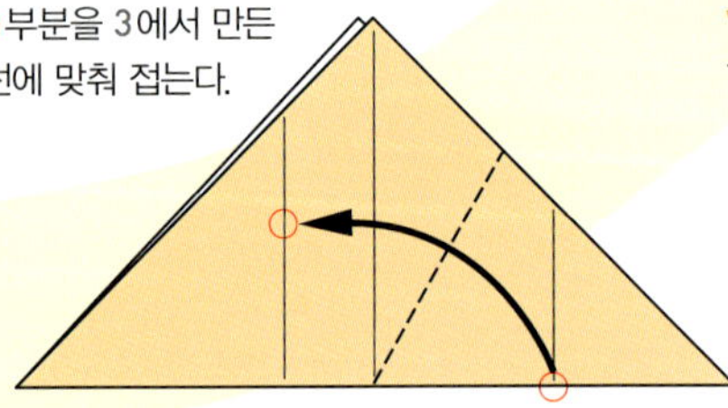

4 ○부분을 3에서 만든 보조선에 맞춰 접는다.

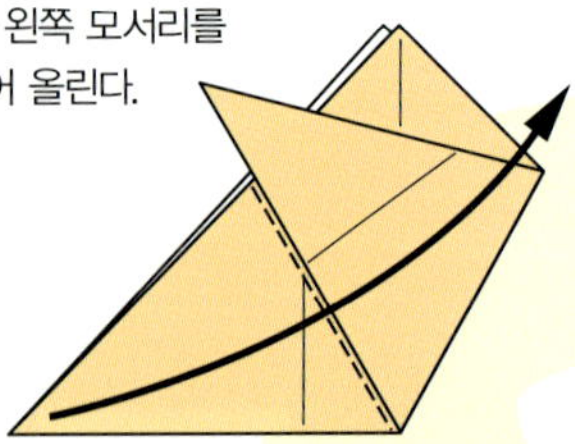

5 왼쪽 모서리를 접어 올린다.

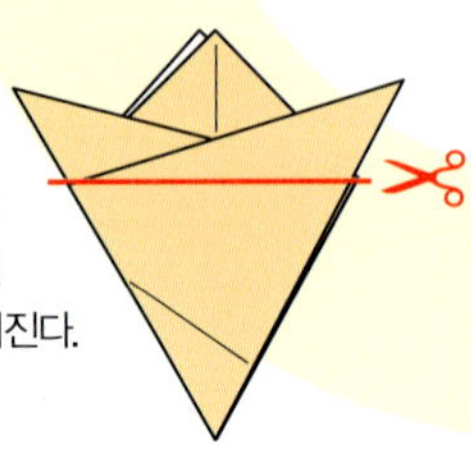

6 그림과 같이 잘라내고 펼치면 육각형이 만들어진다.

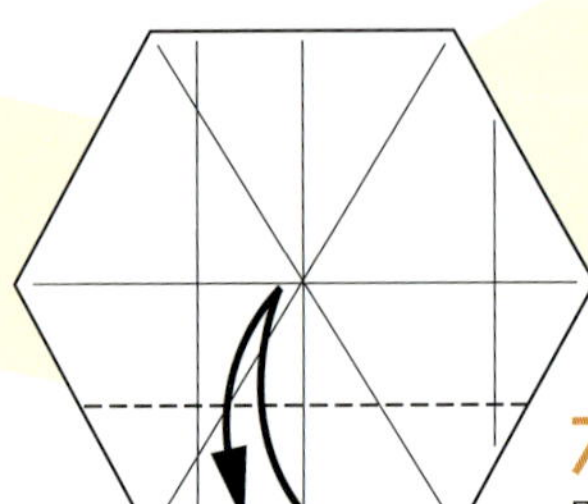

7 아랫변을 보조선에 맞춰 접었다 펴준다.

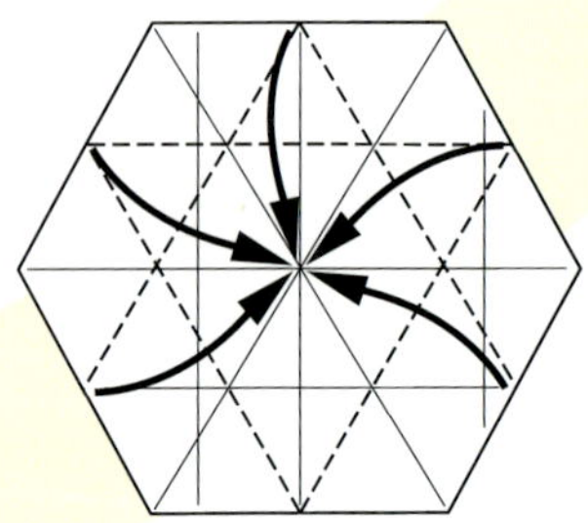

8 남은 5개의 변도 마찬가지로 보조선을 만든다.

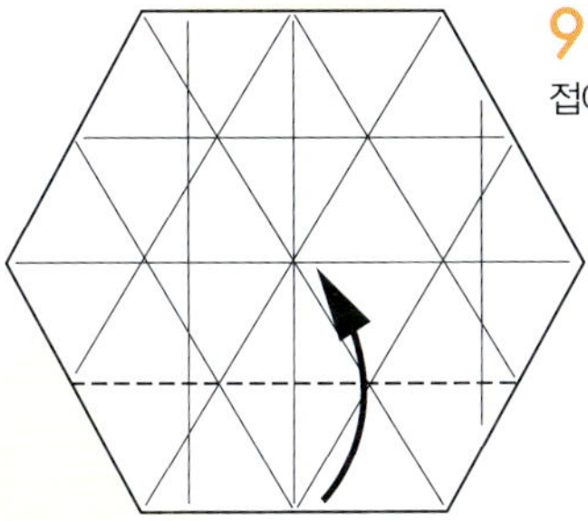

9 한 번 더 아랫변을 접어 올린다.

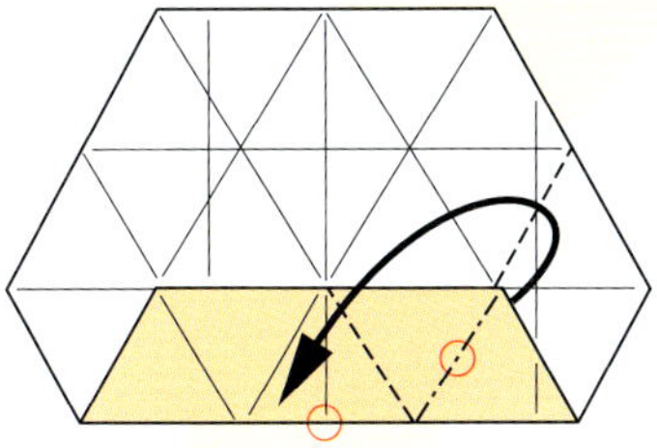

10 ○와 ○가 만나도록 산 접기 부분을 접어 겹친다.

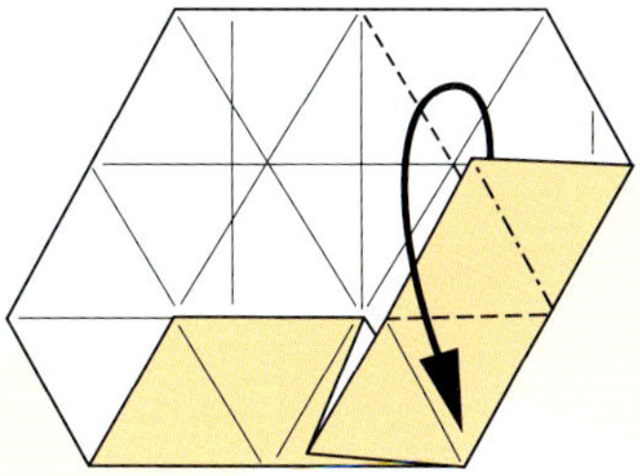

11 옆의 모서리도 10과 같이 접어 계속해서 겹쳐 나간다.

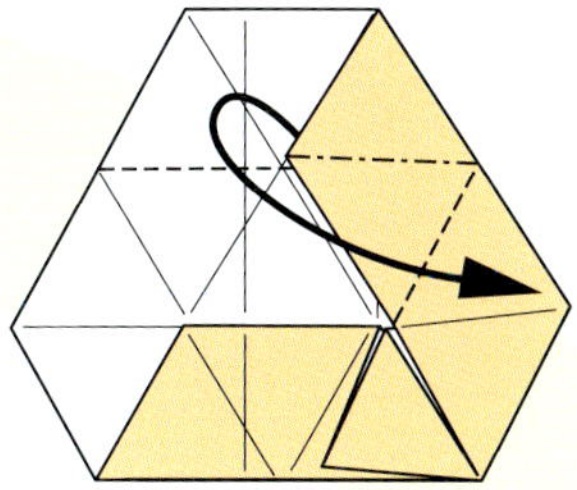

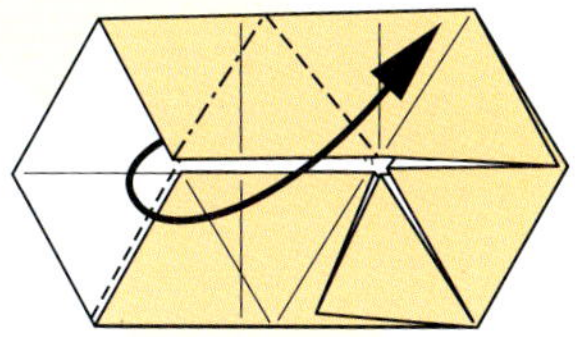

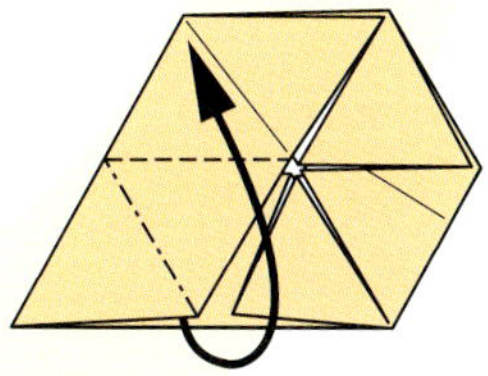

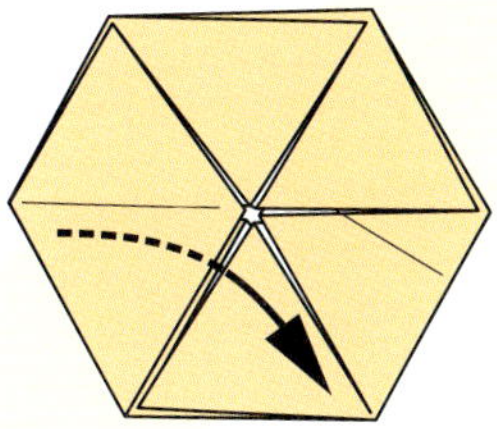

12 마지막에 접은 부분의 안에서 모서리를 빼낸다.

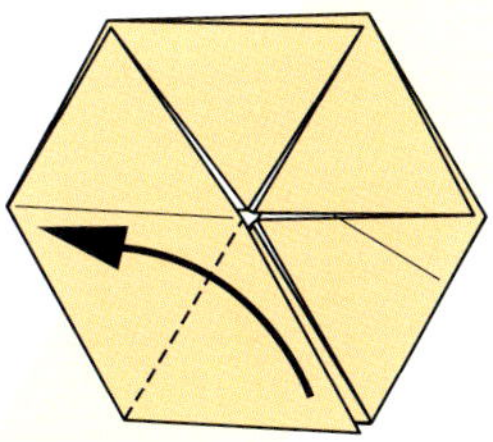

13 반대쪽으로 접는다.

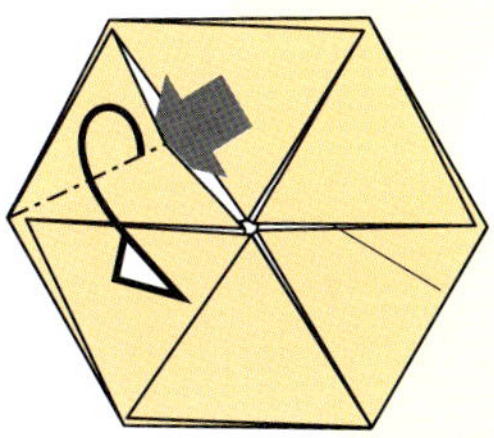

14 삼각형을 펴서 누르듯이 접는다.

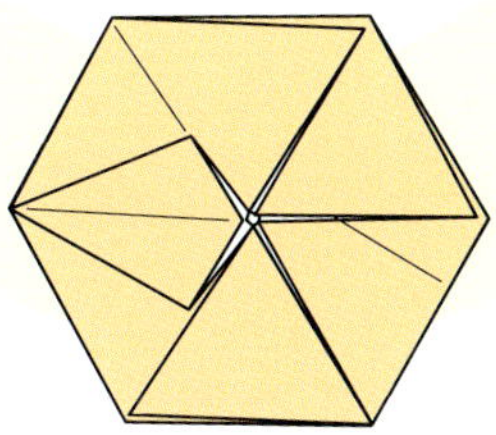

15 14를 접은 모습. 남은 주머니도 똑같이 펴서 누른다.

완성

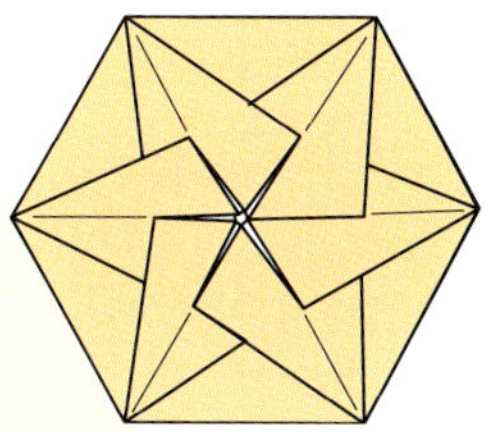

44 팔각형 종이주머니 89쪽

종이 사이즈 : 16×16cm

완성품 : 직경8~8.5cm

포인트 : 풍차 모양에 주름을 접듯이 접습니다.
보조선을 확실히 만들어두면 쉽게 접을 수 있습니다.

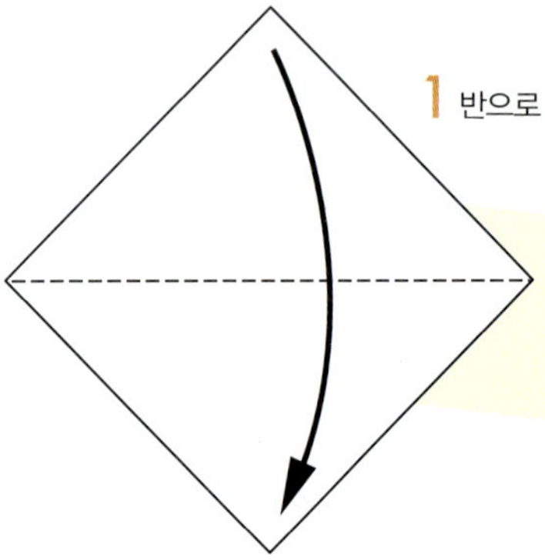

1 반으로 접는다.

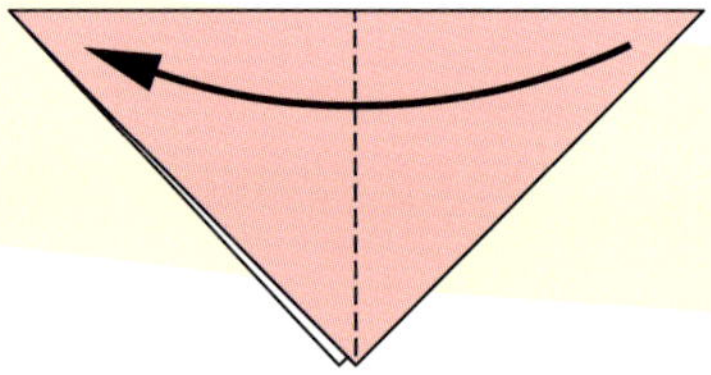

2 또 반으로 접는다.

3 삼각형 주머니를 펼쳐 누르면서 화살표 쪽으로 접는다.

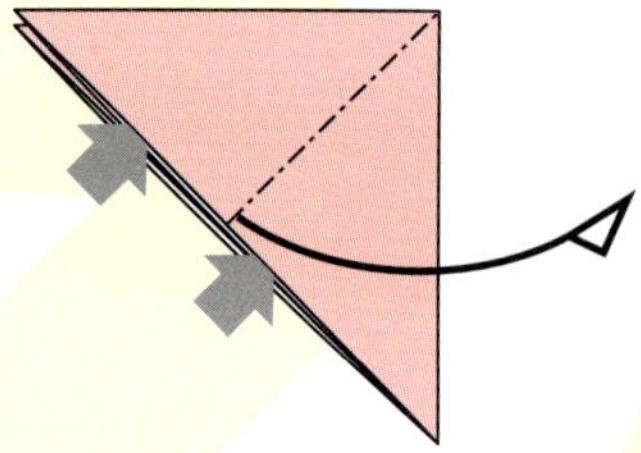

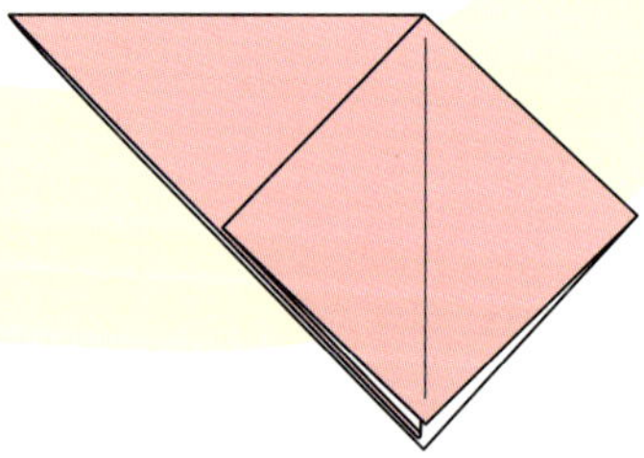

4 3을 접은 모습. 뒷면도 똑같이 접는다.

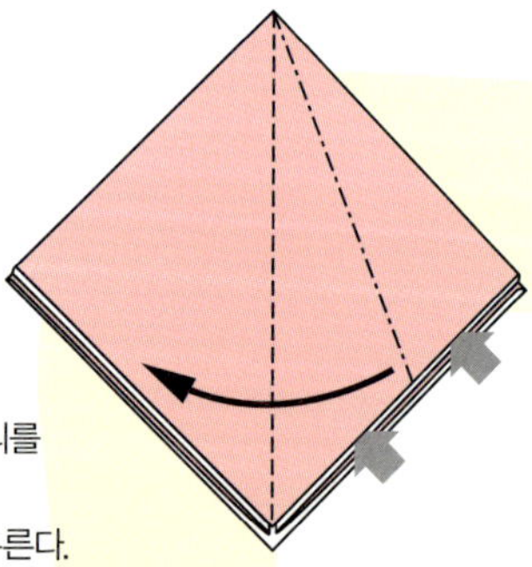

5 삼각형 주머니를 화살표 쪽으로 접으면서 펼쳐 누른다.

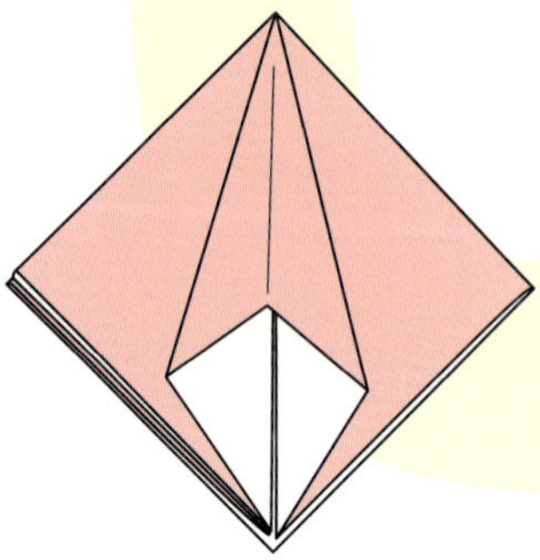

5를 접은 모습

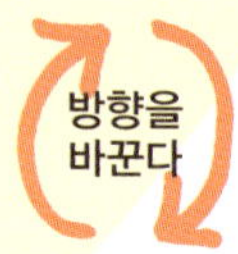

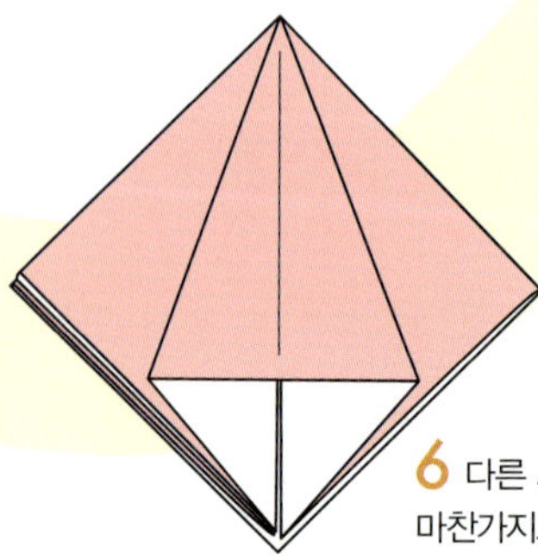

6 다른 세 군데도 마찬가지로 펴서 누른다.

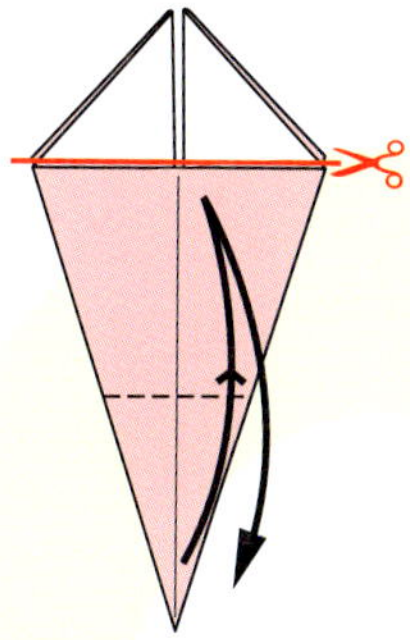

7 그림과 같이 잘라내서
팔각형을 만든다. 점선대로
반으로 접어 보조선을 만든다.

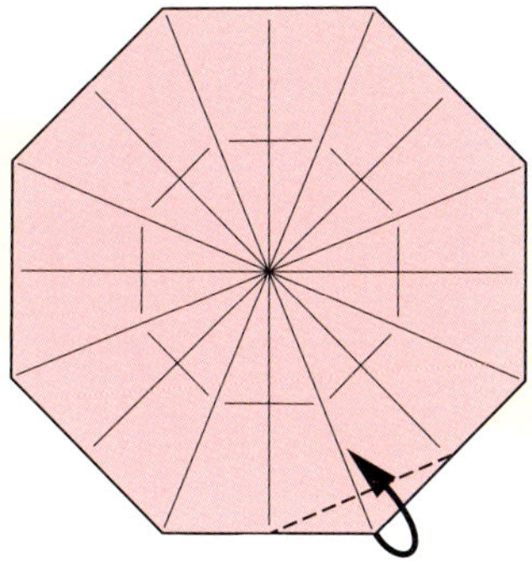

8 팔각형으로 펼치고
모서리를 안으로 접는다.

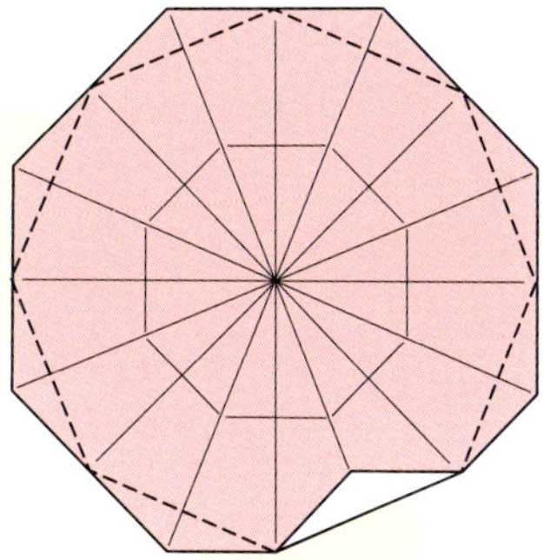

9 다른 모서리도 똑같이 접는다.

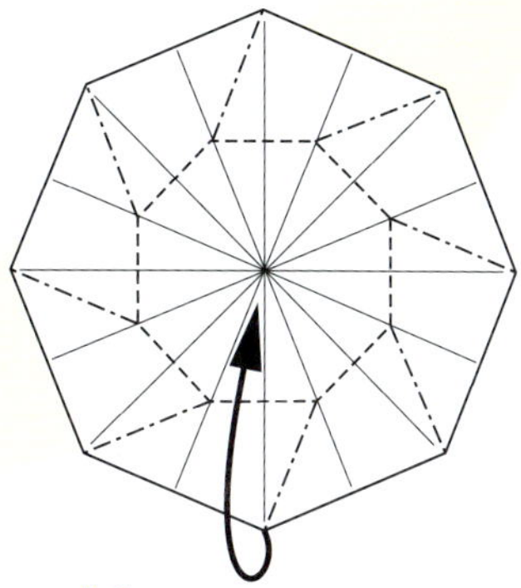

10 점선대로 보조선을 다시
만든다. 산 접기로 모서리를
집듯이 중앙으로 모은다.

11 모서리를 접어 올린 모습.
보조선을 이용해 주름을 잡듯이 접는다.

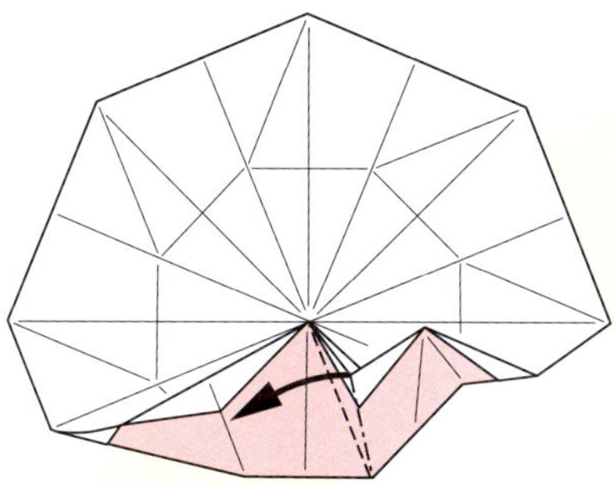

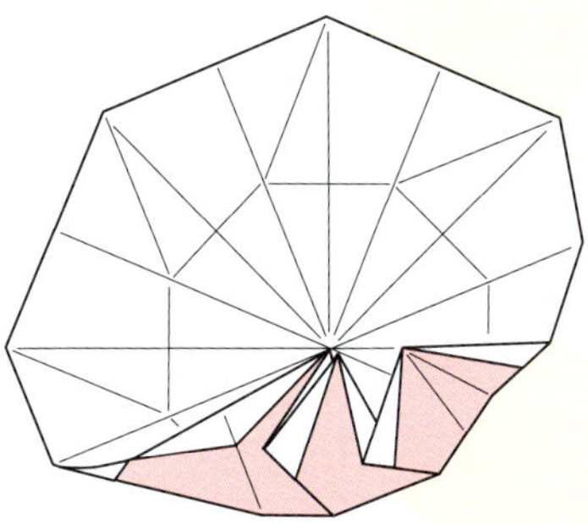

12 옆의 모서리도
똑같이 접어간다.

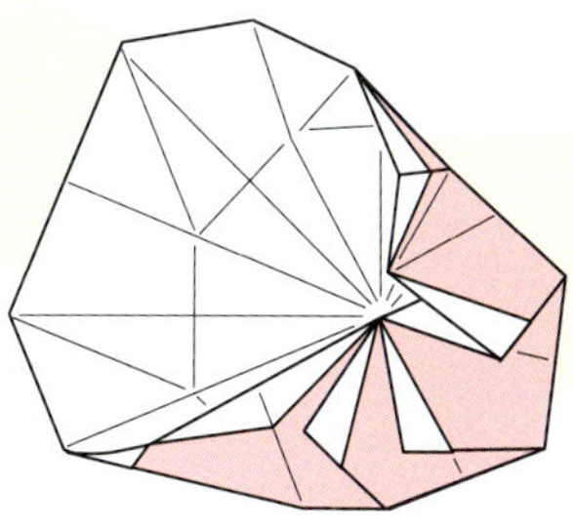

38 간단한 종이주머니 86쪽

종이 사이즈 : 세로16×가로20cm

완성품 : 세로7×가로7cm

포인트 : 스티커를 붙이거나 띠로 장식하는 등 다양한 궁리를 해보세요.

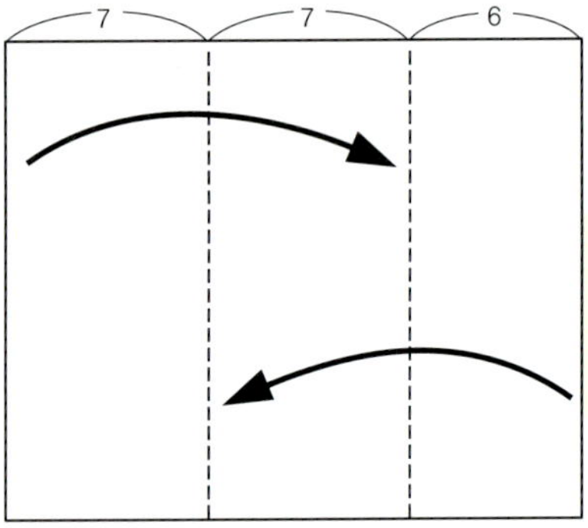

1 오른쪽이 위가 되도록 점선대로 접는다.

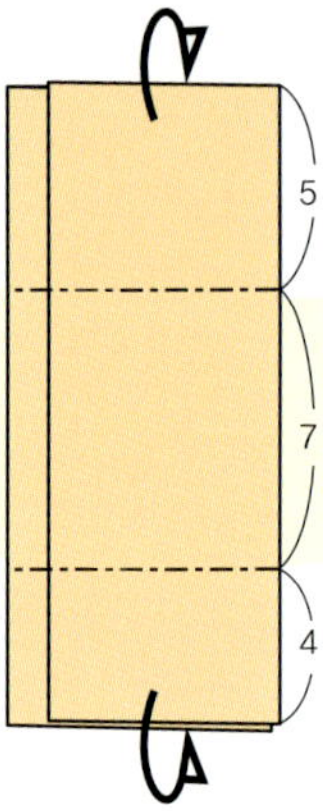

2 점선대로 위아래를 접는다.

3 아래 주머니에 위쪽을 집어넣어 고정시킨다.

39 40 41 풍차 모양 종이주머니 87쪽

종이 사이즈 : 15×15cm

완성품 : 세로8×가로8cm

포인트 : 종이 안쪽이 보이는 모양이기 때문에 안쪽 색상에도 신경을 쓰세요.
2번 과정을 변형하면 더 다양한 모양을 만들 수 있습니다.

기본 39 접는 법

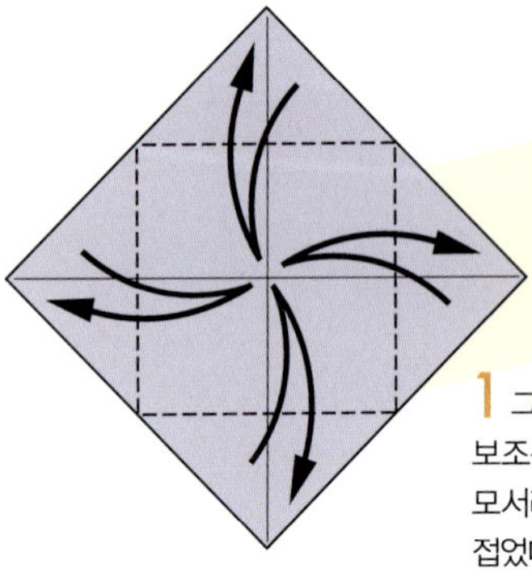

1 그림과 같이 보조선을 만들고 4개의 모서리를 중심쪽으로 접었다 펴준다.

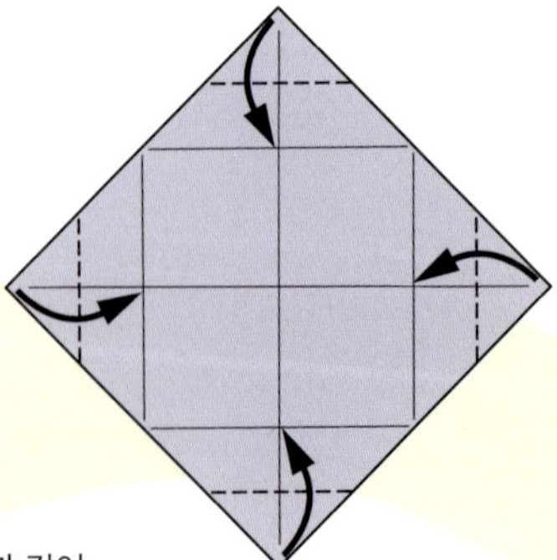

2 1에서 만든 보조선에 맞춰 4개 모서리를 접는다.

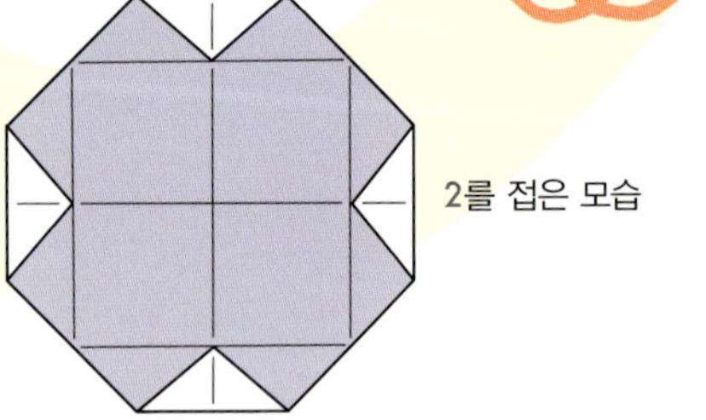

2를 접은 모습

3 가장자리를
보조선에 맞춰 접는다.

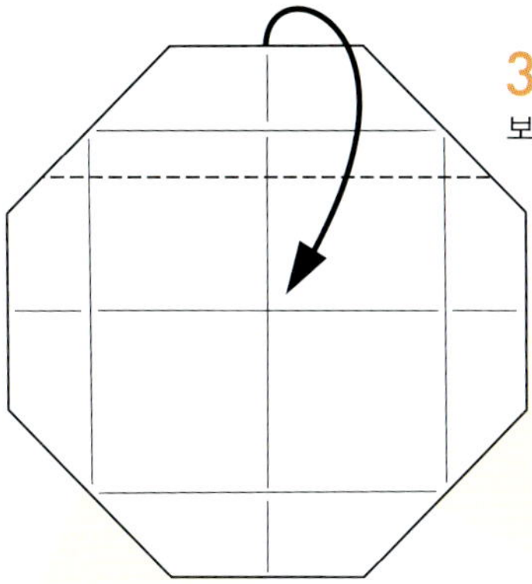

4 옆도 마찬가지로 접어 겹친다.

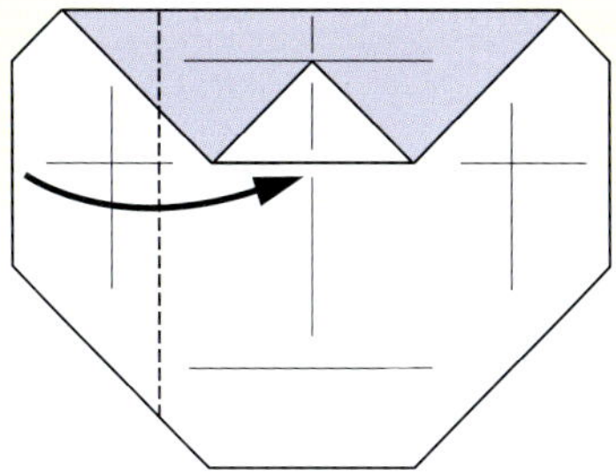

5 계속해서 똑같이 접는다.

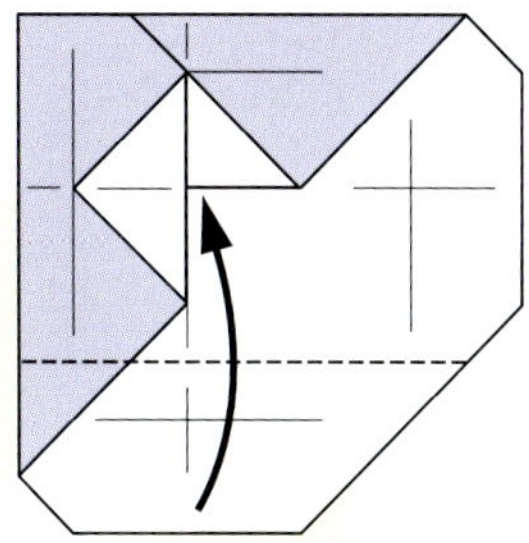

6 마찬가지로 접었다
펴주고 보조선을 만든다.

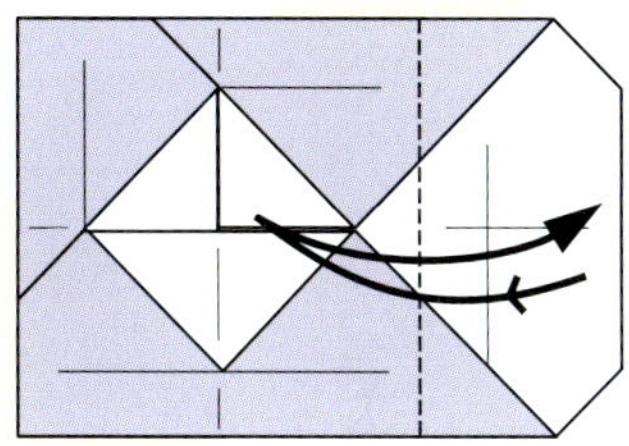

7 한쪽은 위로,
다른 한쪽은
아래로 집어넣는다.

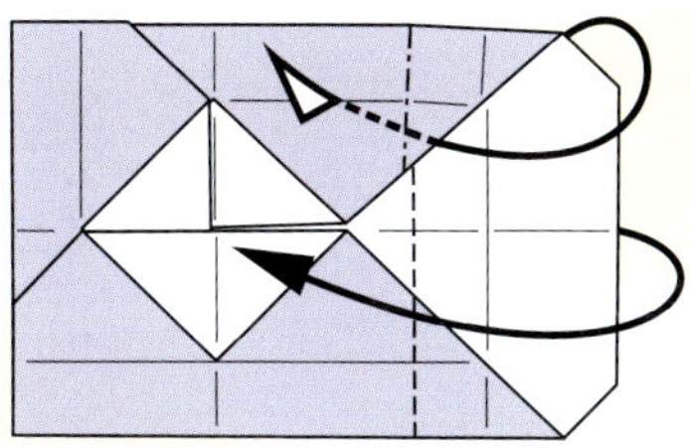

7을 접은 모습

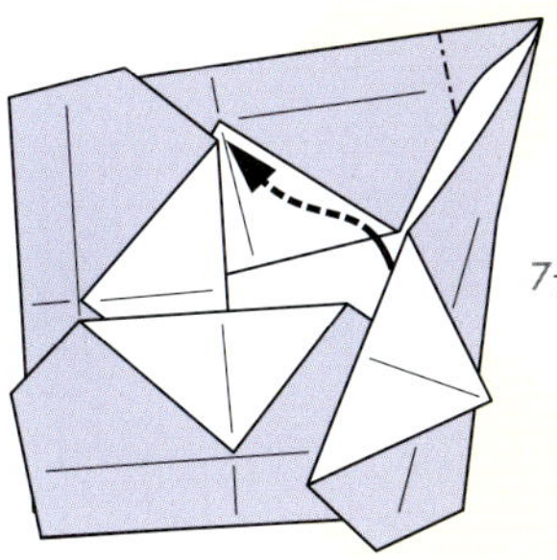

완성

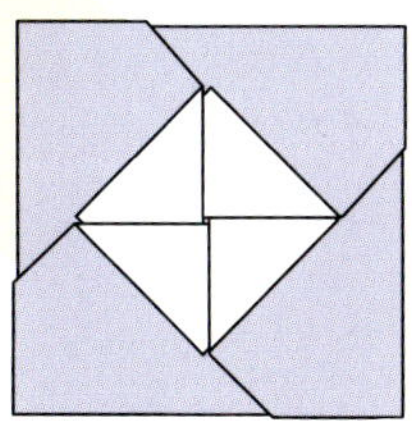

다음 페이지로

기본형 2부터 시작

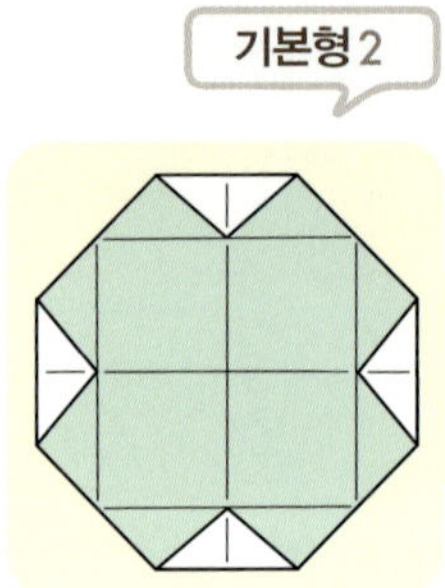

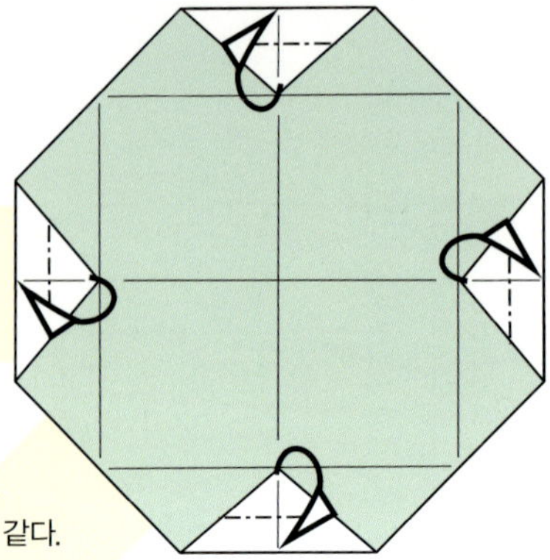

산 접기를 하여 모서리를 안으로
집어넣는다. 그 다음은 기본형과 같다.

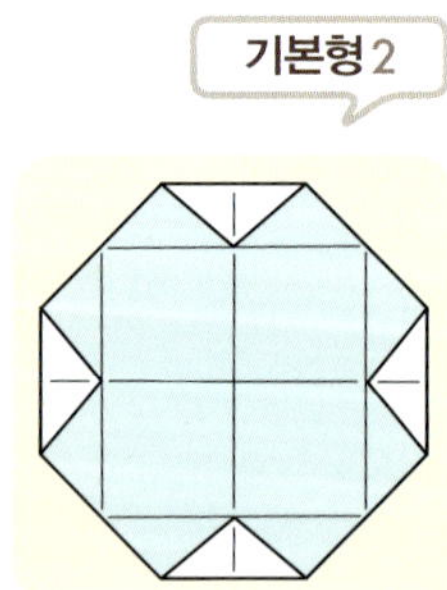

한 번 더 모서리를 계곡 접기 한다.
다음은 기본형과 같다.

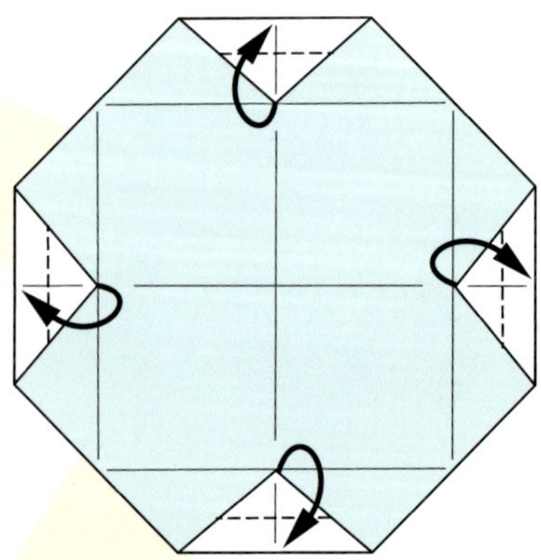

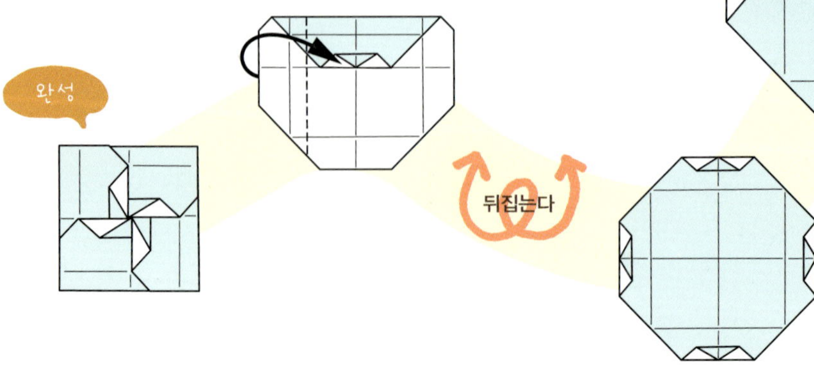

46 축의금 봉투 90쪽

종이 사이즈 : 30×30cm

완성품 : 세로18×가로10cm

포인트 : 무늬가 보이기 때문에 대담한 무늬도 좋습니다.
무늬에 따라 어느 부분을 보여줄지 무늬 배열에 신경 씁니다.

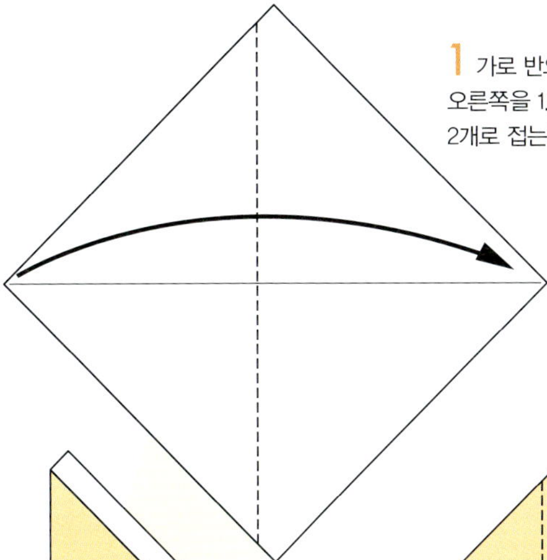

1 가로 반으로 접어 보조선을 만든다.
오른쪽을 1.5cm 정도 길게 해서
2개로 접는다.

1을 접은 모습

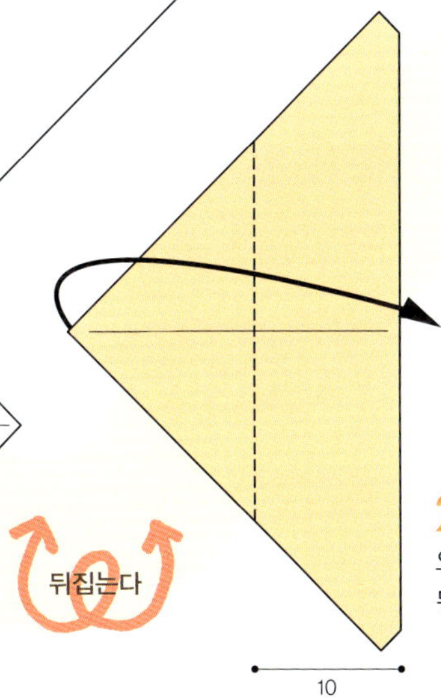

2 왼쪽 끝이
오른쪽으로 나오도록
뒤집어 접는다.

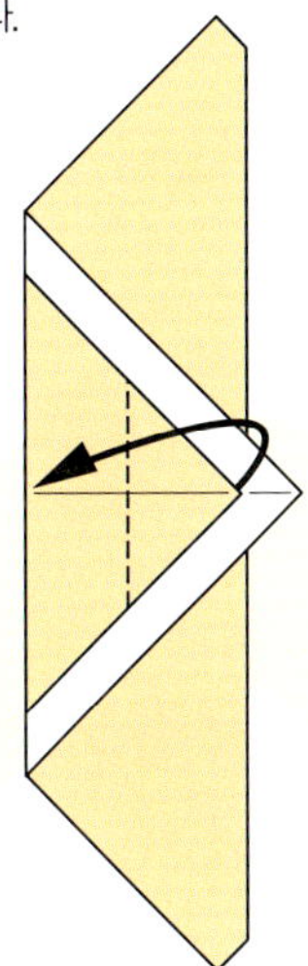

3 앞면만
화살표대로 접는다.

4 1.5cm 정도만 남기고
두 번째 면도 접는다.

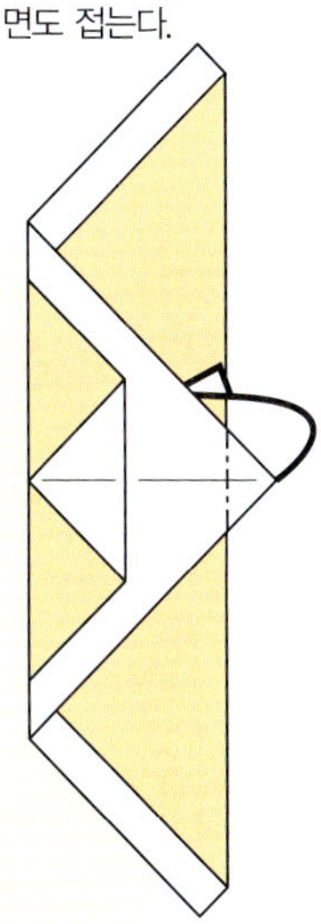

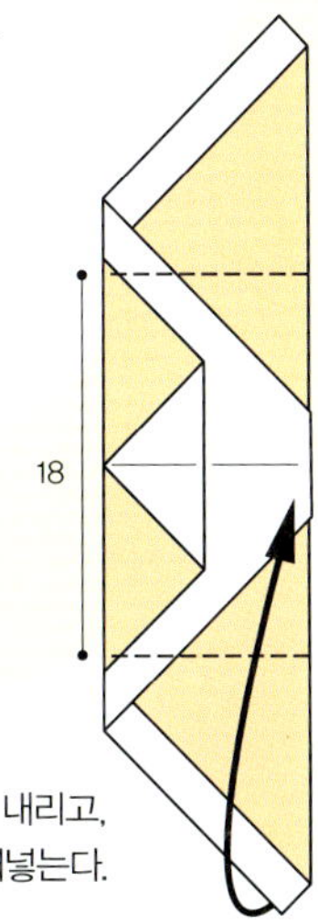

5 점선대로
접어 올린다.

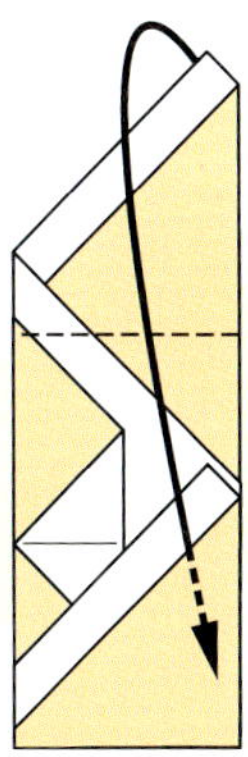

6 위쪽도 접어 내리고,
5의 안으로 집어넣는다.

완성

끈이나 리본
등으로 장식한다.

46 축의금 봉투 90쪽

종이 사이즈 : 본체 세로43×가로36cm
별지 A: 세로10×가로5cm B: 9×5cm C: 3×3cm

완성품 : 세로18×가로10cm

포인트 : 원래 축의금 봉투로 쓰이는 오돌도톨한 종이 등으로 접으면 더 고급스럽습니다.

1 그림의 사이즈대로 보조선을 만든다.

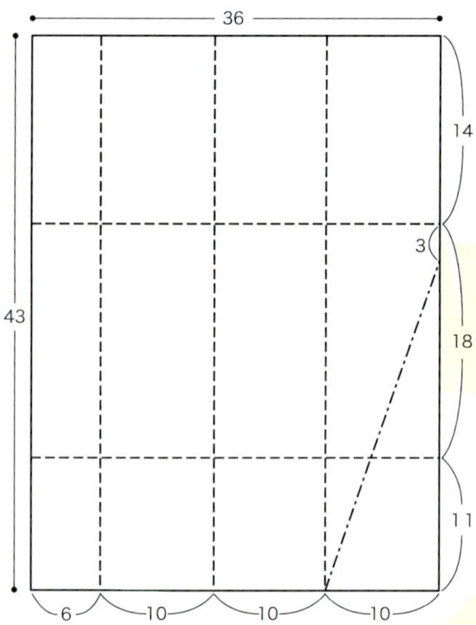

2 점선대로 접는다.

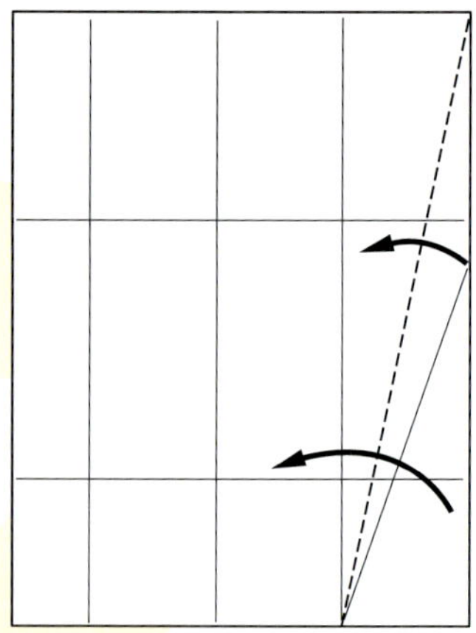

3 1에서 만든 보조선대로 삼각형을 접는다.

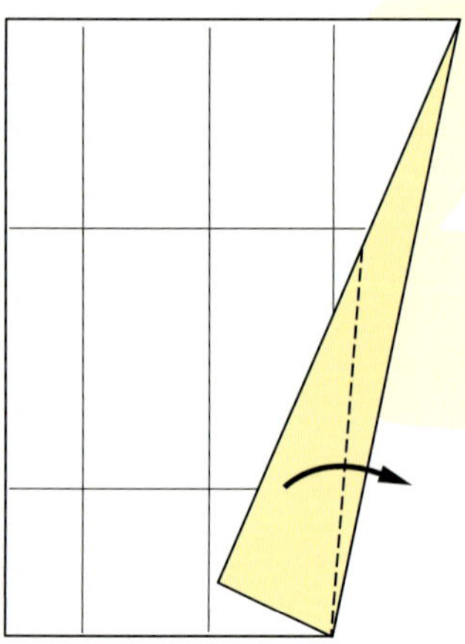

4 순서대로 화살표를 따라 접는다.

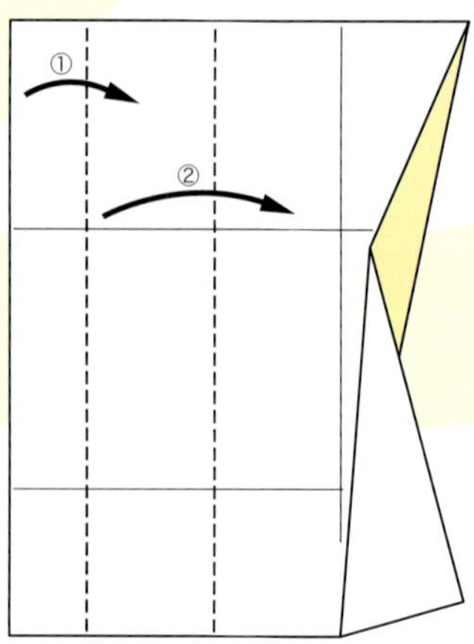

5 오른쪽을 접어 겹친다.

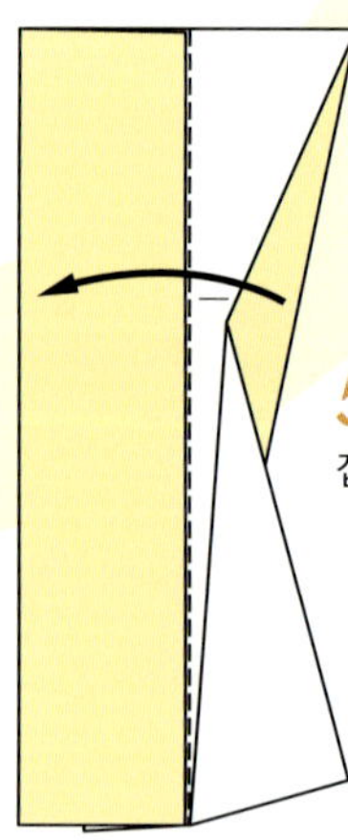

6 순서대로 화살표를 따라 접는다.

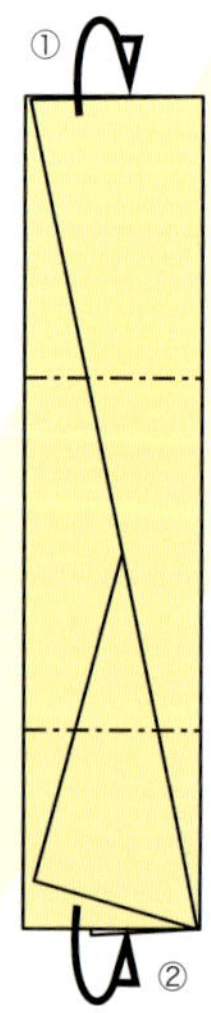

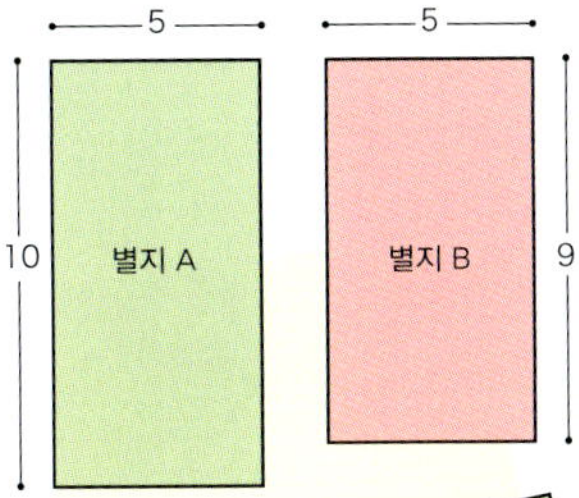

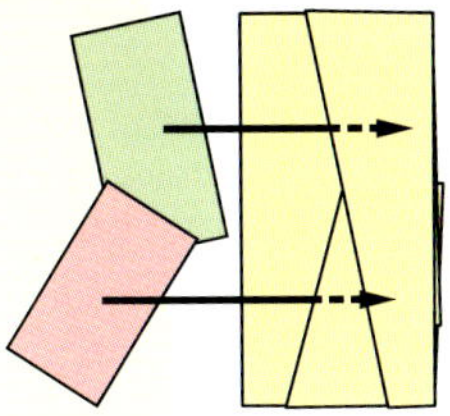

7 별지 A, B를 준비해 적당한 위치에 붙인다.

완성

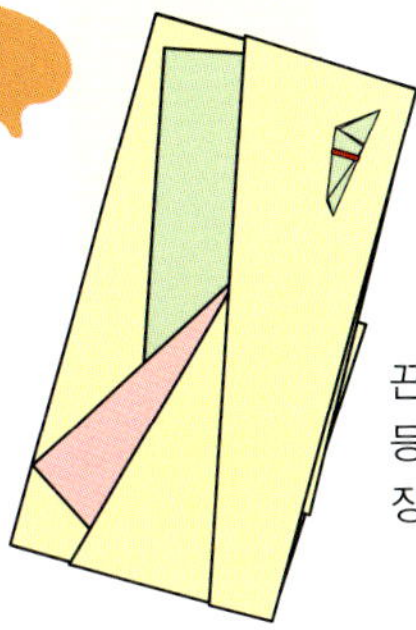

끈이나 띠 등으로 장식한다.

끈 만들기

격식을 갖춰야 할 자리가 아니라면, 간단하게 끈을 만들어 보세요.

사진과 같이 각각의 수를 맞춰 묶고 와이어로 고정시킨다.

겉에 장식을 붙여 이어를 감춘다.

장식 1

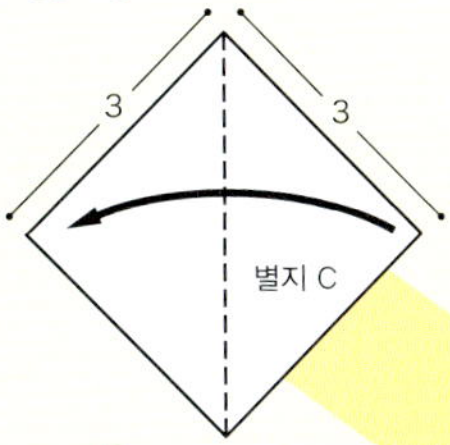

1 별지 C를 삼각형으로 접는다.

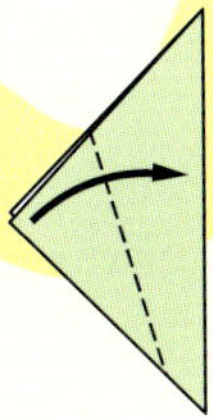

2 대각선으로 접는다.

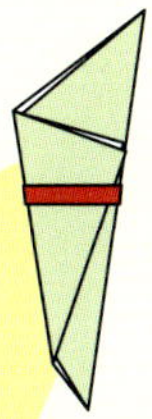

완성

3 얇은 종이 띠로 장식한다.

내지 접는 법

33×24cm 정도의 종이를 준비한다.

1 그림과 같이 종이와 축의금을 둔다. 축의금은 겉을 위쪽으로 둔다.

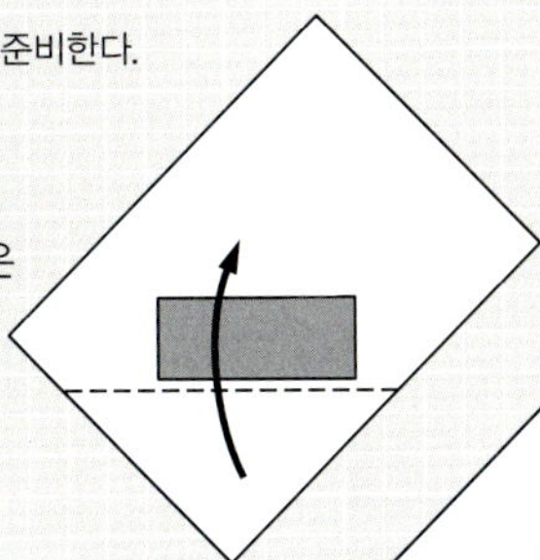

2 지폐에 맞춰 약간 여유를 두고 접어간다.

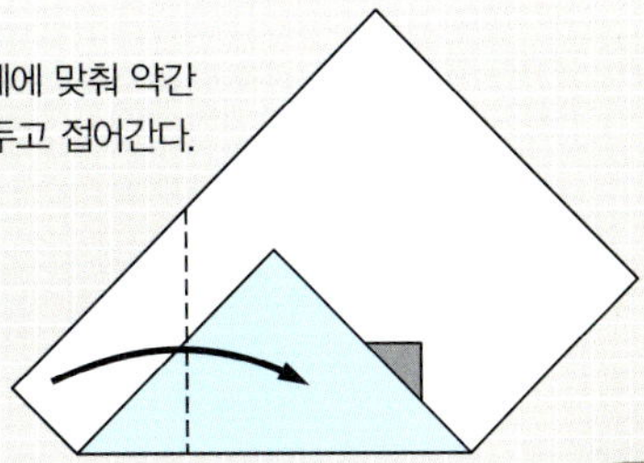

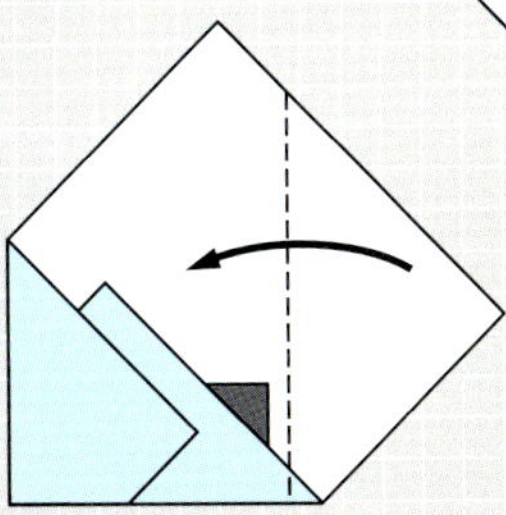

3 오른쪽을 접는다.

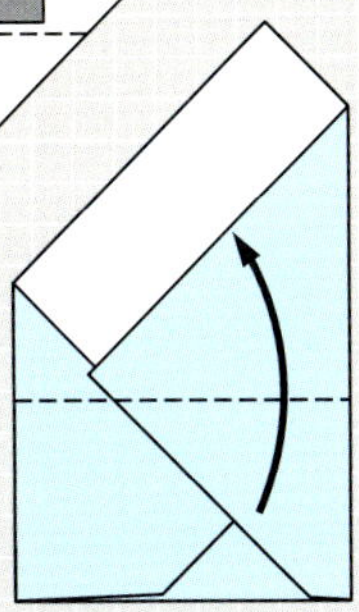

4 접어 올린다.

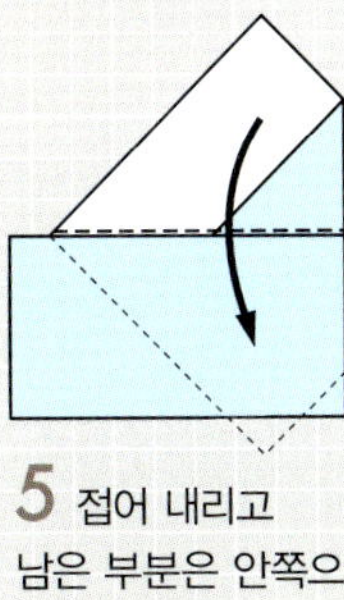

5 접어 내리고 남은 부분은 안쪽으로 집어넣는다.

완성

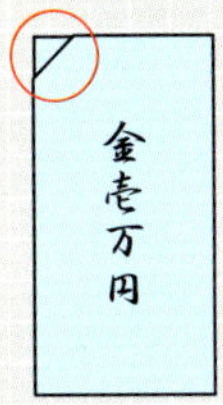

경사의 경우는 접힌 삼각형이 위쪽으로 오도록 해서 글씨를 쓴다.

47 축의금 봉투 91쪽

종이 사이즈 :	본체 세로40×가로30cm
	별지 세로40×가로10.5cm
완성품 :	세로18×가로10cm
포인트 :	접는 것 자체는 간단하지만 무늬와 색이 중요합니다.
	본체를 너무 얇은 종이로 접으면 보기에 좋지 않으니 신경 쓰세요.

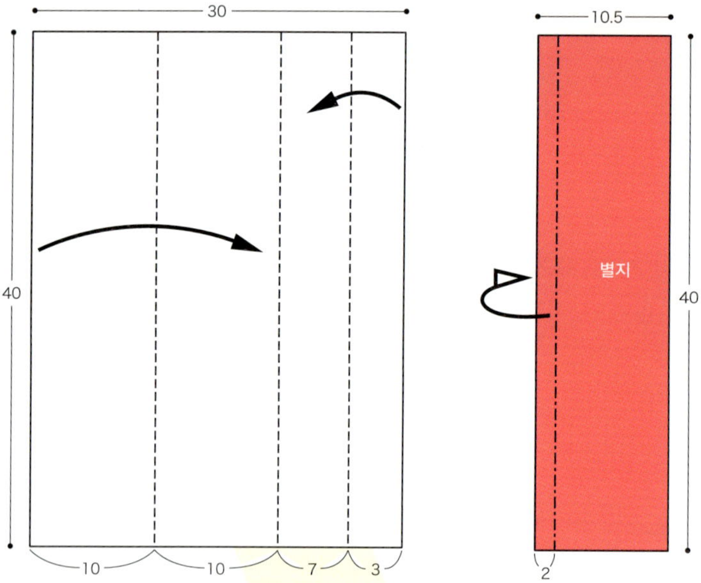

1 그림의 사이즈대로 보조선을 만들고 좌우를 접는다. 별지도 2cm 폭으로 접는다.

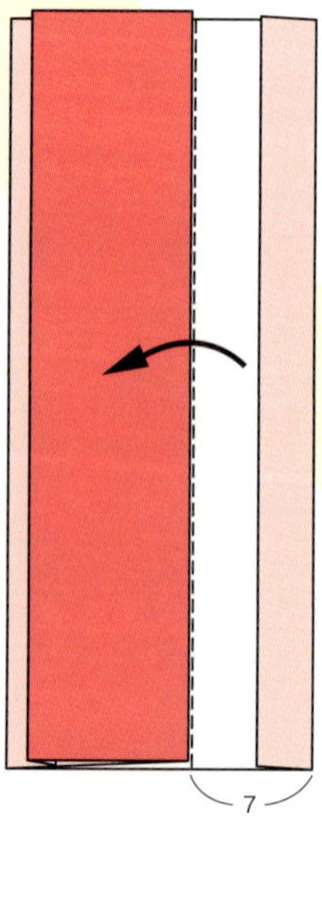

2 별지의 접은 쪽이 왼쪽으로 오도록 두고, 점선대로 접는다.

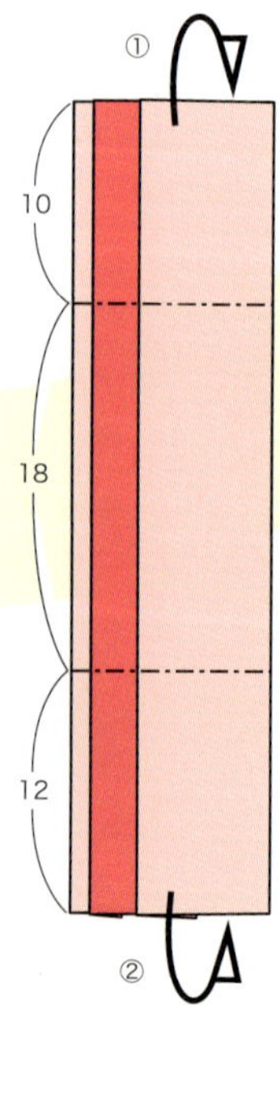

3 순서대로 접는다.

완성

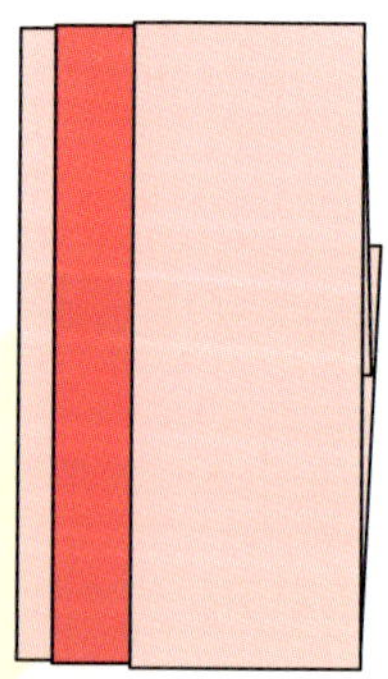

리본 등으로 장식한다.

48 축의금 봉투 91쪽

종이 사이즈 : 본체 세로40×가로30cm
별지 A: 세로40×가로6cm B: 40×5cm 레이스 40cm

완성품 : 세로18×가로10cm

포인트 : 본체의 종이는 레이스에 맞춰 엠보싱 가공 등이 된 종이를 선택하세요.

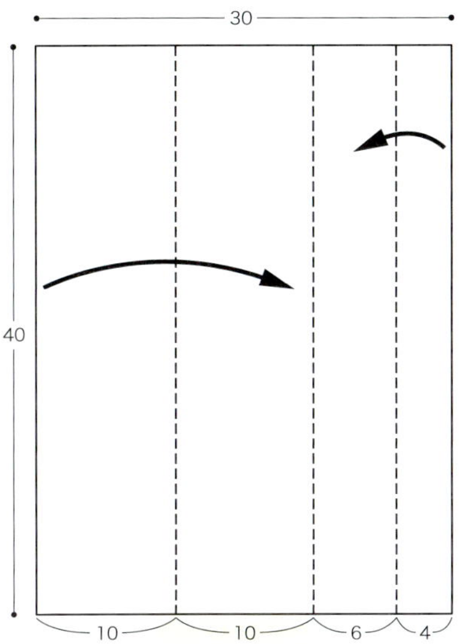

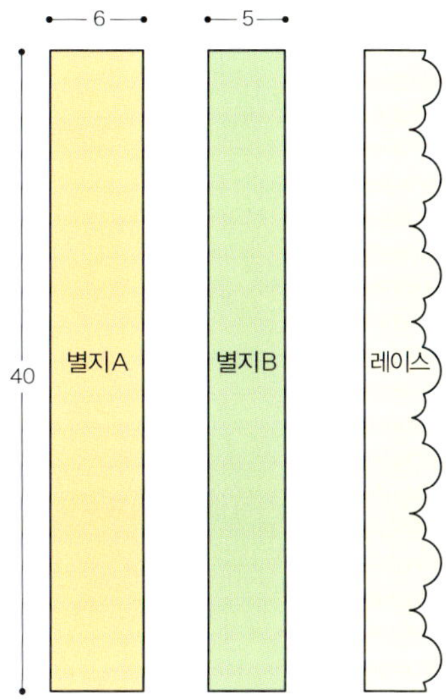

1 그림의 사이즈대로 보조선을 만들고 좌우로 접는다.

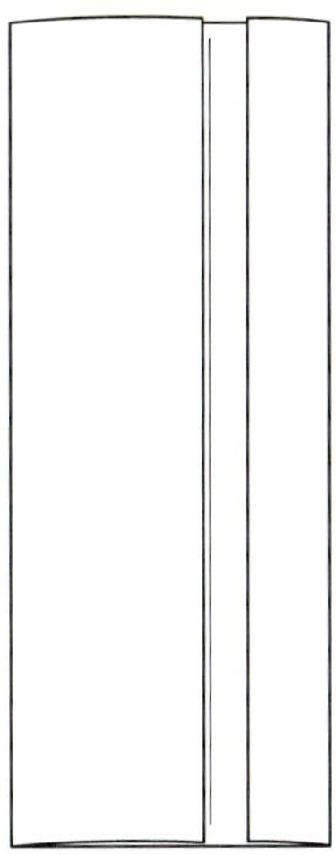

1을 접은 모습

2 왼쪽에 별지 A, B를 둔다. 레이스는 풀로 오른쪽에 붙이고, 점선대로 접는다.

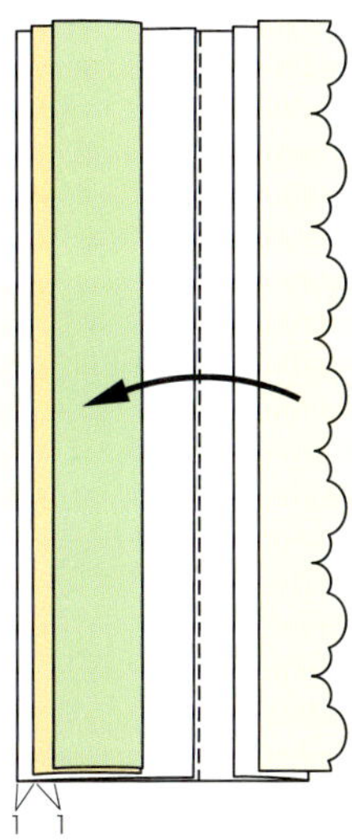

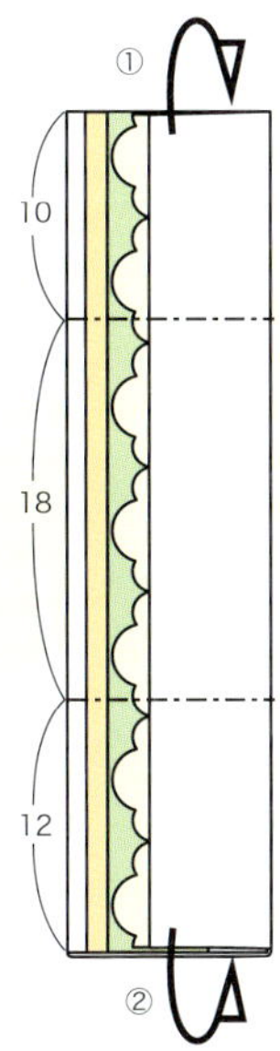

3 순서대로 접는다.

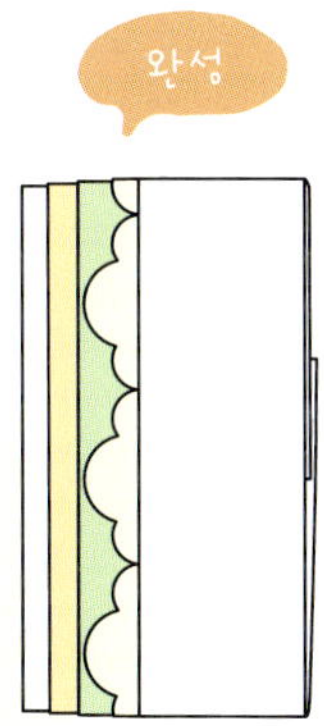

무늬가 있는 레이스나 조화 등으로 장식하면 더 좋다.

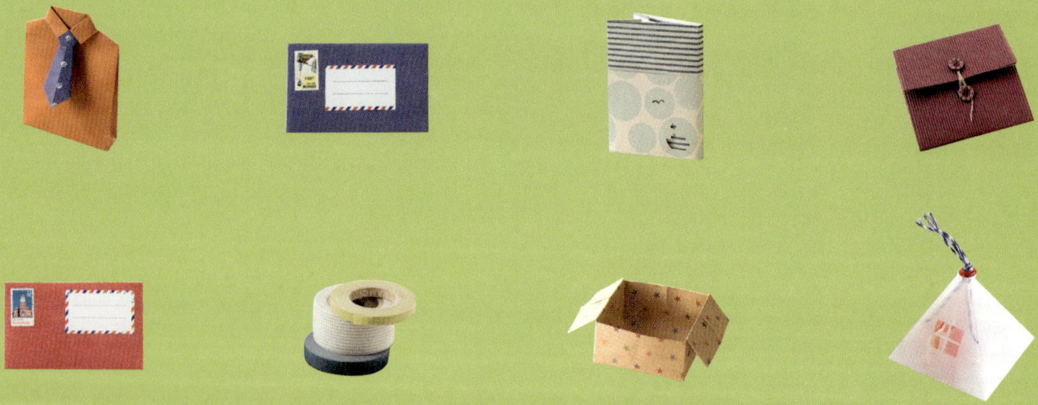

PART. 4

책상에 신선한 아이디어를 더하는
사무용 소품

49 북 커버1

접는법···122쪽

직접 만든 커버를 책에 씌워보세요.
책갈피를 넣을 수 있는 주머니를 붙이거나
북마크를 겹친 레이스 장식 등 아이디어는 다양합니다.

마음에 드는 책은 커버에도 신경 쓰세요.

50 북 커버2

접는법…123쪽

51 북 커버3

접는법…124쪽

50 봉투

한 번씩 접을 때마다 마음을 담아 전하기

다양한 색깔과 질감 있는 재질로 유쾌한 느낌의 봉투를 접어보세요.
단순한 종이라면 일러스트나 스탬프로 장식해도 좋습니다.

접는법···125쪽

54 셔츠 모양 종이 가방

접는법…128쪽

셔츠 스타일로 눈에 띄는 포장을

넥타이가 붙은 셔츠 모양 가방으로
더 개성적인 선물을 만들어보세요.
편지나 사진을 선물할 때는 봉투로 쓰세요.

53 넥타이 셔츠 봉투

접는법…126쪽

55 CD케이스

사진이든 음악이든 CD 안의 내용물을
더욱 돋보이게 하는 감각적인 케이스

여행 사진이나 중요한 데이터를 CD로 구웠을 때 플라스틱 케이스는 너무 심심합니다.
포인트로 단추를 붙인 이런 봉투는 어떨까요.

접는법…130쪽

아이디어가 반짝이는 책상 위의 똑똑한 수납장

어지르기 쉬운 책상 정리에 좋은 물건들.
용도에 맞춰 다양한 크기를 접어보아요.

57 탁상 상자

접는법…129쪽

56 펜 트레이

접는법…130쪽

58 삼각 포푸리 케이스

트라이앵글 창에서 나오는 포푸리의 향기

삼각형 필름이 예쁜 포푸리 케이스.
마음에 드는 포푸리를 안에 넣어 향도 즐길 수 있고
인테리어 소품으로도 딱이에요.

접는법…132쪽

59 휴지 케이스

휴지 케이스 하나에도 센스를 표현해요.

외출 시에 필수인 휴지.
핸드메이드 케이스를 가방에
넣어두고 자연스런 멋을
연출해보세요.

접는법…133쪽

60 카드 케이스

색상과 무늬를 다양하게 골라 기분 전환!

포인트적립카드나 교통카드 수납에 편리한 심플한 케이스.
여러 개를 접어두고 그날의 기분에 맞춰 사용하면 좋아요.

접는법…134쪽

64 반으로 접히는 카드 케이스

카드 시대의 필수품
상황에 맞게 정리하세요.

종류별로 카드 정리가 가능한 케이스.
반으로 접혀 카드가 빠지지 않아요.

접는법…136쪽

49 북커버 1 112쪽

종이 사이즈 : 세로 책 세로×2 가로 책 가로×3

완성품 : 책 사이즈

포인트 : 책 사이즈에 맞춰 만들 수 있습니다. 책갈피를 넣을 수 있는 포켓용 북 커버로, 뒤집은 부분이 포켓이 되기 때문에 양면 모두 무늬나 색이 있는 종이가 좋습니다.

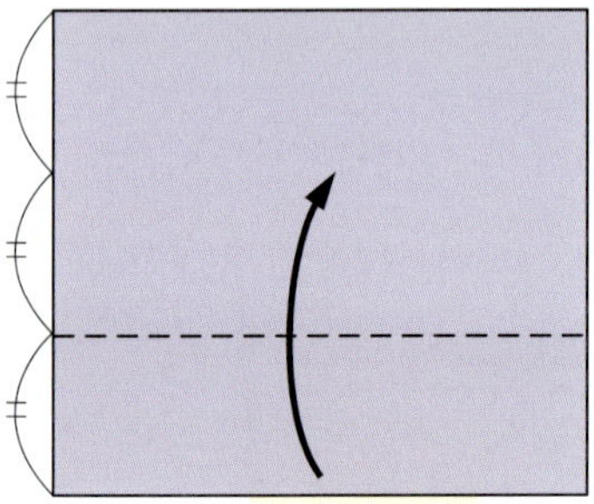

1 겉면이 될 쪽을 보이게 두고 위로 접어 올린다. 이 부분이 포켓이 된다.

2 점선대로 계곡 접기 한다.

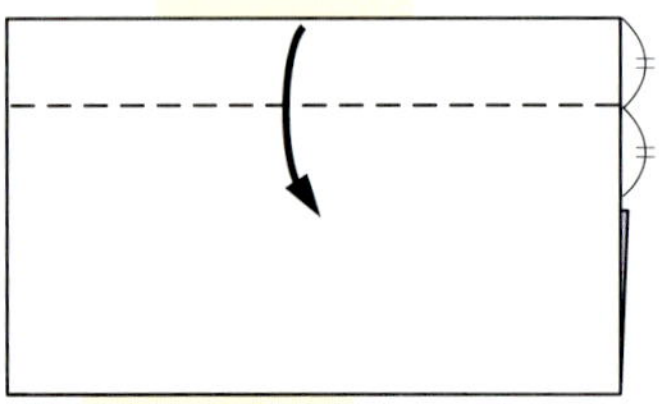

3 오른쪽을 안으로 접는다.

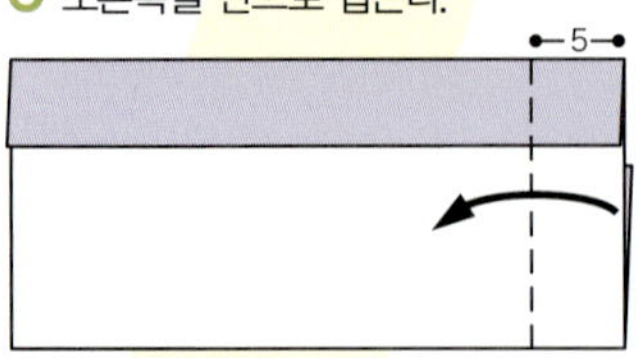

3을 접은 모습

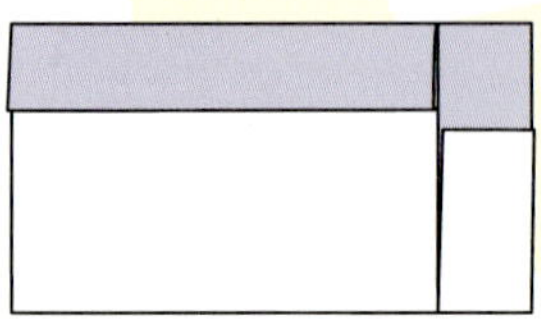

4 책 표지를 오른쪽 포켓 부분에 끼운다.

5 책의 두께에 맞춰 왼쪽을 안으로 접는다.

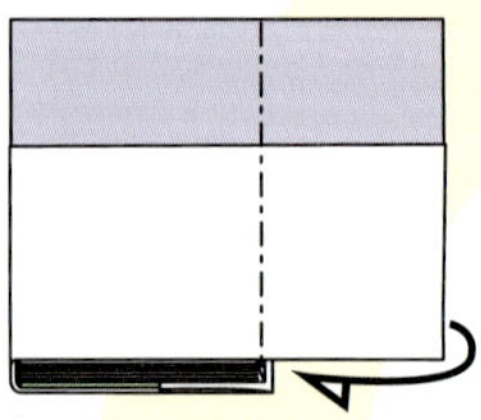

6 책의 뒤표지를 왼쪽 포켓 부분에 끼운다.

완성

변형

포켓에는 책갈피를 넣는다. 포켓 부분의 무늬에 맞춰 구멍을 뚫어두면 안쪽 종이가 보여 예쁘다.

50 북커버 2 113쪽

종이 사이즈 : 세로 책 세로+10cm 가로 (책 가로×2)+20+책등 너비

완성품 : 책 사이즈

포인트 : 북 커버의 기본형. 좋아하는 책을 좋아하는 종이로 싸보세요.

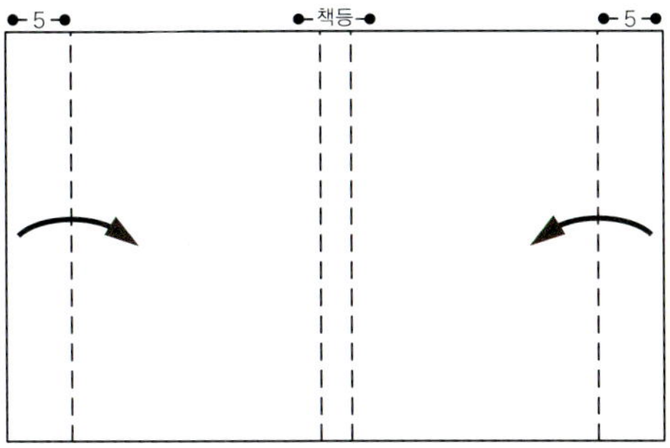

1 좌우를 각각 안쪽으로 접는다.

2 위아래도 각각 안으로 접는다.

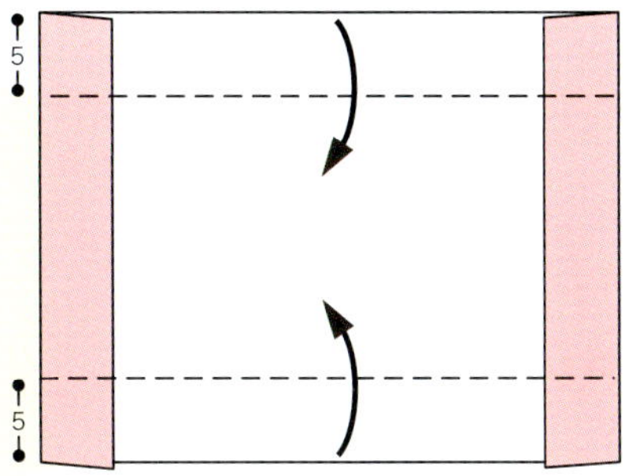

3 오른쪽만
한 번 더 접는다.

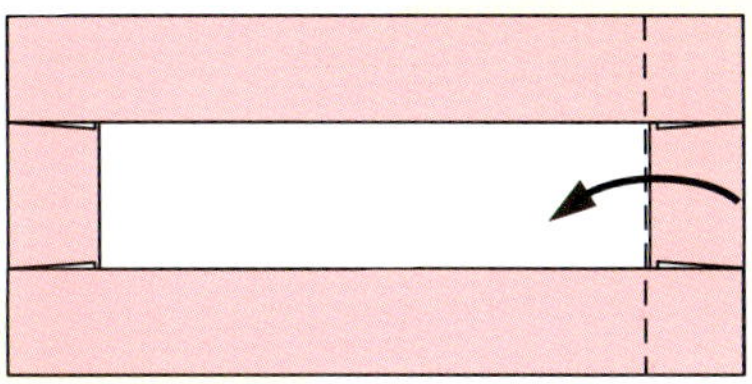

4 3으로 접은 것에 책
표지를 끼운다.

완성

6 5를 접은 것에
표지를 끼운다.

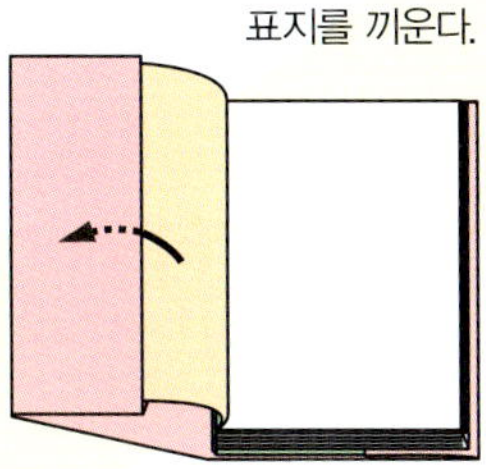

5 책의 두께에 맞춰
왼쪽을 안으로 접는다.

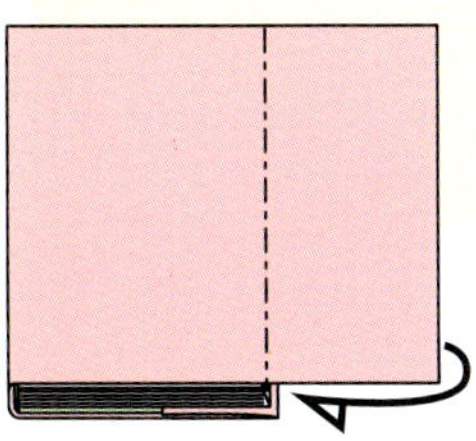

변형

겉에 레이스를 붙여
포인트로 장식해보세요.
길이를 길게 하면 책갈피
끈으로도 쓸 수 있어요.

51 북커버 3 113쪽

종이 사이즈 : 세로 책 세로+10cm 가로 (책 가로×2)+25+책등 너비

완성품 : 책 사이즈

포인트 : 계곡 접기로 포인트를 만드세요. 라인이 눈에 띄도록 무지의 탄력 있는 종이가 적당합니다.

1 좌우를 각각 안쪽으로 접는다.

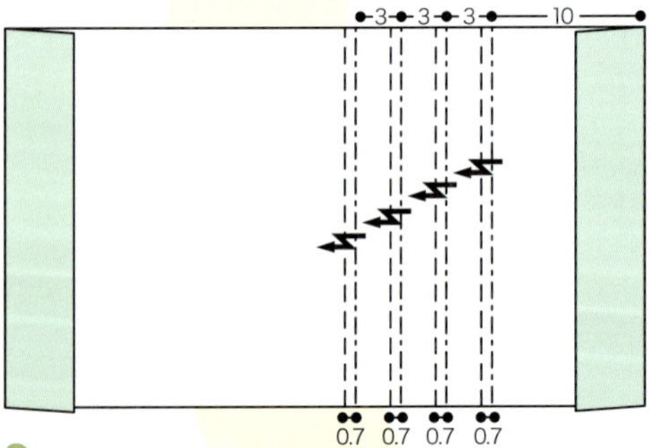

2 오른쪽부터 그림과 같이 산 접기와 계곡 접기를 반복해서 계단을 만든다.

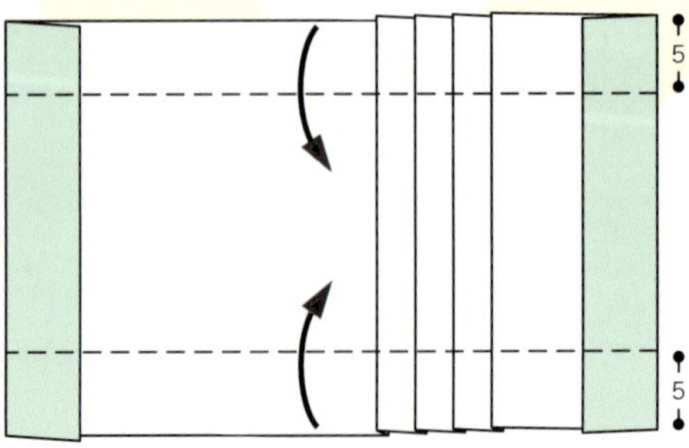

3 위아래를 각각 안쪽으로 접는다.

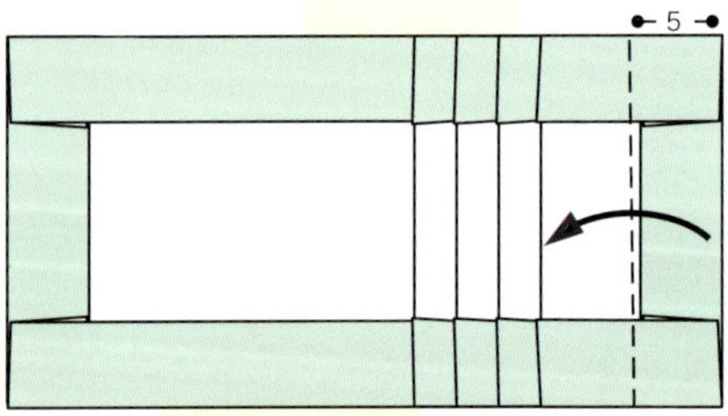

4 오른쪽을 점선대로 접는다. '북 커버2'와 같이 책을 끼운다.

52 봉투 114쪽

종이 사이즈 : 세로21×가로29.7cm

완성품 : 세로9×가로14.8cm

포인트 : A4 크기의 종이로 접는 간단한 봉투. 스티커를 붙이거나 일러스트를 그려서 나만의 봉투를 만들어보세요.

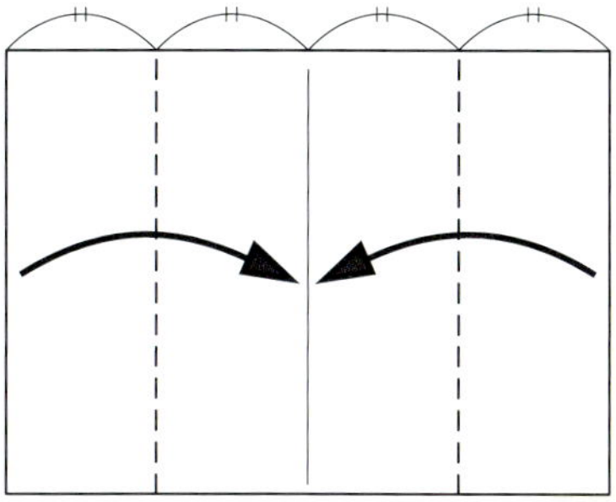

1 반으로 접었다 펴서 보조선을 만든다. 그 선에 맞춰 좌우를 접는다.

2 위 모서리를 중앙을 향해 삼각형으로 접는다.

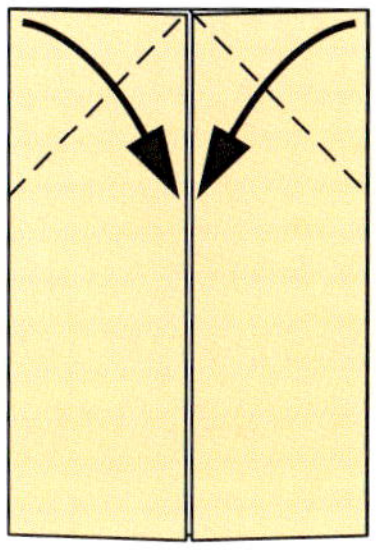

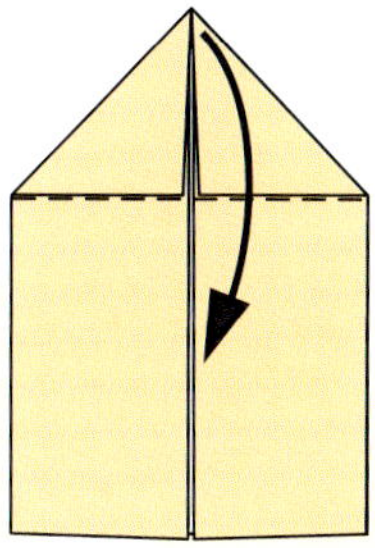

3 삼각형을 점선대로 접어 내린다.

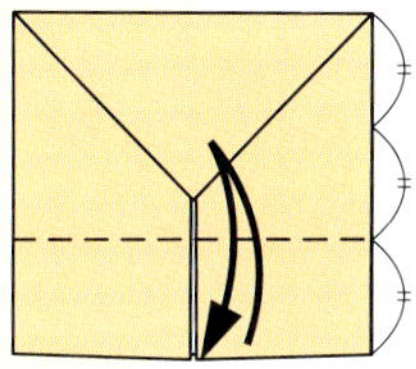

4 세로 3분의 1 지점에 보조선을 만든다.

5 좌우 모서리를 삼각형으로 접는다.

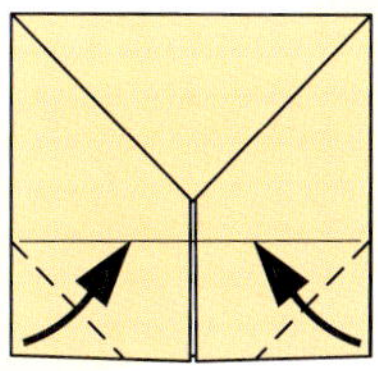

6 점선대로 계곡 접기 하고 위의 삼각형을 아래로 접어 끼운다.

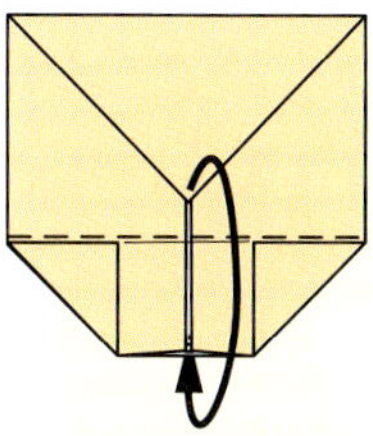

▲ 스티커를 붙여서 봉투를 봉해보세요.

완성

변형

여행지에서 보내는 편지도 조금만 궁리하면 받는 기쁨이 배로 늘어나요.

53 넥타이 셔츠 봉투 115쪽

〈넥타이〉

종이 사이즈 : 12×12cm

완성품 : 세로12×가로5cm

포인트 : 넥타이가 연결 부분은 종이가 겹쳐져 접기 어려우니 주의해서 접어보세요.

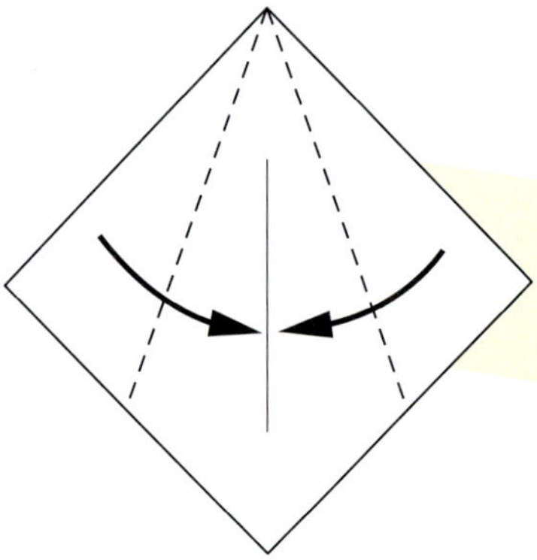

1 반으로 접었다 펴주어 보조선을 만든다. 그 선에 닿도록 좌우를 접는다.

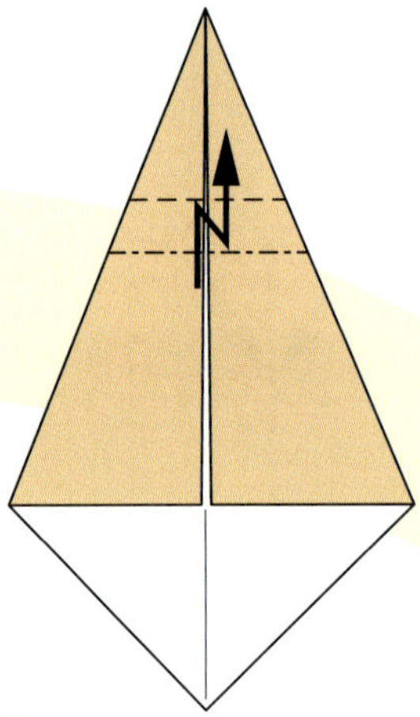

2 점선 부근에서 산 접기와 계곡 접기를 한다.

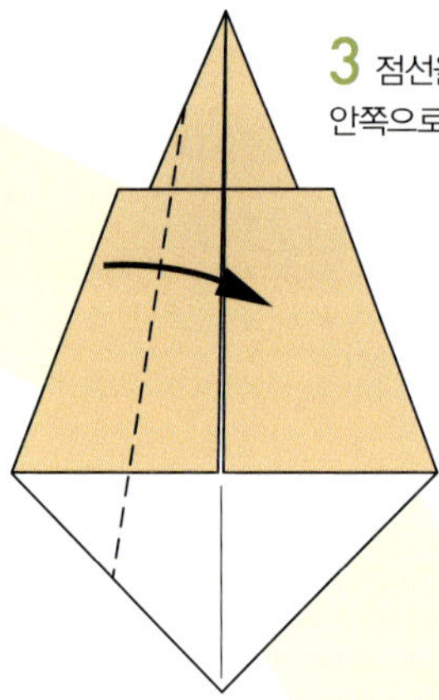

3 점선을 따라 안쪽으로 접는다.

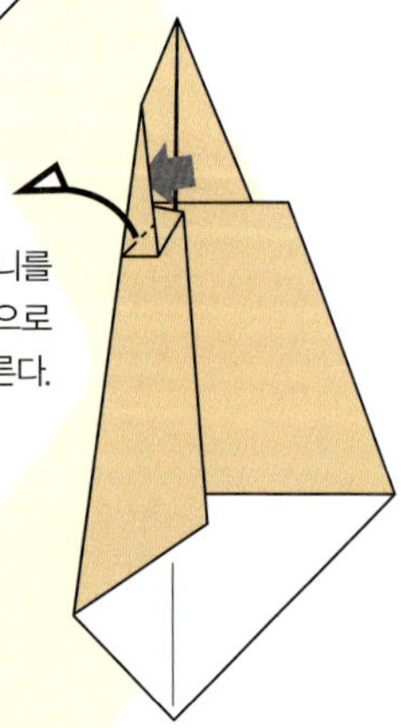

4 작은 삼각형 주머니를 화살표 방향으로 펴서 누른다.

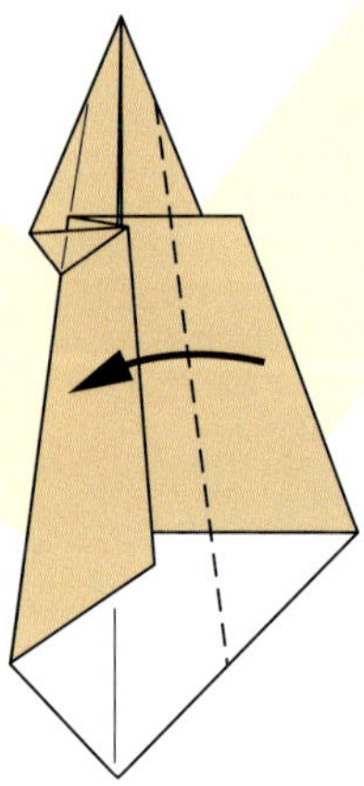

5 오른쪽도 안쪽으로 접는다.

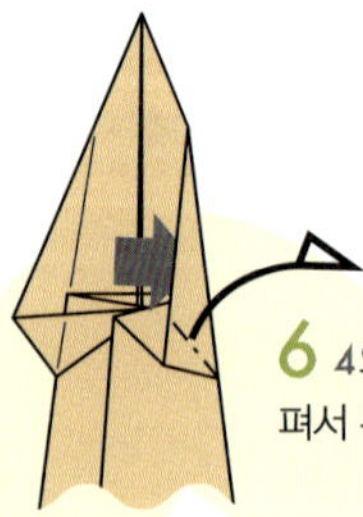

6 4와 같이 펴서 누른다.

7 점선 부근에서 계곡 접기 하고 끝은 안으로 집어넣는다.

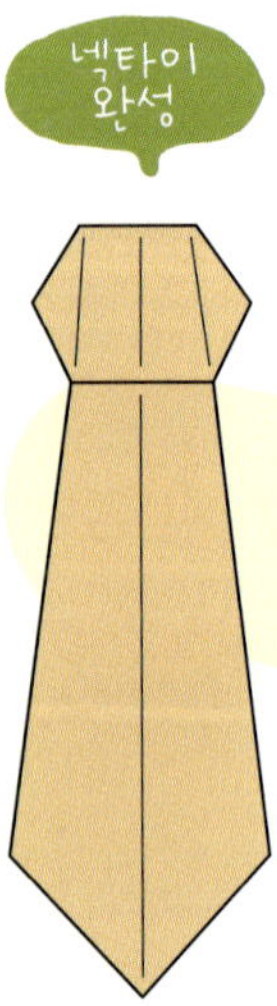

〈셔츠〉

종이 사이즈 : 세로52×가로26cm

완성품 : 세로21.5×가로19.5cm

포인트 : L사이즈 사진이 들어가는 크기입니다. 좀 더 작게 접고 싶을 때는 세로38×가로20cm의 종이를 사용하면 세로16×가로14.5cm의 사이즈로 완성됩니다.

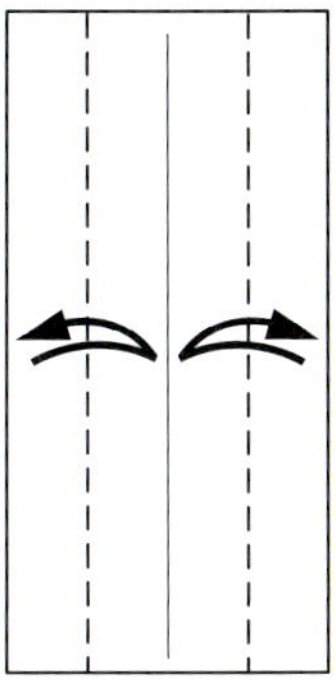

1 반으로 접었다 펴서 보조선을 만든다. 그 선에 맞춰 한 번 더 접었다 펴주어 선을 만든다.

2 아래 모서리를 삼각형으로 접어 올린다. 셔츠의 옷깃 폭만큼을 뒤쪽으로 접는다.

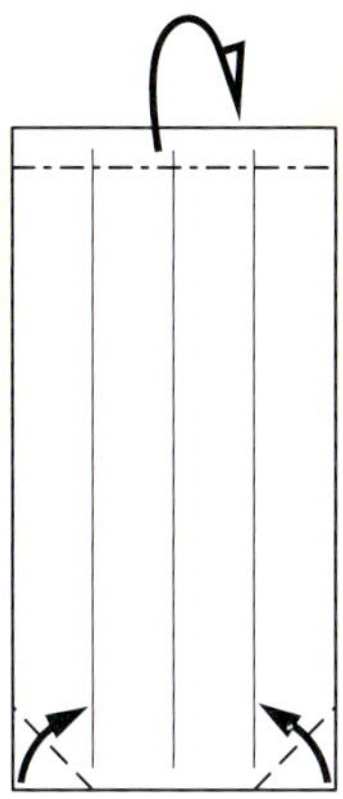

3 중앙 보조선에 맞춰 좌우를 접는다.

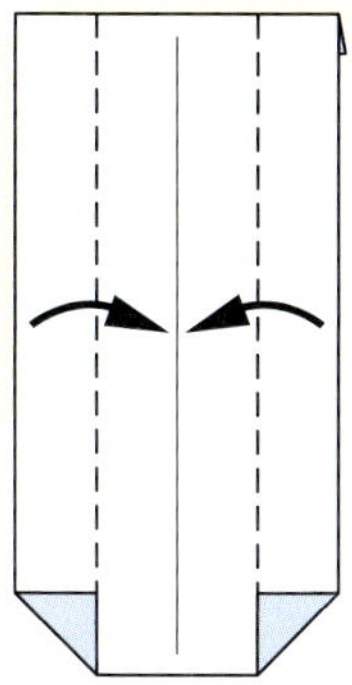

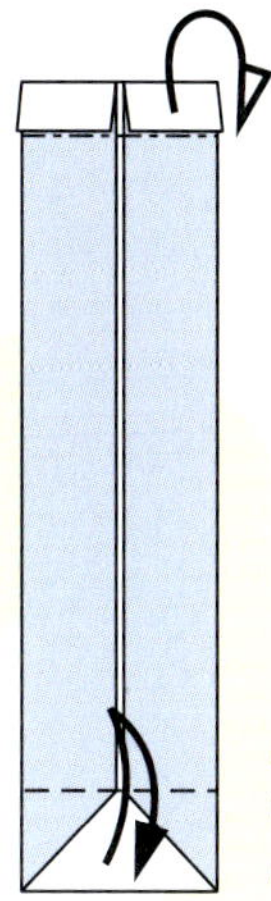

4 위는 한 번 더 반대편으로 접는다. 아래는 보조선만 만든다.

5 화살표 방향으로 펴서 누르고, ○끼리 겹치도록 접는다.

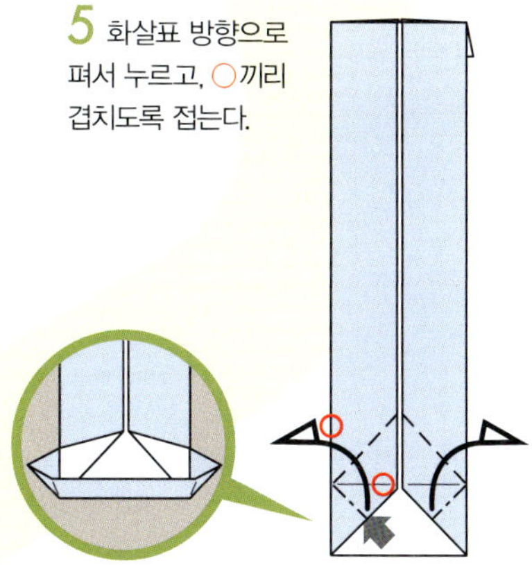

6 위 모서리를 중앙을 향해 접는다.

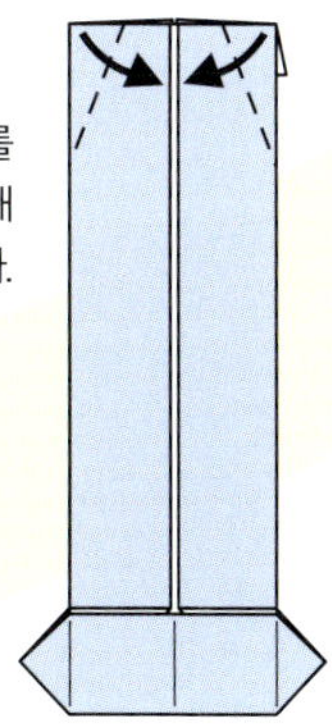

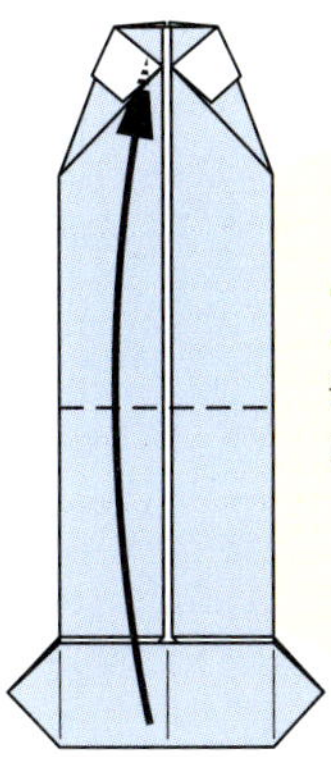

7 아래에서 접어 올려 옷깃 밑으로 끼워 넣는다.

▲ 셔츠 안쪽에 사진을 넣을 수 있습니다.

54 셔츠 모양 종이 가방 115쪽

준비물 : 덧단이 붙은 종이주머니, 53 넥타이(126쪽)

포인트 : 시판되는 종이주머니에 가위집을 넣어 셔츠 스타일로 변신. 넥타이를 붙여 선물용으로 사용해보세요.

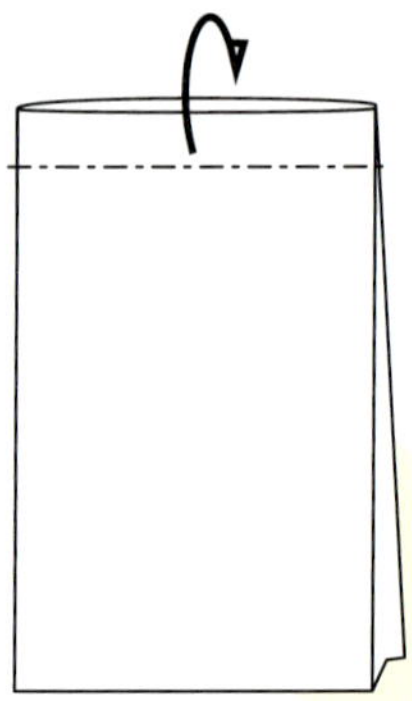

1 종이봉투 윗부분을 옷깃 폭만큼만 산 접기 한다.

2 좌우 똑같이 가위집을 넣는다.

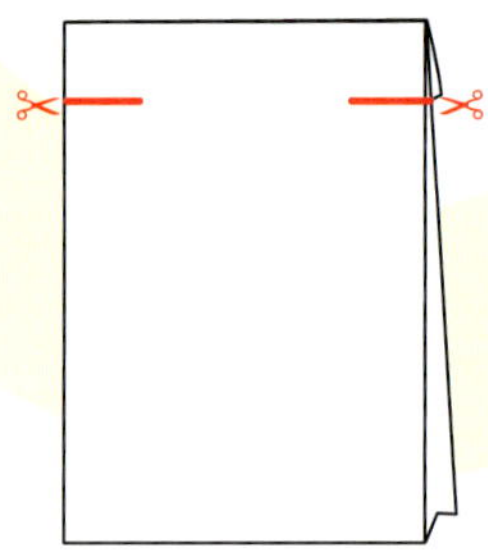

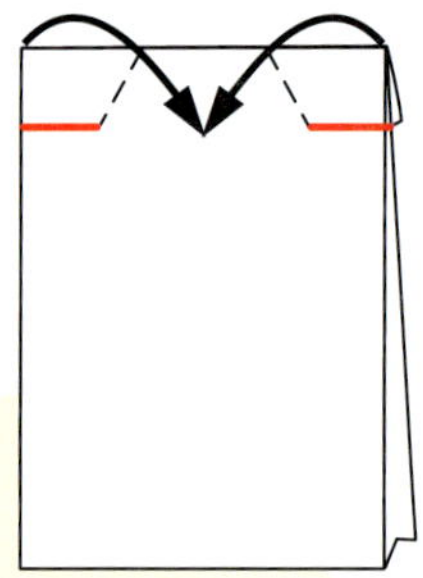

3 양 모서리가 중앙을 향하도록 대각선으로 접는다.

4 양 모서리를 뒷면으로 산 접기 한다.

4를 접은 모습

5 넥타이를 풀로 붙인다.

57 탁상상자 117쪽

117쪽

종이 사이즈 : 대 세로28×가로40cm 소 세로20.5×가로30cm

완성품 : 대 세로10×가로118×높이5cm

소 세로7.5×가로13×높이4cm

포인트 : 쉽게 접고 무엇이든 넣을 수 있어 편리한 박스. 전단지로 접어서 쓰레기통으로 써도 편리합니다. 전단지는 세로38×가로54.5cm의 경우 세로14×가로25×높이6.5cm로 완성됩니다.

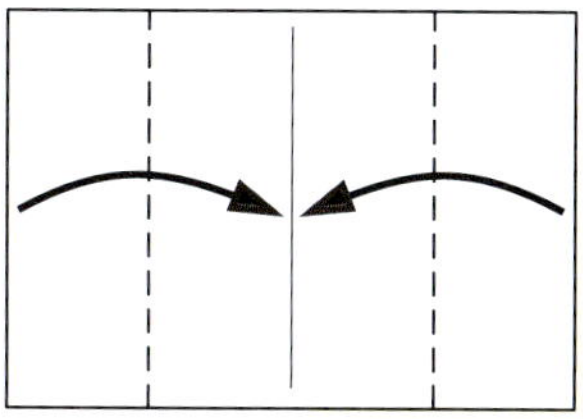

1 반으로 접었다 펴주어 보조선을 만든다. 그 선에 맞춰 좌우를 접는다.

2 세로를 반으로 접는다.

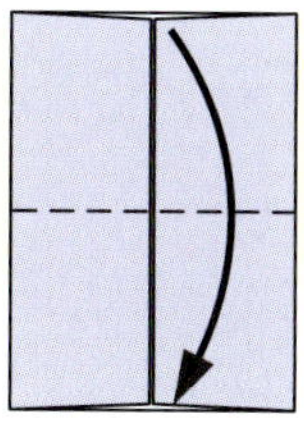

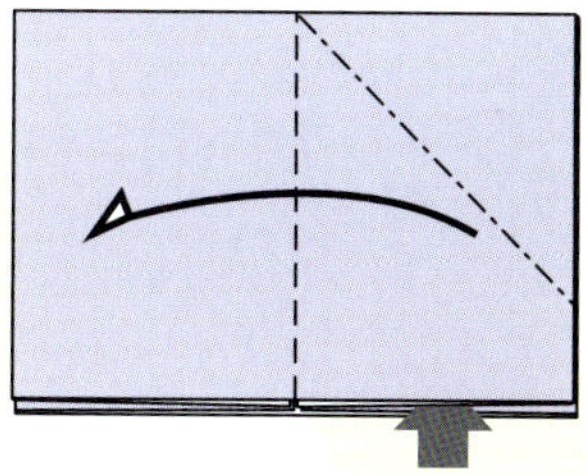

3 점선대로 펼쳐서 삼각형 모양으로 누른다.

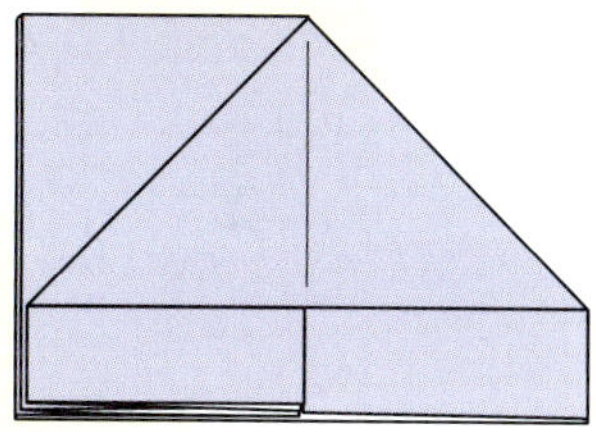

4 3을 접은 모습. 안쪽도 똑같이 펼쳐서 누른다.

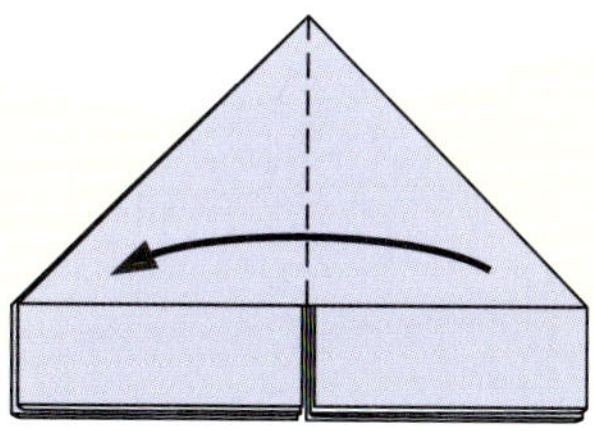

5 한 면씩 접는다.

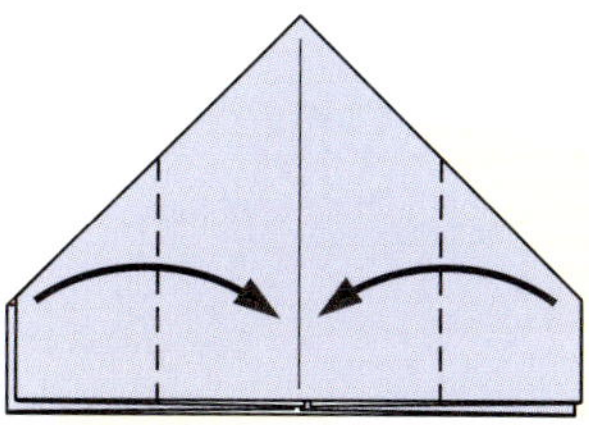

6 앞면만 중앙을 향해 좌우를 접는다. 안쪽도 똑같이 접는다.

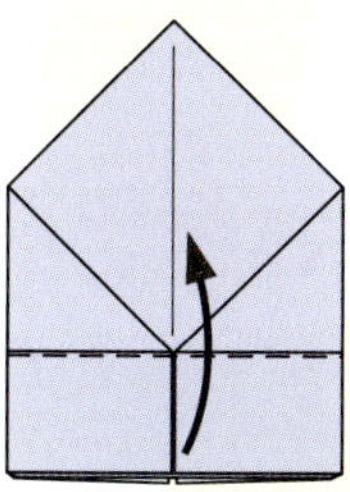

7 앞면만 점선대로 접는다. 안쪽도 똑같이 접는다.

8 위아래의 방향을 바꾸어 화살표 방향으로 펼치면서 바닥이 평평해지도록 모양을 만든다.

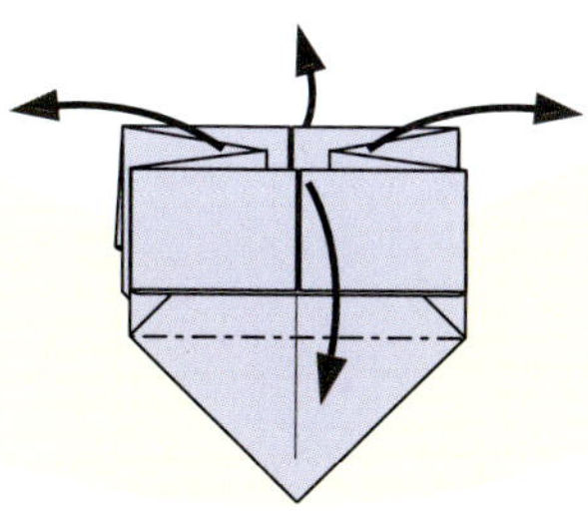

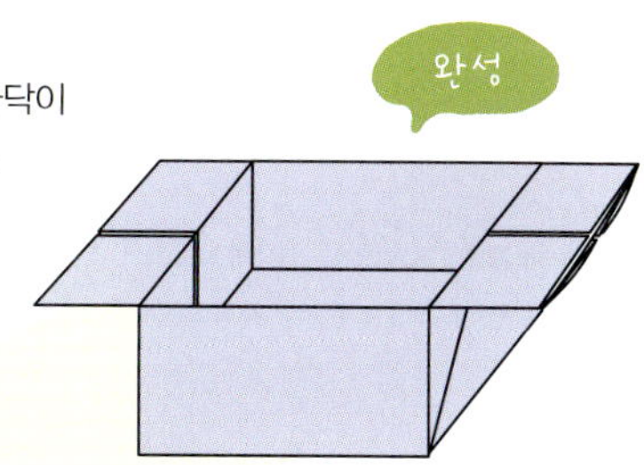

56 펜트레이 117쪽

종이 사이즈 : 세로21×가로10cm

완성품 : 세로19×가로6×높이1.2cm

포인트 : 20 '배 모양 트레이'(62쪽)와 같은 방법. 장방형 종이로 가늘고 긴 트레이를 만들어보세요. 마지막 2개의 순서를 반대로 하면 다른 버전도 가능합니다.

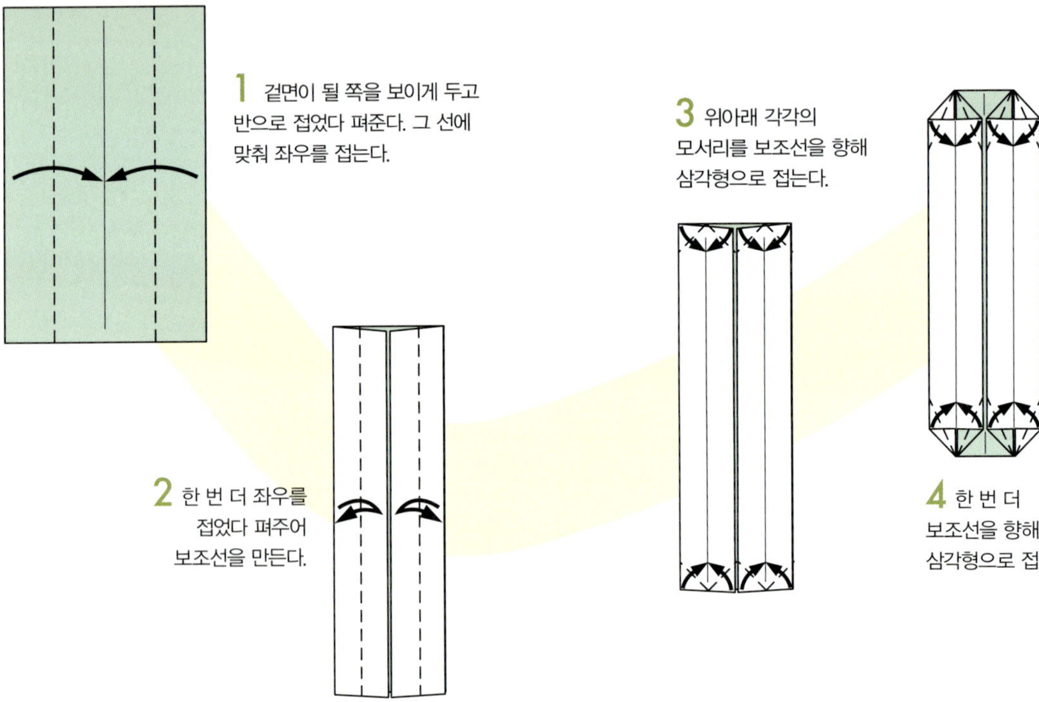

1 겉면이 될 쪽을 보이게 두고 반으로 접었다 펴준다. 그 선에 맞춰 좌우를 접는다.

2 한 번 더 좌우를 접었다 펴주어 보조선을 만든다.

3 위아래 각각의 모서리를 보조선을 향해 삼각형으로 접는다.

4 한 번 더 보조선을 향해 삼각형으로 접는다.

55 CD케이스 116쪽

종이 사이즈 : 리플 보드 세로35×가로30cm

단추 2개(직경2.5cm)

끈 28cm, 단추용 실, 바늘

완성품 : 세로15×가로15cm

포인트 : 종이는 한쪽에 줄이 있고 두꺼운 리플 보드가 좋습니다. 접기 전에 주격 등으로 보조선을 만든 후 접으세요.

5 중앙에서
펼치듯이 접는다.

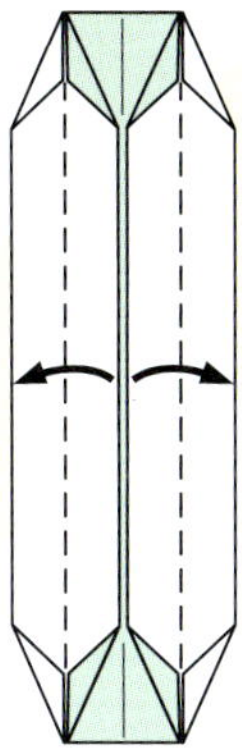

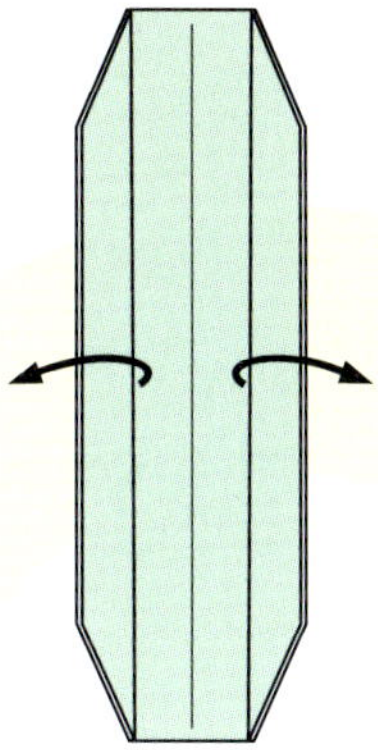

6 양끝을 세운다.

7 끝을 산 접기 한다.

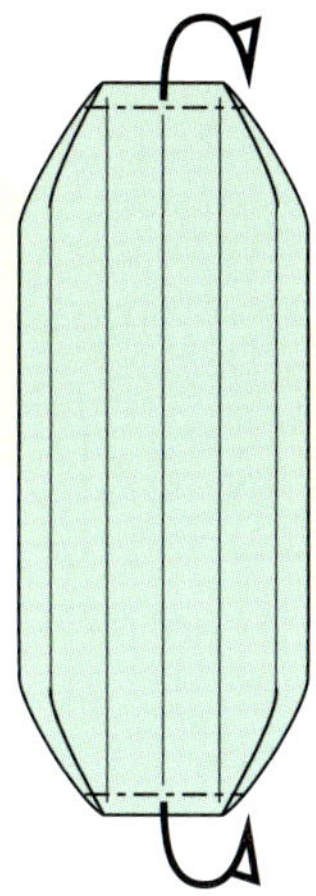

변형

6과 7의 순서를 바꾸면
양끝이 오므라드는 유선형 트레이가 됩니다.

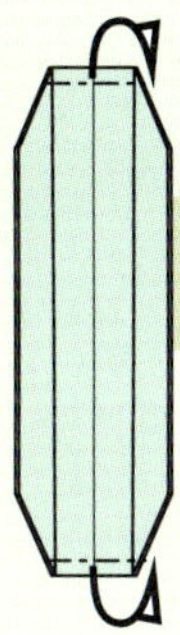

6 양끝을
산 접기 한다.

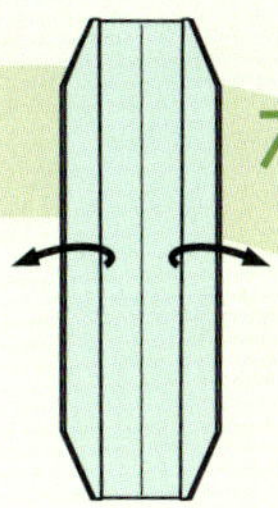

7 좌우 끝을 세운다.

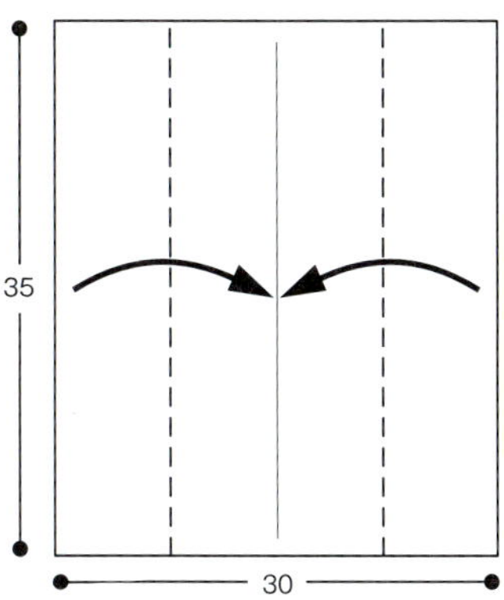

1 절반이 되는 곳에 연필로
선을 긋고 나서 좌우가
중앙에서 만나듯이
계곡 접기 한다.

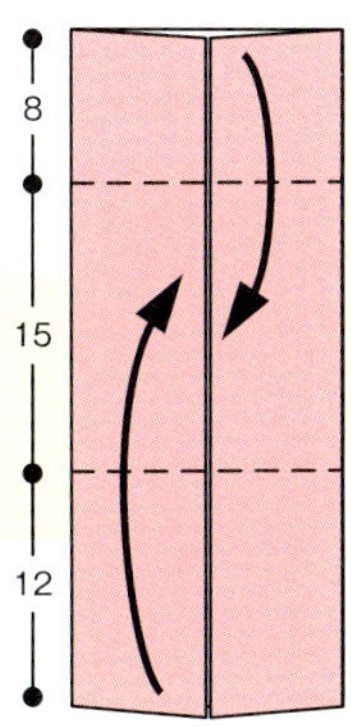

2 그림의 치수대로
아래를 위로 접고,
위를 아래로 접는다.

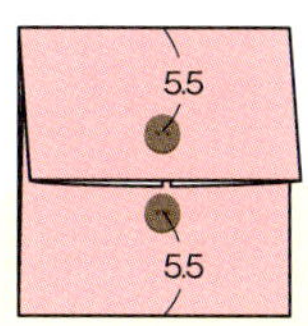

3 실로 단추를 단다.

끈으로 2개의
단추를 연결한다.

58 삼각 포푸리 케이스 118쪽

종이 사이즈 : 대 24×24cm, 끈 50cm×2개, 비즈 2개
소 18×18cm, 끈 40cm×2개, 비즈 2개

완성품 : 대 세로10×가로10×높이11.5cm
소 세로7.5×가로7.5×높이8cm

포인트 : 종이에 전개도를 그려 넣은 다음 접으세요. 작은 창을 낼 것은 처음에 창 부분을 열어둡니다. 트레이싱 페이퍼로 만들면 투명한 느낌을 줍니다.

( ) 안의 숫자는 (소)사이즈

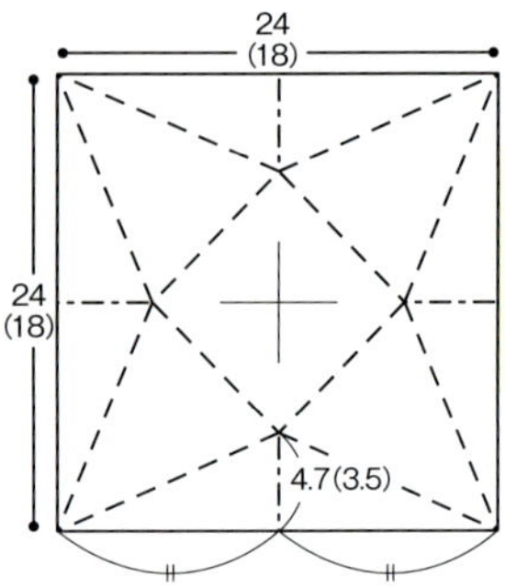

1 그림과 같이 전개도를 그려 넣어, 주걱으로 보조선을 만들고 한 번 접어둔다.

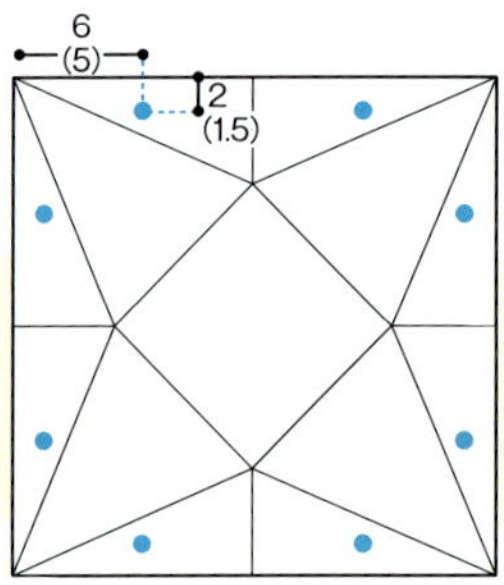

2 ●로 표시한 곳에 송곳으로 끈이 통할 구멍을 뚫는다.

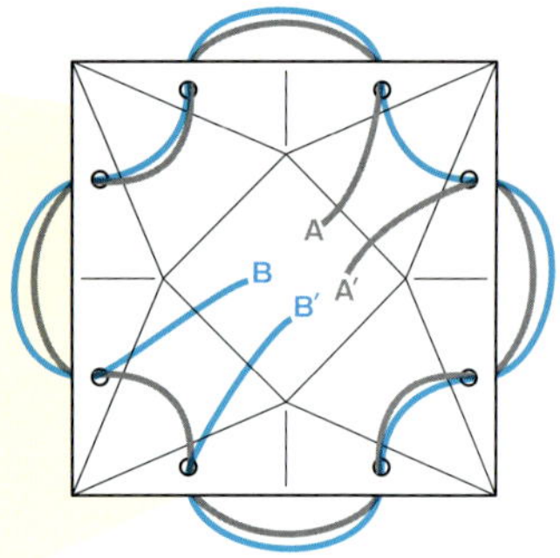

3 첫 번째 끈을 A에서 A′까지, 두 번째 끈은 B에서 B′까지 그림과 같이 끼운다.

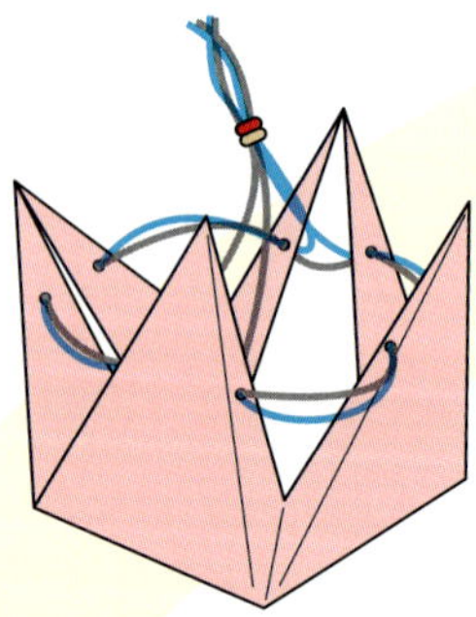

4 2개의 끈을 잡아 당겨 비즈를 끼운다.

변형 포푸리가 살짝 보이도록 작은 창을 뚫어도 좋습니다.

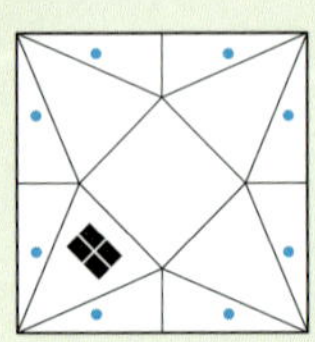

2에서 끈이 지나갈 구멍을 뚫을 때, 칼로 작은 창을 만든다.

휴지 케이스 119쪽

종이 사이즈 : 23×23cm

완성품 : 세로11.5×가로8cm

포인트 : 중앙 라인과 삼각형 부분은 안쪽 색깔이 나오기 때문에, 양면에 무늬나 색이 있는 종이가 좋습니다. 휴지를 빼기 쉽게 한지가 좋습니다.

1 중심에 보조선을 만들어 좌우를 접는다.

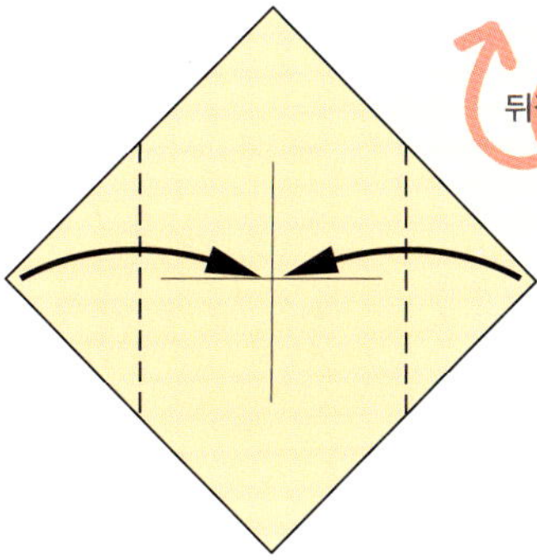

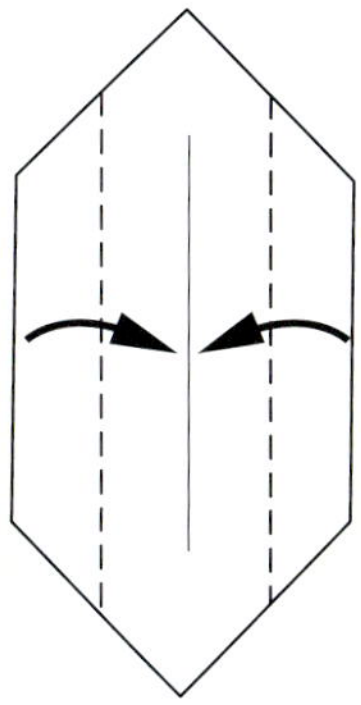

2 뒤집은 다음, 한 번 더 보조선에 맞춰 좌우를 접는다. 이때 앞면만 접고 1에서 접은 뒤쪽 삼각형은 접히지 않도록 주의한다.

3 2를 접은 모습. 왼쪽 삼각형을 오른쪽으로 겹친다.

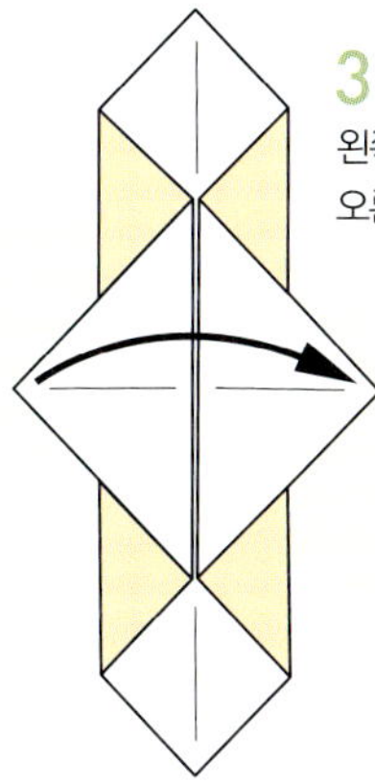

4 앞면만 왼쪽 끝을 접는다.

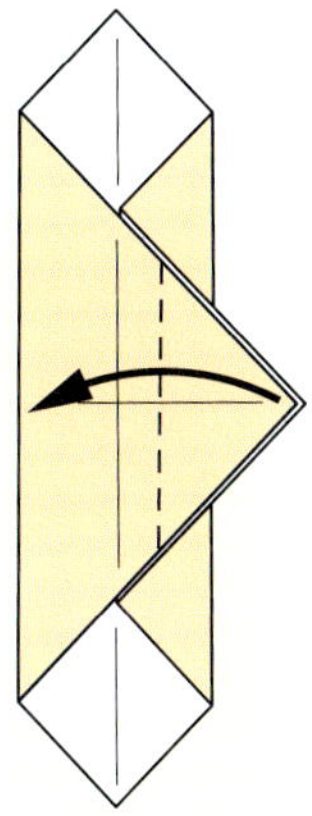

5 중앙에서 한 번 더 접는다.

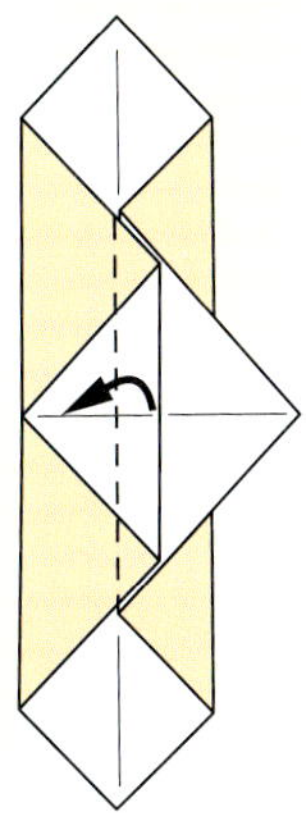

6 5를 접은 모습. 오른쪽 삼각형도 3~5와 같이 접는다.

7 점선 부근에서 위아래를 뒷면으로 접어 산 접기 한다.

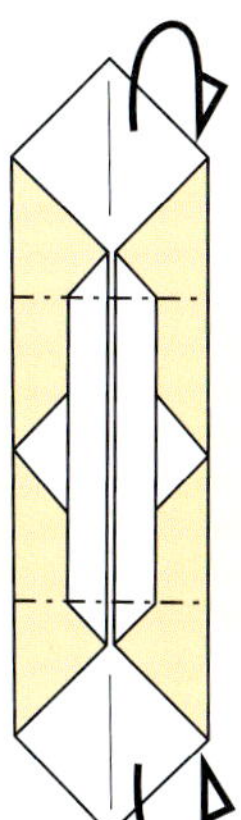

8 뒤집어서 겹친 부분을 다른 한쪽으로 집어넣고 다시 뒤집는다.

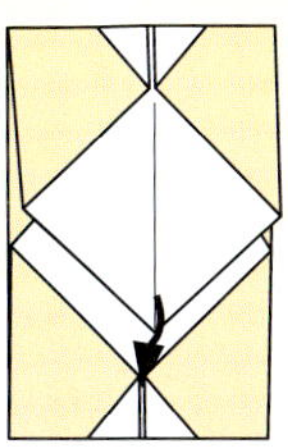

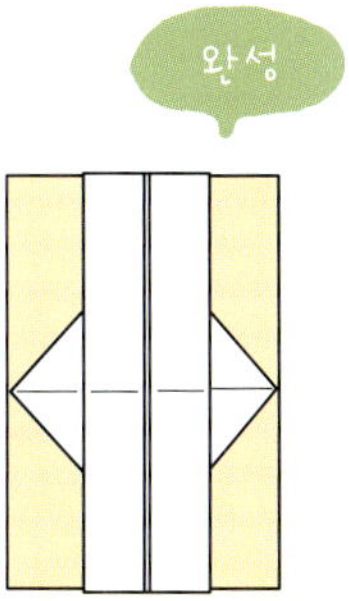

60 카드케이스 120쪽

종이 사이즈 : 15×15cm

완성품 : 세로6×가로9cm

포인트 : 넣고 싶은 카드의 크기에 맞춰 만들어보세요.
힘 있는 종이로 접으면 튼튼하게 만들어집니다.

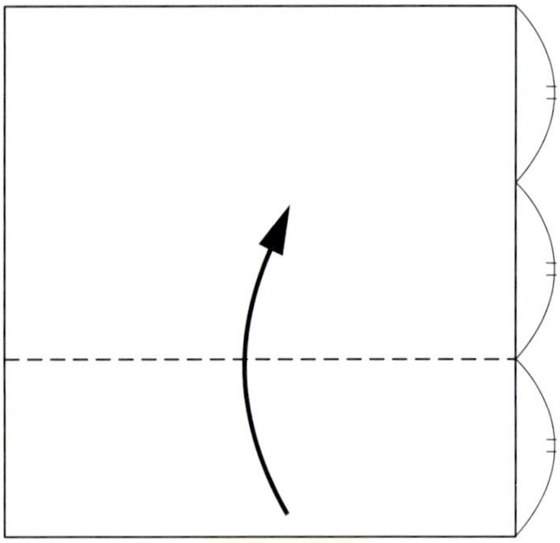

1 세로 3분의 1 지점에서 아래에서 위로 접어 올린다.

2 끝을 조금만 대각선으로 뒤집어 접는다.

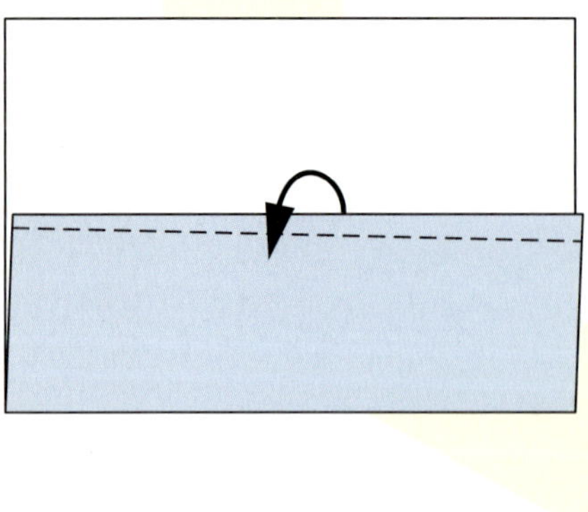

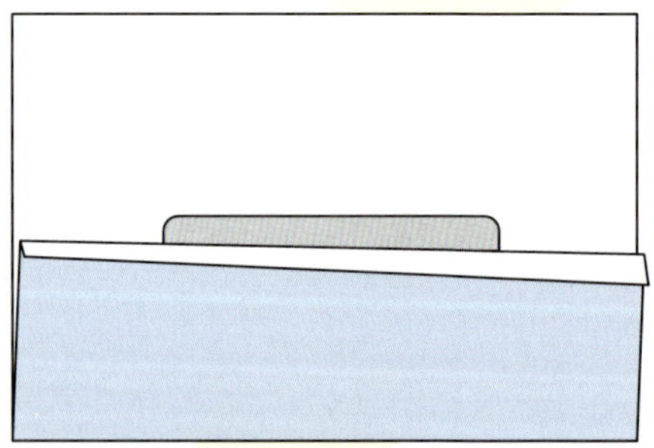

카드를 넣은 모습

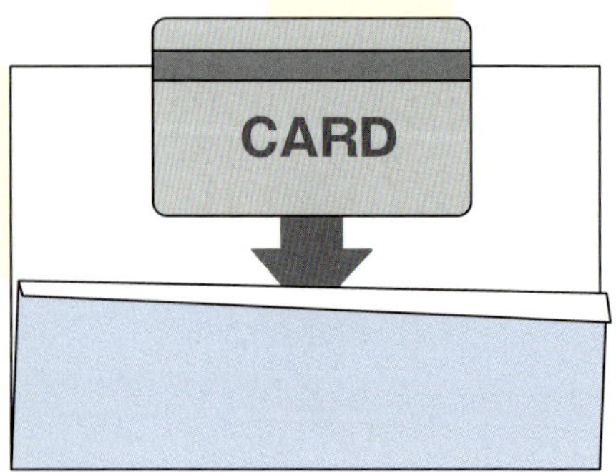

3 카드를 중앙에 끼운다.

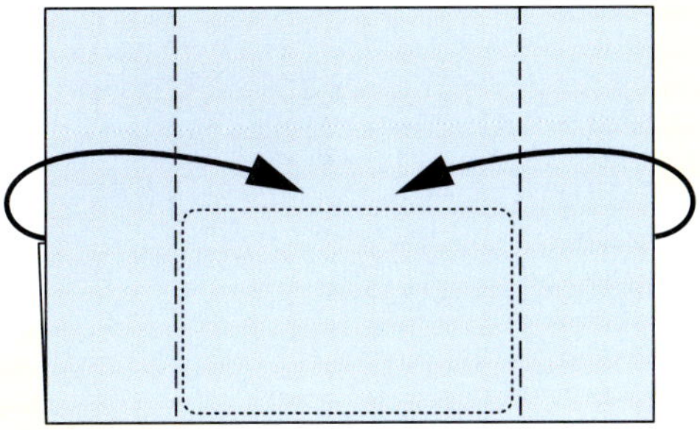

4 뒤집어서 카드의 끝에 맞춰 좌우를 접는다.

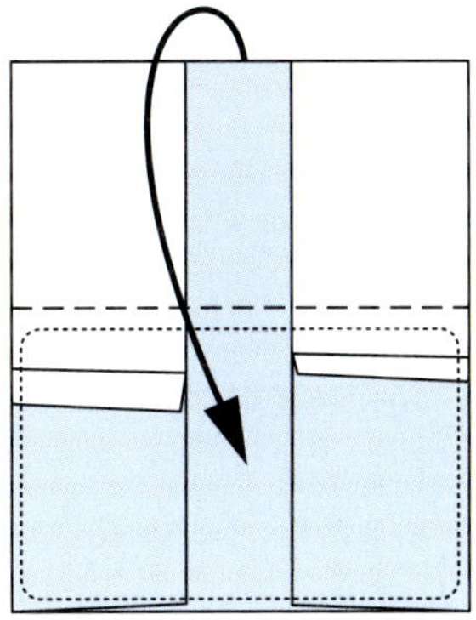

5 카드의 끝에 맞춰 위를 접는다.

6 카드를 빼서,
점선대로 삼각형을 접어
안으로 집어넣는다.

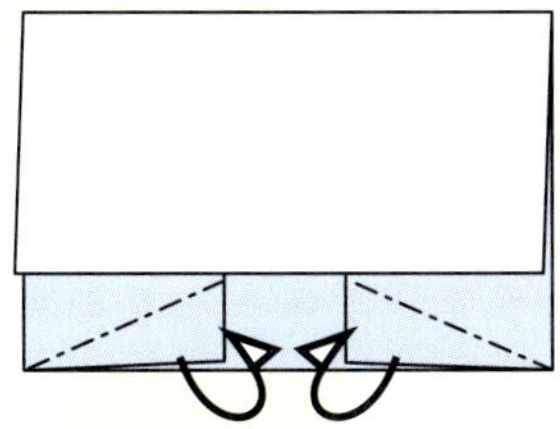

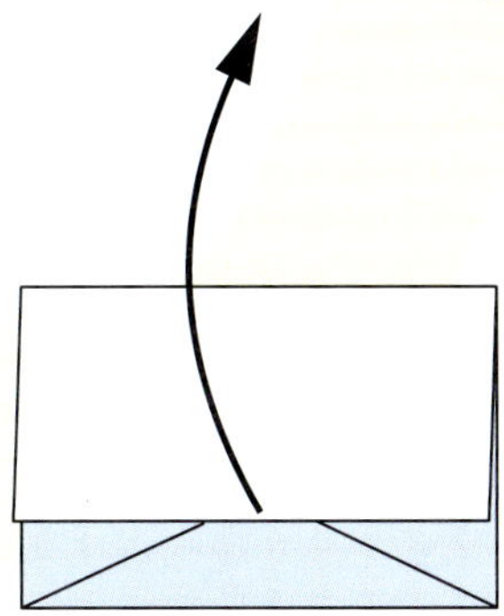

7 5의 모양으로 돌아간다.

8 점선대로 위의 1장만
안으로 접어 넣는다.

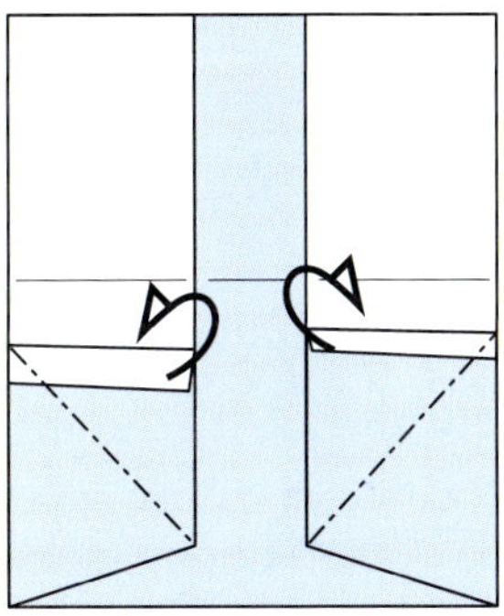

9 점선대로 접어서 위를 삼각형
주머니에 끼운다.

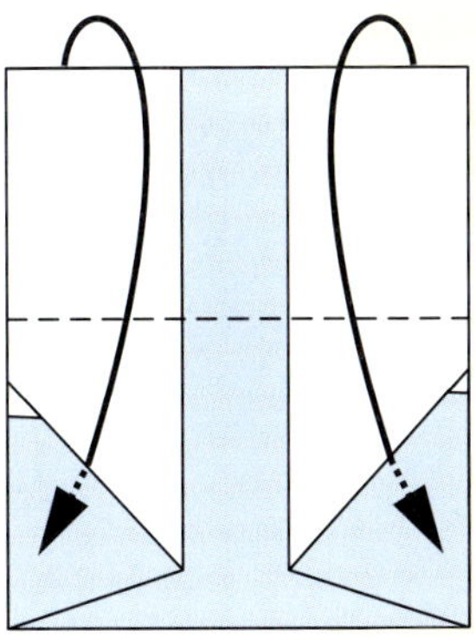

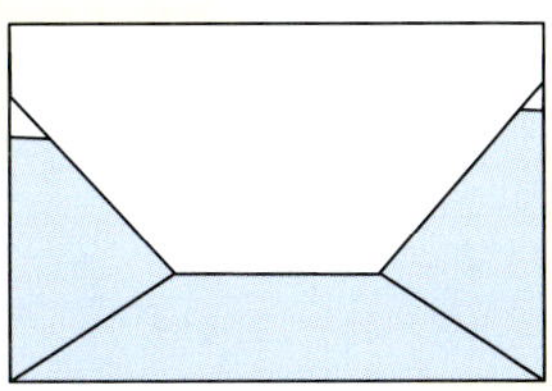

9를 접은 모습

64 반으로 접히는 카드 케이스 121쪽

종이 사이즈 : 세로30×가로22cm

완성품 : 세로9×가로6cm(반으로 접혔을 때)

포인트 : 힘이 있는 종이가 좋습니다.

1 반으로 접었다 펴서 보조선을 만든다.

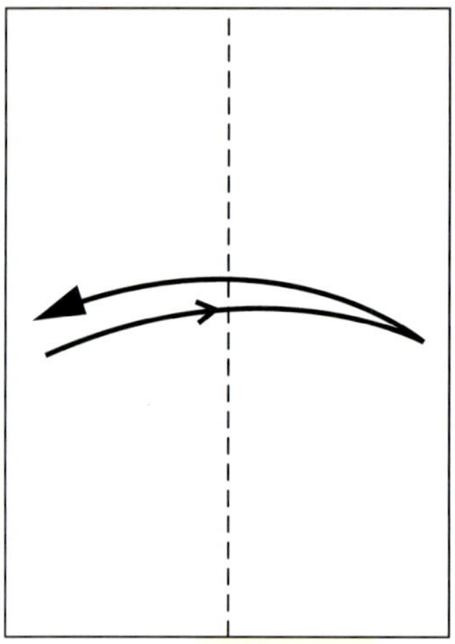

2 보조선에 카드를 맞춰
폭보다 0.5cm를 더한 지점에서
접었다 펴주어 보조선을 만든다.

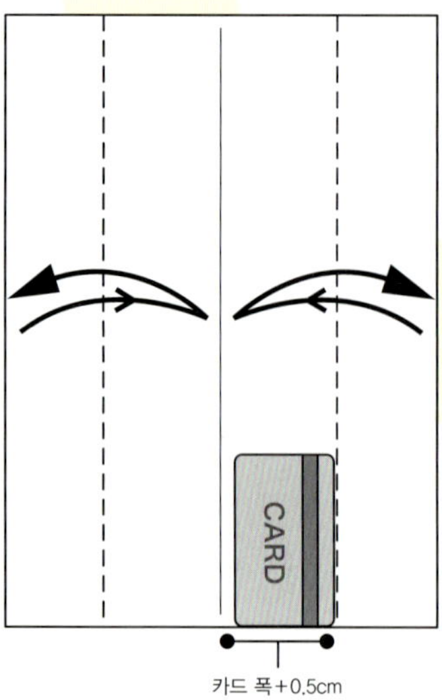

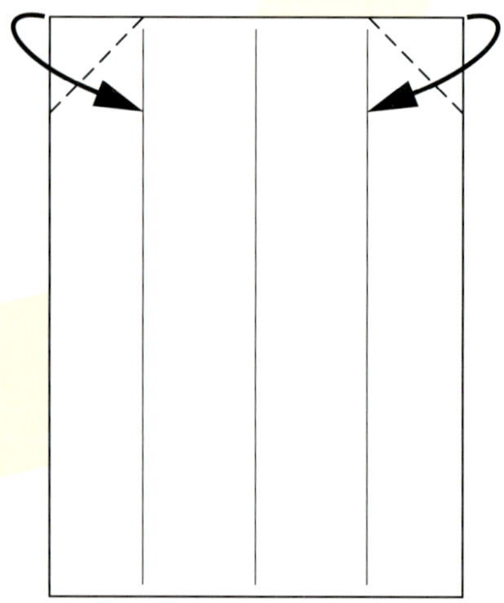

3 보조선에 맞추듯이
양 모서리를 삼각형으로 접는다.

4 양쪽 보조선을 따라
안으로 접는다.

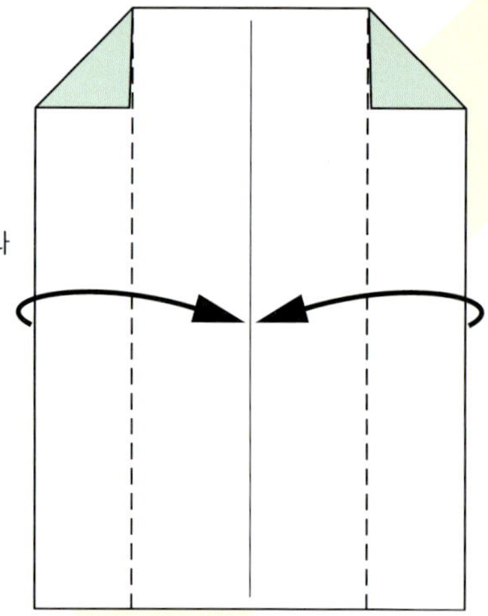

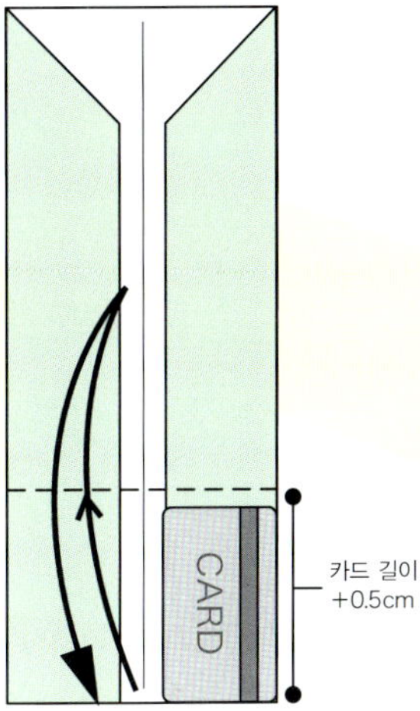

5 카드의 길이보다
0.5cm 길게 잡아
아래에서 올려 접었다
펴주어 보조선을 만든다.

6 ○와 ○가 만나도록
점선대로 접어
양쪽으로 펼친다.

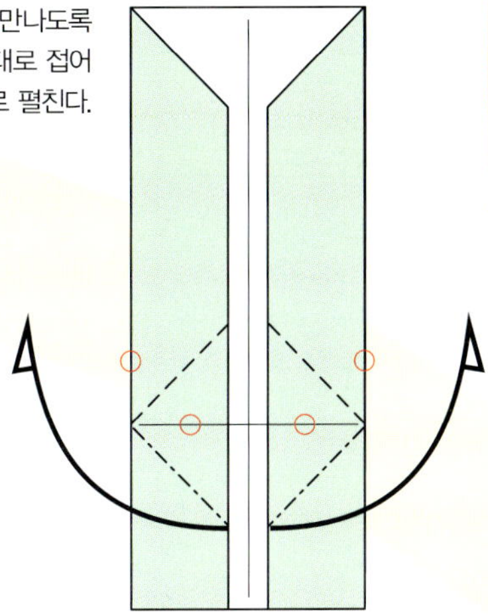

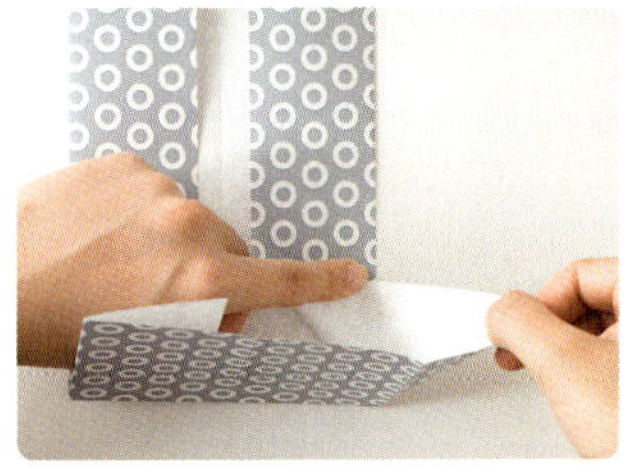

▲ 6 에서 오른쪽을 편 모습

6을 접은 모습

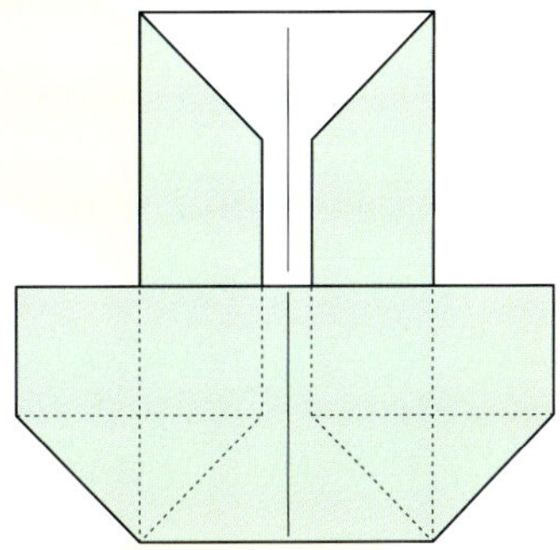

뒤집는다

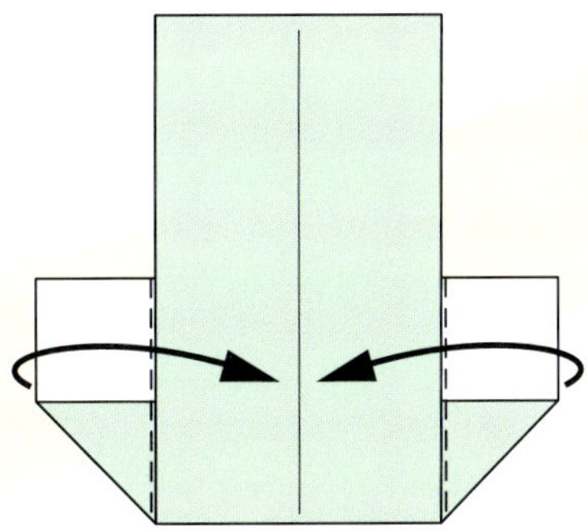

7 뒤집어서 장방형의
끝에서 좌우를 접는다.

8 점선대로
아래를 접어 올린다.

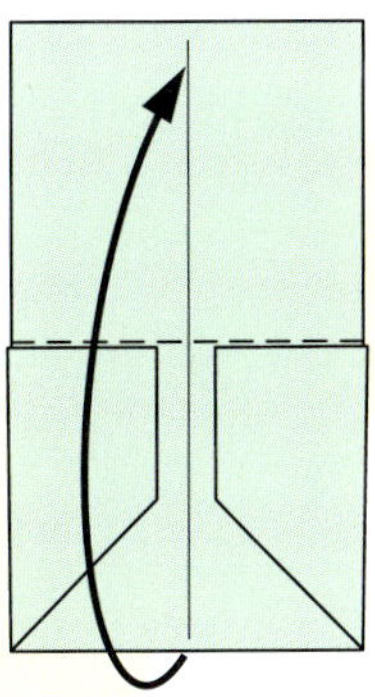

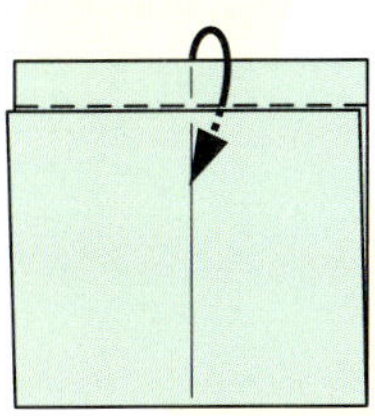

9 안쪽에
끼우듯이 접는다.

뒤집는다

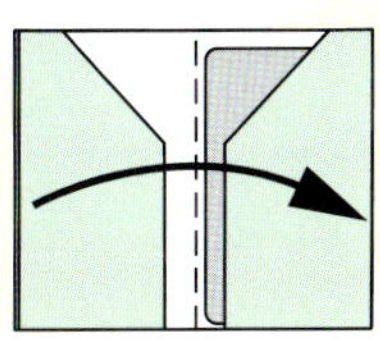

10 뒤집어서
반으로 접는다.

완성

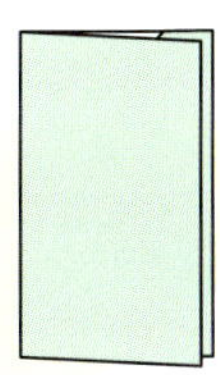

PART.5

아이와 함께 만드는
알록달록 사계절 종이 인형

62 날개 접힌 학

접는법…148쪽

우아한 동양의 아름다움

날개 펼친 종이학보다 더 우아하고 안정감 있어
크게 접어 장식하면 보기에 좋습니다.
한지와 같은 재질의 종이라면 더욱 느낌이 살아날 것입니다.

63 매실꽃

접는법…151쪽

작고 귀여운 장식 꽃

학과 함께 꽃으로 다과상을 장식하면
이야깃거리가 더욱 풍성해질 거예요.
아이와 함께 접으면 꼼지락거리는 아이의 손이
더욱 앙증맞아 보일 겁니다.

봄의 햇살에 이끌려 유채꽃에 나비가 모여들었습니다.
이 작품은 옷감에 붙인 것이지만,
색지에 붙이거나 접시에 올려도 멋집니다.

64 나비

접는법…152쪽

종이로 접은 봄의 향연

65 유채꽃

접는법…151쪽

예쁜 종이로 히나 인형을 접어 재미있는 신랑 각시 놀이를!

분위기 있는 무늬의 종이나 한 쌍이 될 만한 종이가 있다면 꼭 한번 히나 인형을 접어보세요. 신랑 각시 놀이를 해볼 수도 있고 아이 방 문에 붙여서 장식해도 좋아요.

66 히나 인형

접는법…154쪽

67 삼방

접는법…156쪽

* 히나 인형 : 일본의 전통 인형, 여자아이들의 무병장수와 행복을 빌기 위해 해마다 3월 3일에 치르는 전통축제 '히나 마츠리' 때 장식하는 인형
* 삼방 : 일본에서 주로 의식 때 쓰는 나무 그릇

68 투구

접는법…158쪽

뾰족한 선이 살아 있는 투구와 붓꽃
손끝이 야무진 종이 접기

69 붓꽃

접는법…160쪽

전통적인 투구와 붓꽃 접기는 날렵한 모양의 종이 접기입니다.
큰 종이로 투구를 접으면 머리에 쓸 수 있습니다.

70 풍선 금붕어

접는법…162쪽

알록달록 금붕어를
유리 그릇에 띄워주세요.

71 수국

접는법…150쪽

바람을 넣어 부풀린 귀여운 금붕어와
시원해 보이는 수국을 담았습니다.
유리에 금붕어를 넣는 것만으로도
벌써 물소리가 들리는 듯합니다.
여름이 더 시원해져요.

가을은 역시 잠자리!
종이색이 약간 바래 더 멋들어진
잠자리가 되었습니다.
가련한 노란색의 달맞이꽃이나
가을 느낌이 물씬한 물건들과
함께 장식하세요.

72 잠자리

접는법…164쪽

73 달맞이꽃

접는법…151쪽

가을이 더 아늑해지는 잠자리와 달맞이꽃

74 눈토끼

접는법…166쪽

눈이 내린 풍경이지만 기분은 따스하게

75 76 동백꽃과 나뭇잎

접는법…167, 168쪽

눈 내리는 풍경 속에 겨울 동백꽃이 선명하고
연분홍색 눈토끼 두 마리가 귀엽습니다.
한지의 부드러움이 따뜻한 온기를 더합니다.

62 날개 접힌 학 140쪽

종이 사이즈 : 18×18cm

완성품 : 폭8×안13×높이10cm

포인트 : 12번 과정은 종이의 두께 때문에 접기가 꽤 어렵습니다. 어려울 때는 건너뛰어도 좋습니다.

1 전통적인 '학 접기'로 중간까지 접는다.

2 1장씩 넘겨서 접는 면을 바꾼다.

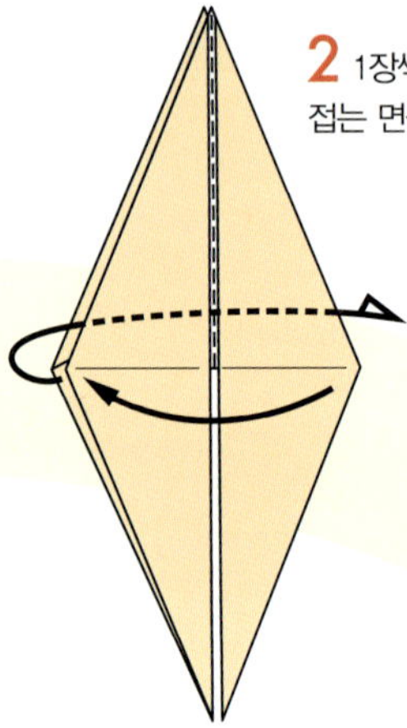

3 앞뒤 모두 아랫부분을 접어 올린다.

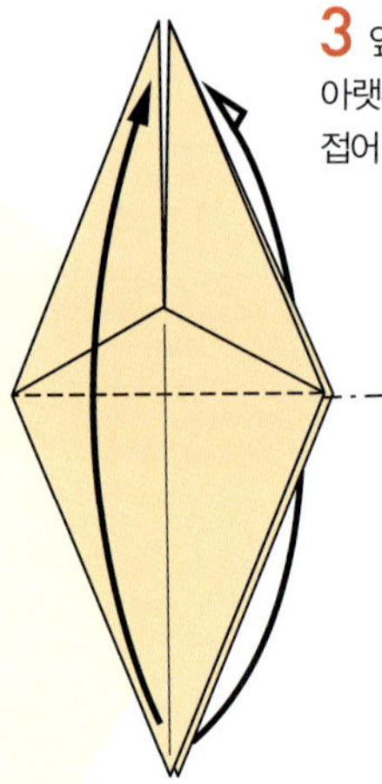

4 앞장만 아래 선에 맞춰 접는다.

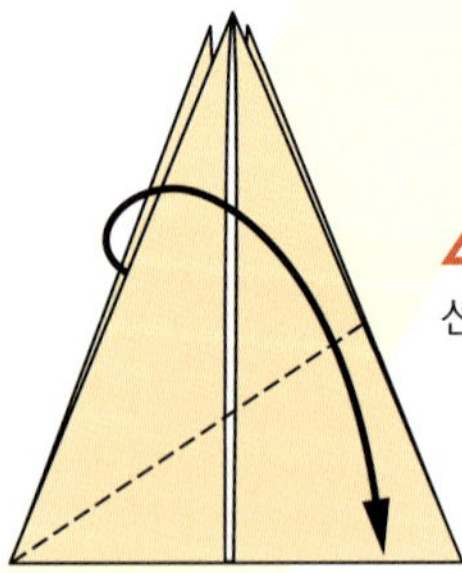

5 4를 접은 모습. 지금부터 11번까지는 윗면도 똑같이 접어간다.

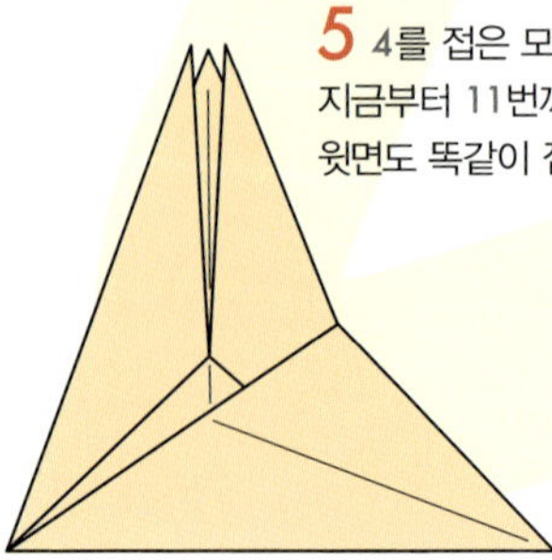

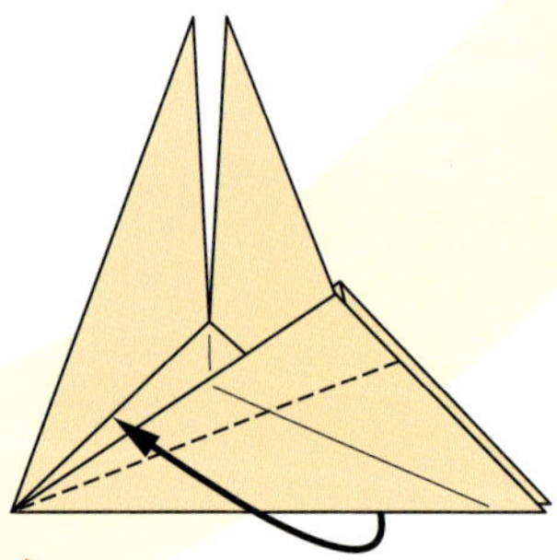

6 끝에 맞춰 접어 올린다.

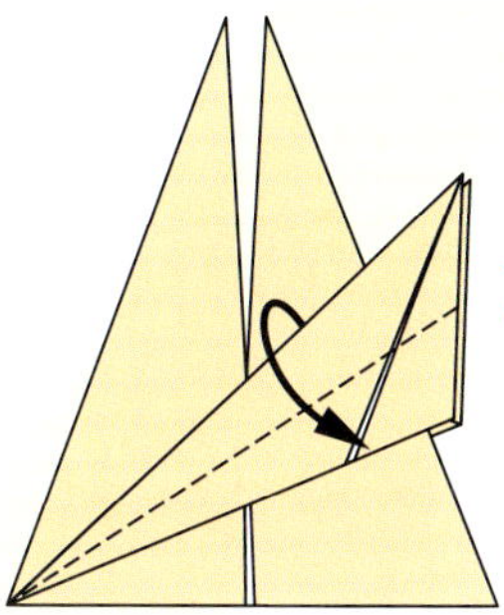

7 양끝을 맞춰 접는다.

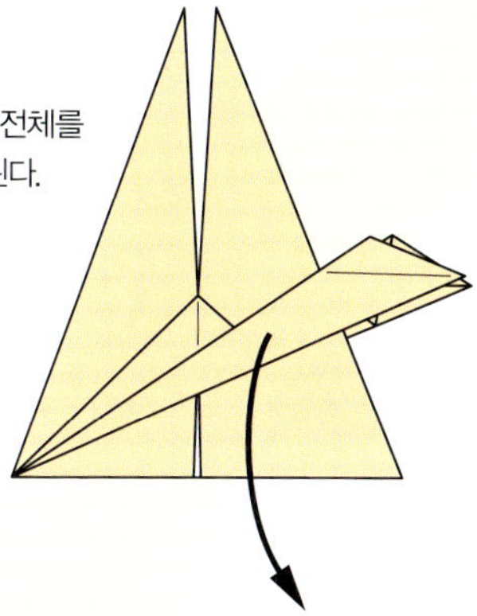

8 날개 전체를 접어 내린다.

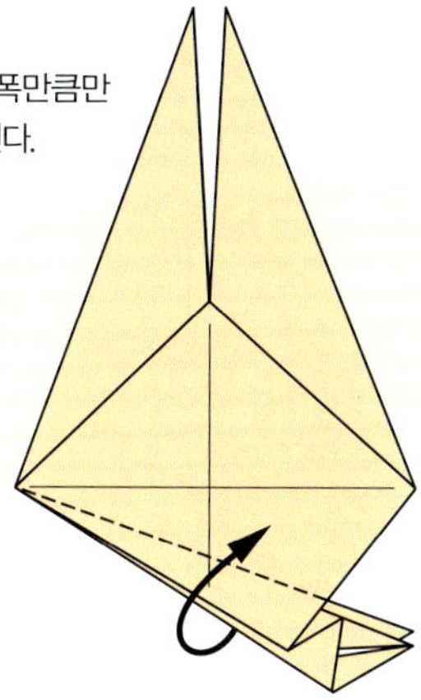

9 접는 폭만큼만 접어 올린다.

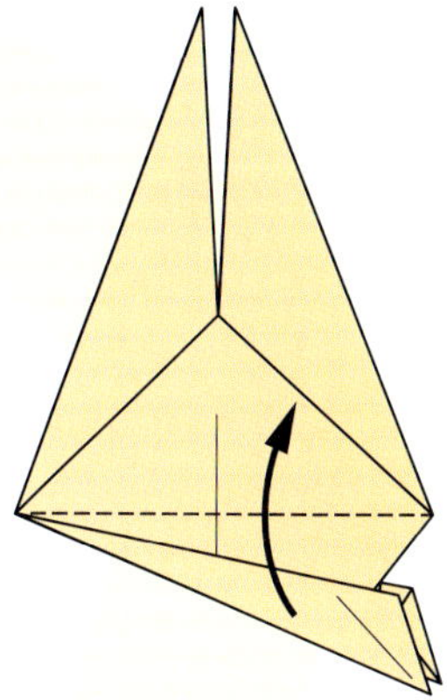

10 점선대로 접는다.

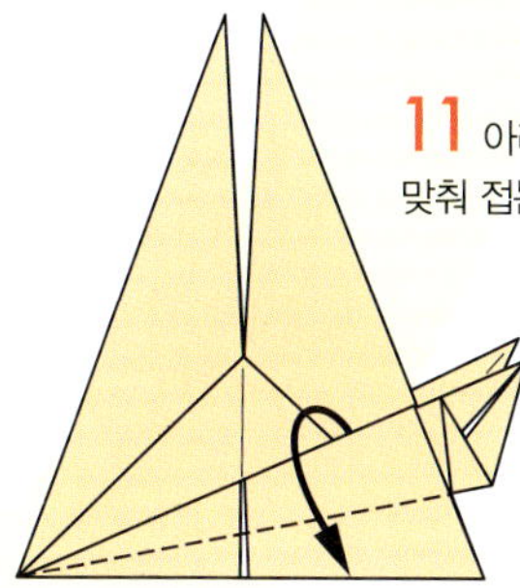

11 아래 선에 맞춰 접는다.

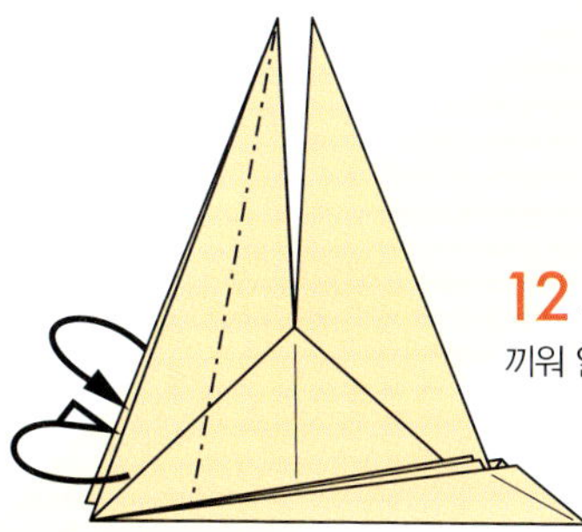

12 왼쪽 반을 안으로 접어 끼워 얇게 만든다.

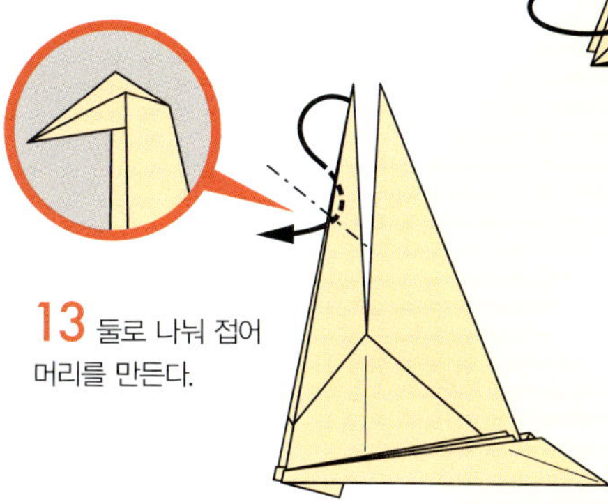

13 둘로 나눠 접어 머리를 만든다.

14 날개를 펼친다.

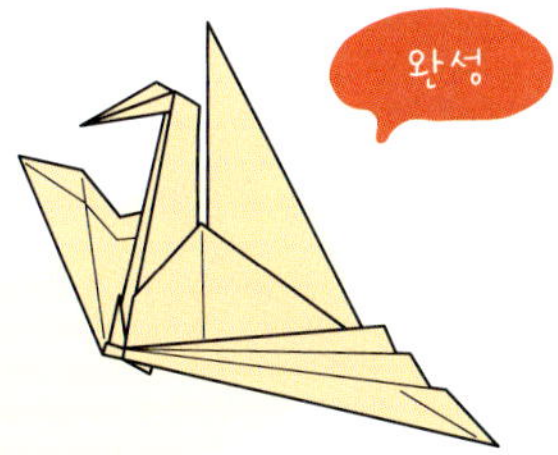

71 수국 145쪽

종이 사이즈 : 7.5×7.5cm

완성품 : 세로5×가로3.5cm

포인트 : 색이 있는 면이 안쪽으로 오도록 접기 시작합니다.

※ 63 매실꽃, 65 유채꽃, 73 달맞이꽃의 기본이 되는 접기입니다.

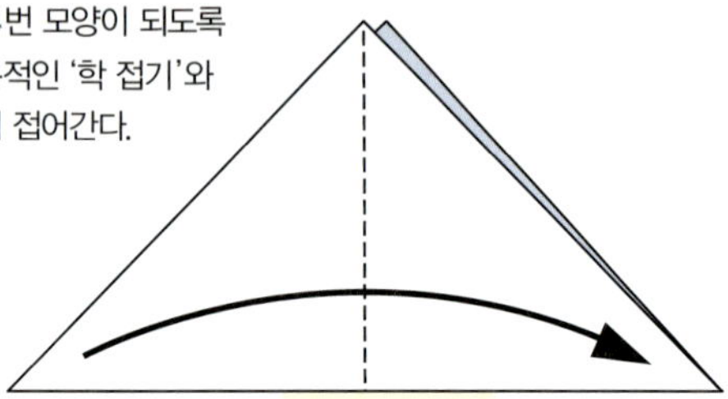

1 4번 모양이 되도록 전통적인 '학 접기'와 같이 접어간다.

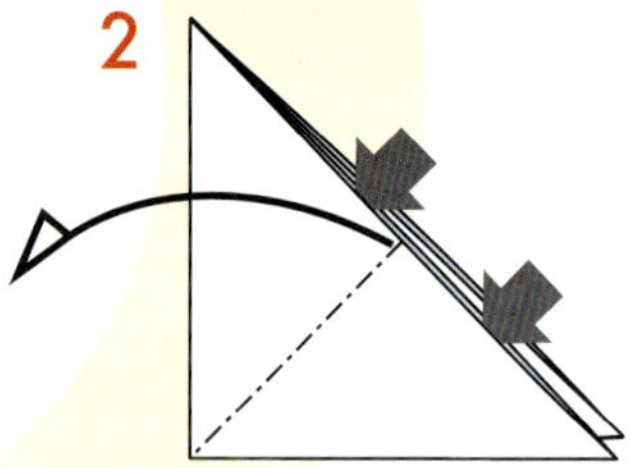

2

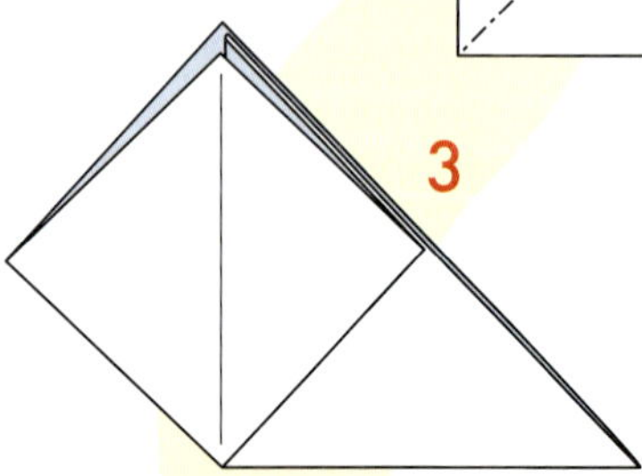

3

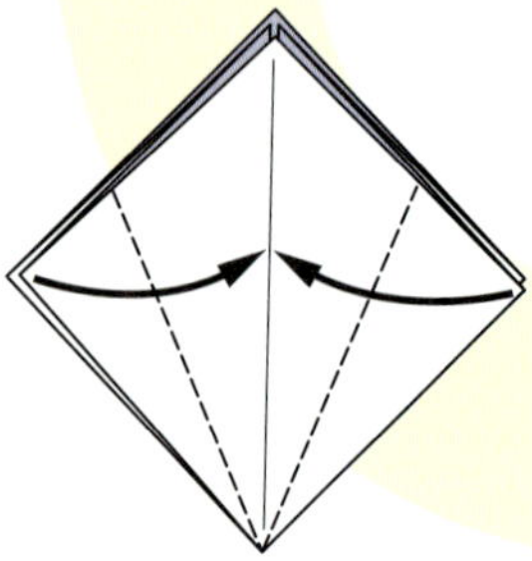

4 보조선에 맞춰 좌우를 접는다. 뒷면도 똑같이 접는다.

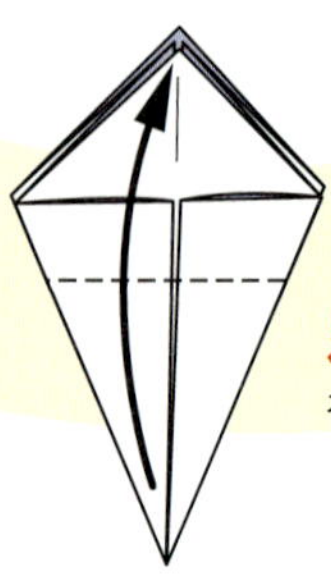

5 맨 위까지 접어 올린다.

6 ⬅ 부분에 손가락을 넣어 꽃잎을 눌러 펼친다.

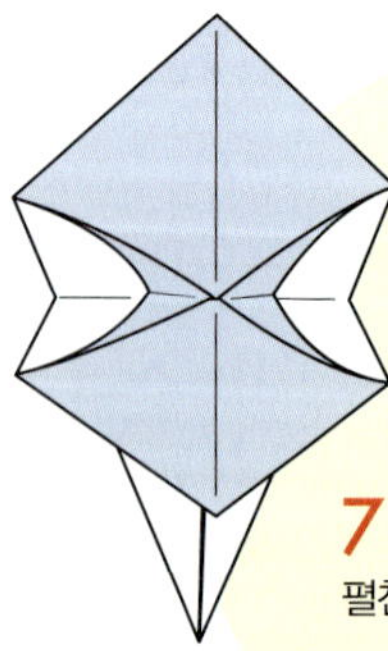

7 6을 접은 모습. 펼친 후 위에서 눌러가며 접는다.

▲ 꽃잎이 사진처럼 충분히 펼쳐진 다음에 위에서 누른다.

완성

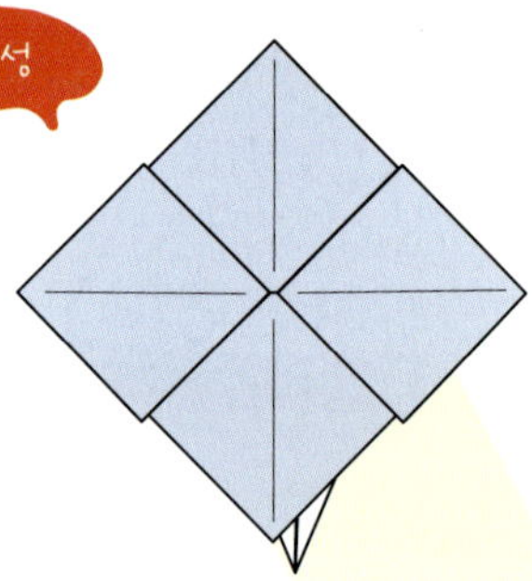

63 매실꽃 141쪽

종이 사이즈 : 6×6cm

완성품 : 세로3.5×가로5cm

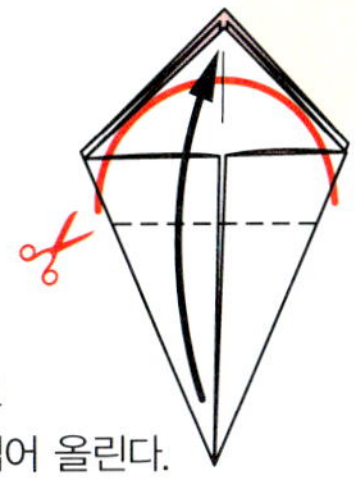

수국의 5
둥글게 자르고
아랫부분을 접어 올린다.

6 손가락을 넣어
꽃잎을 펼치고,
누르듯이 접는다.

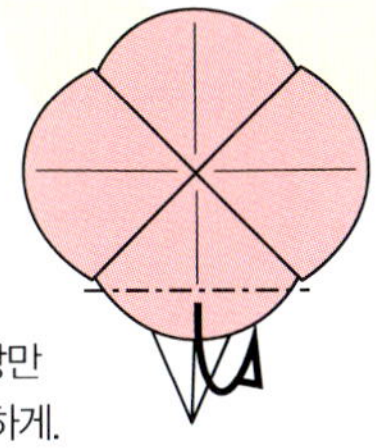

7 꽃잎 앞장만
아래를 평평하게.

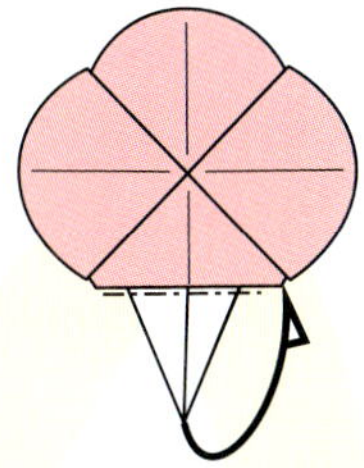

8 각진 부분을
뒤쪽으로 접는다.

노끈 등으로 꽃심을
만들어 매실꽃답게 만든다.

65 유채꽃 142쪽

종이 사이즈 : 5×5cm

완성품 : 세로4×가로3cm

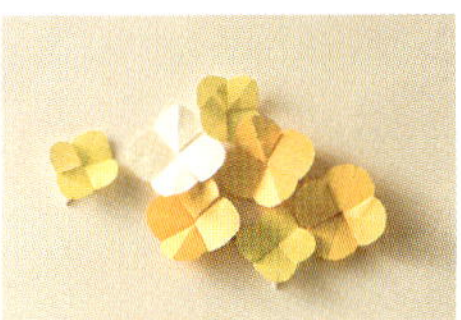

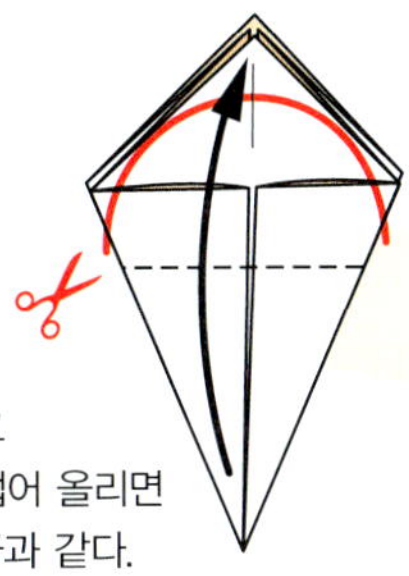

수국의 5
둥글게 자르고
아랫부분을 접어 올리면
나머지는 수국과 같다.

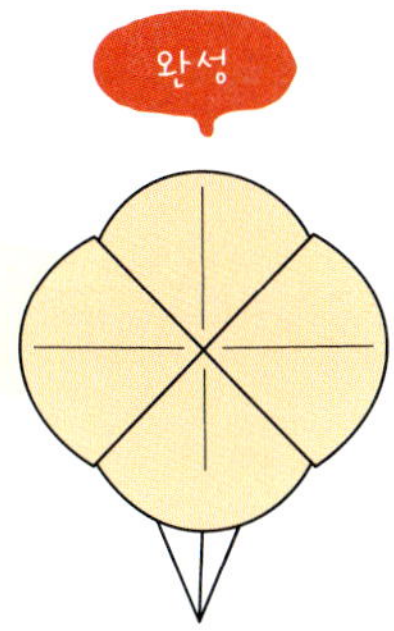

73 달맞이꽃 146쪽

종이 사이즈 : 10×10cm

완성품 : 세로8×가로6cm

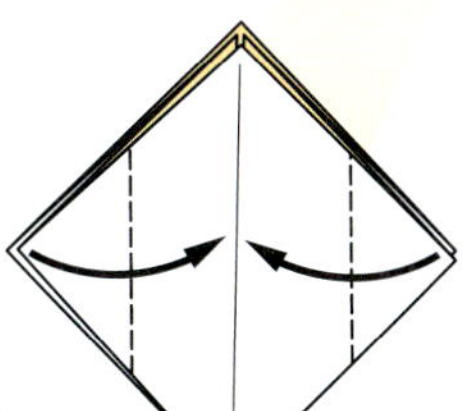

수국의 4
좌우 모서리를
보조선에 맞춰 접는다.
뒷면도 똑같이 접는다.

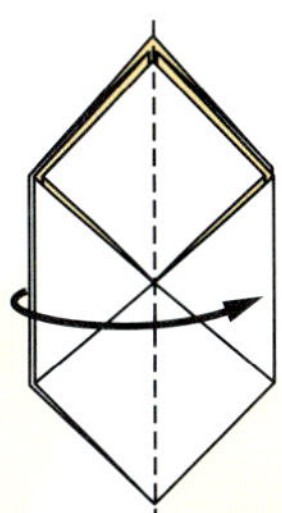

5 전체를
반으로 접는다.

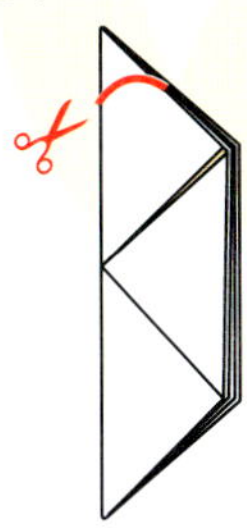

6 끝을 둥글게
자르고 펼쳐서
다시 5로 돌아간다.

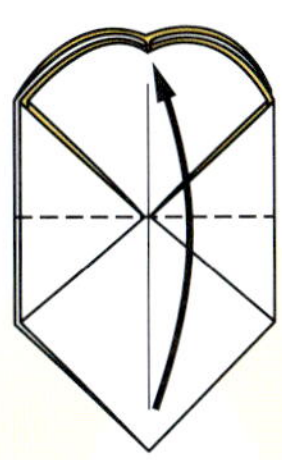

7 아래의 반을 접어
올리고 나머지는 다른
꽃과 똑같이 꽃잎을
펼쳐 접는다.

64 나비 142쪽

종이 사이즈 : 대 15×15cm 소 10×10cm

완성품 : 대 세로13.5×가로8cm 소 세로8.5×가로6cm

포인트 : 무늬가 있는 종이로 접을 때는 무늬가 드러나는 방법을 잘 생각해서 접으세요.

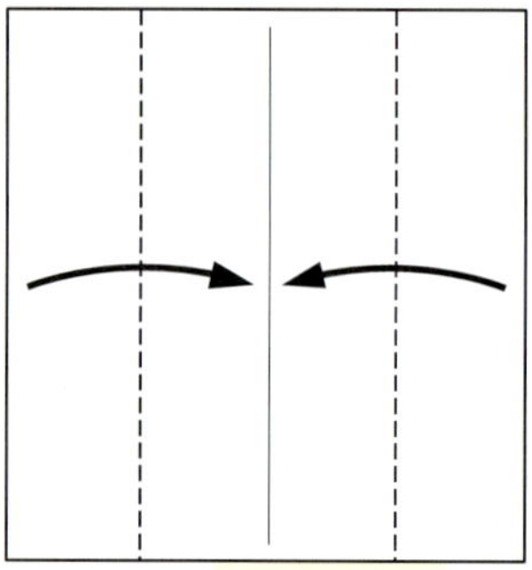

1 중앙의 보조선에 맞춰 좌우를 접는다.

2 세로 반으로 접었다 펴준다.

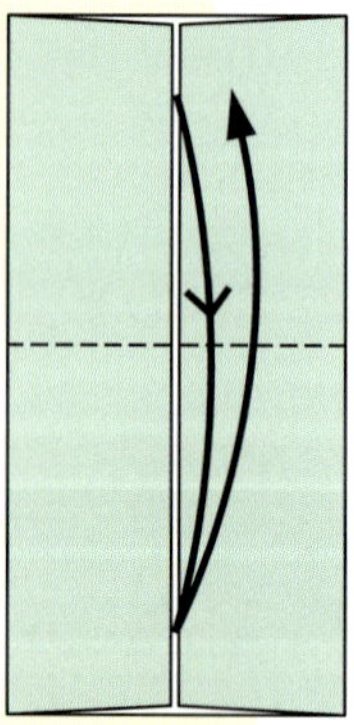

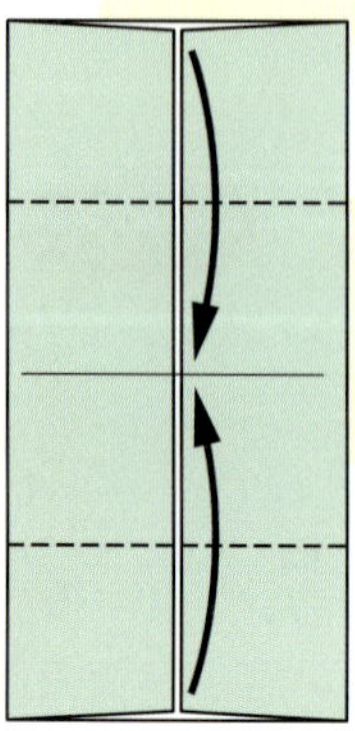

3 보조선에 맞춰 위아래를 접는다.

4 대각선으로 보조선을 만든다.

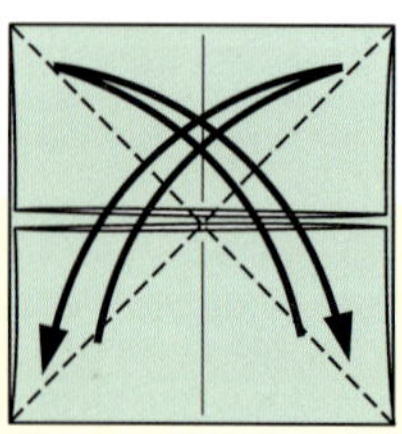

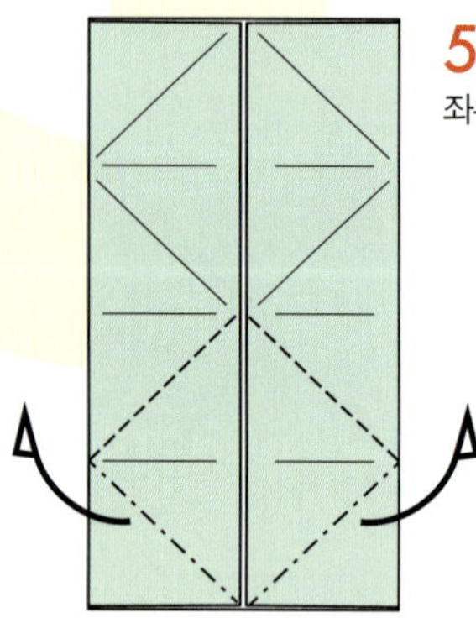

5 점선대로 접어 좌우를 펼친다.

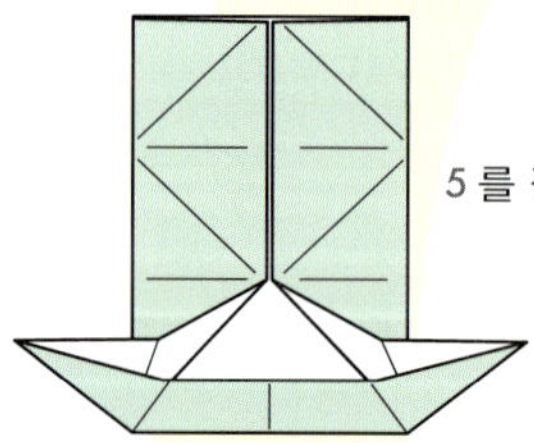

5 를 접은 모습

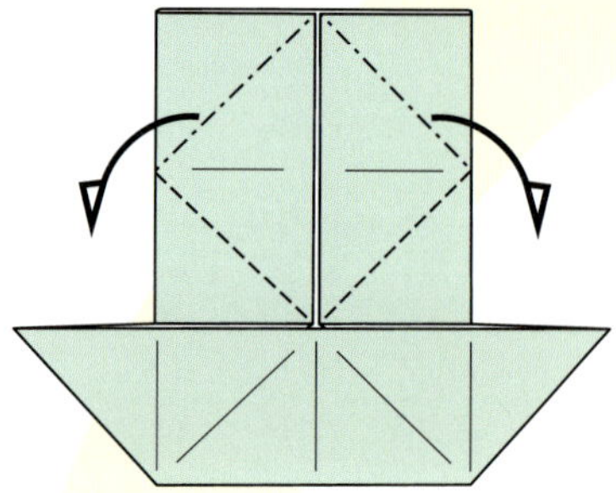

6 위도 똑같이 접는다.

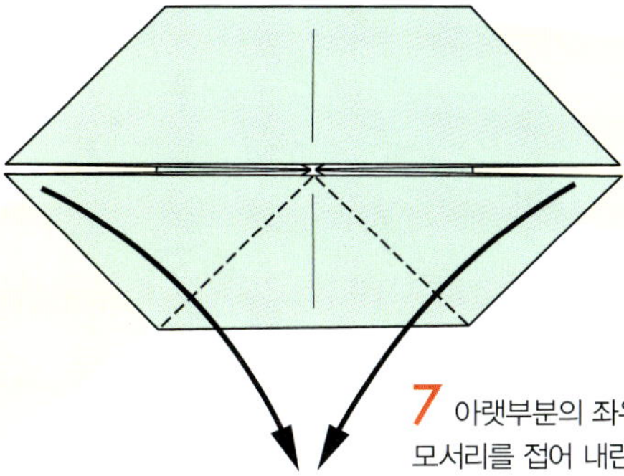

7 아랫부분의 좌우 모서리를 접어 내린다.

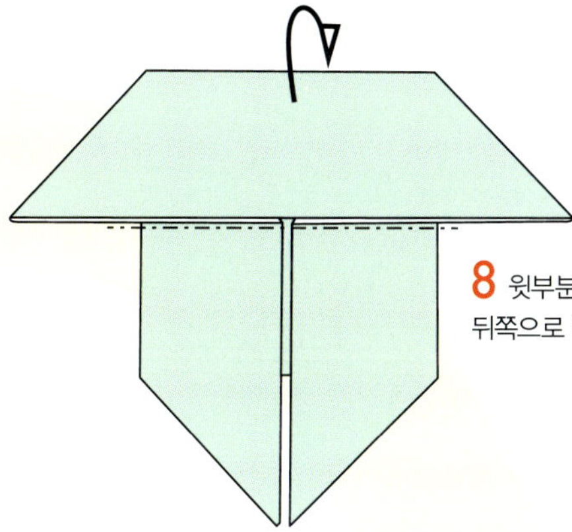

8 윗부분을 뒤쪽으로 접는다.

9 모서리를 대각선으로 작게 접는다.

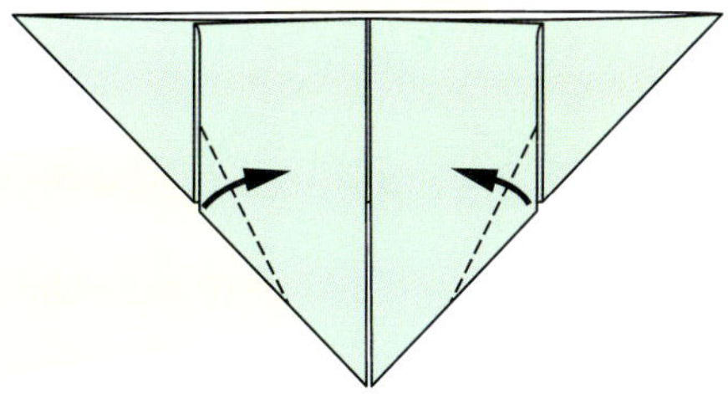

10 전체를 반으로 접는다.

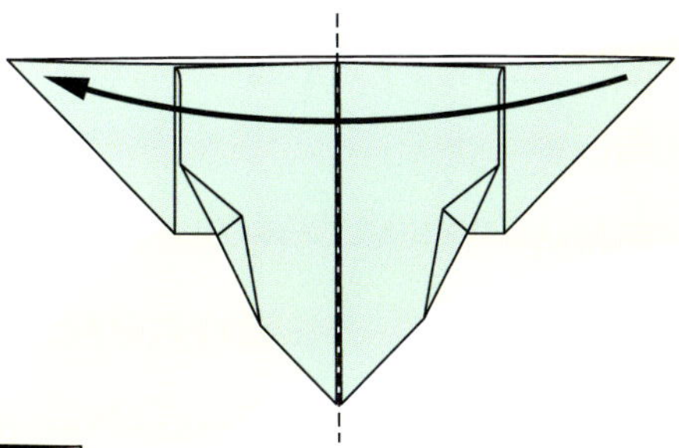

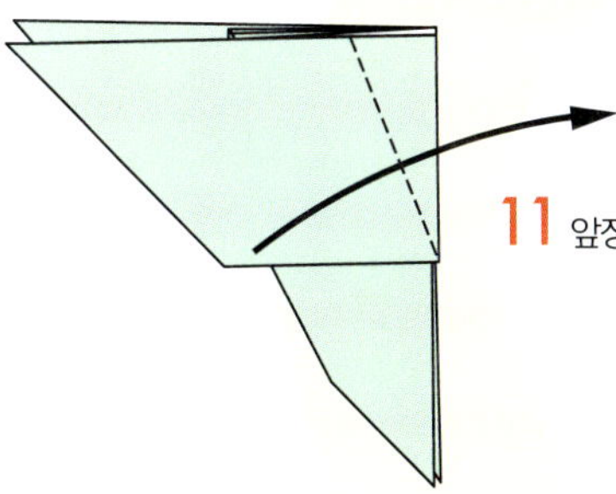

11 앞장을 점선대로 접는다.

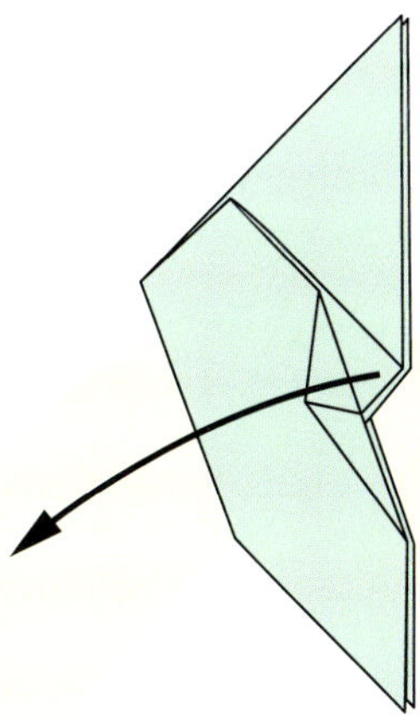

13 날개를 펼친다.

12 날개와 날개를 만나도록 접는다.

66 히나 인형* 143쪽

종이 사이즈 : 20×20cm

완성품 : 세로7.5×가로8.5cm

포인트 : 남자 인형과 여자 인형은 7번부터 접는 법이 달라집니다.
얇은 종이를 겹쳐서 접으면 더 예쁜 모양이 나옵니다.

* 일본의 전통 인형. 여자 어린이들의 무병장수와 행복을 빌기 위해 해마다 3월 3일에 치르는 전통축제 '히나 마츠리' 때 장식하는 인형

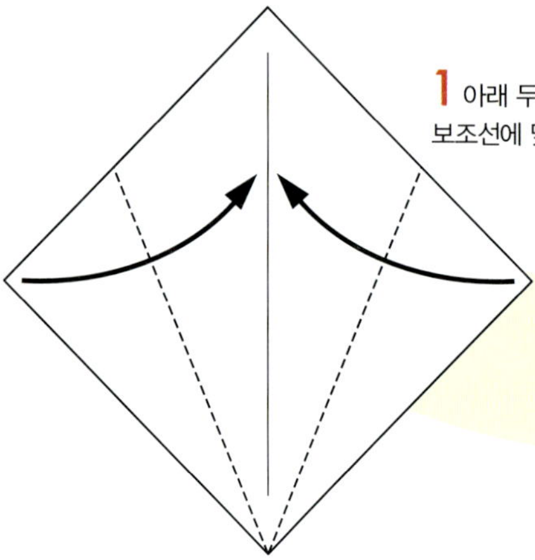

1 아래 두 변을 보조선에 맞춰 접는다.

뒤집는다

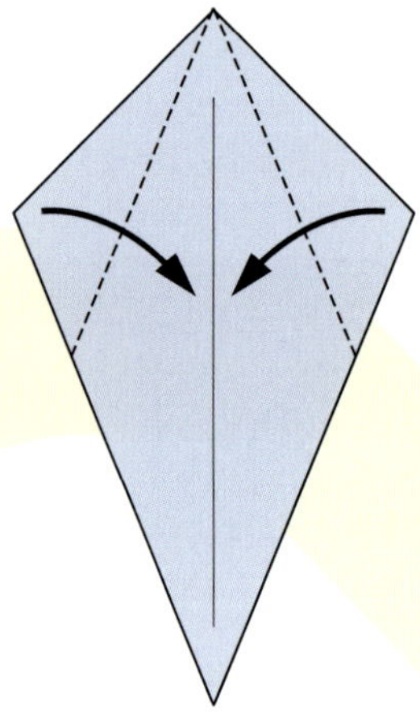

2 위의 두 변을 보조선에 맞춰 접는다.

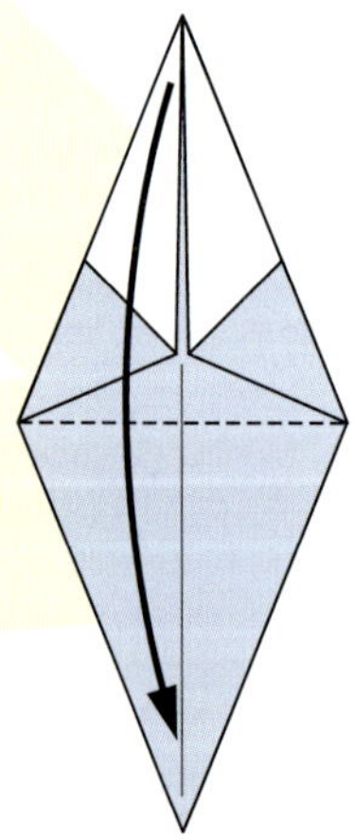

3 중앙에서 접어 내린다.

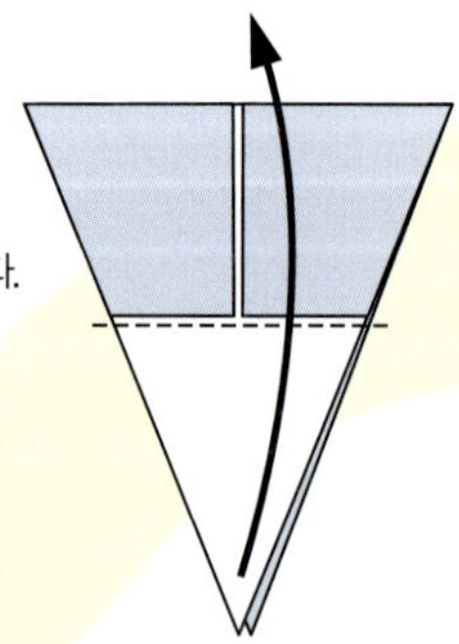

4 삼각형 앞면을 점선대로 접어 올린다.

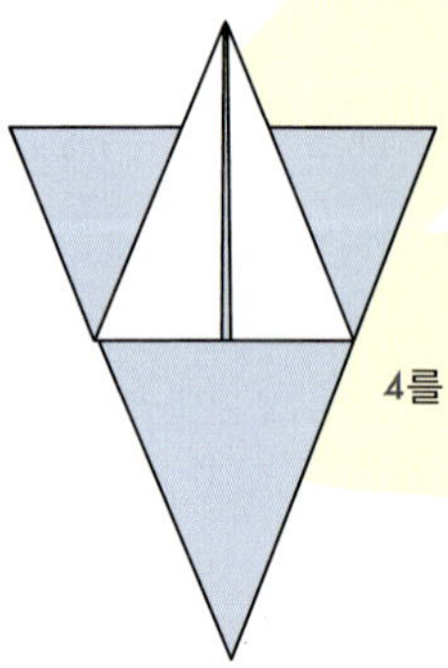

4를 접은 모습

뒤집는다

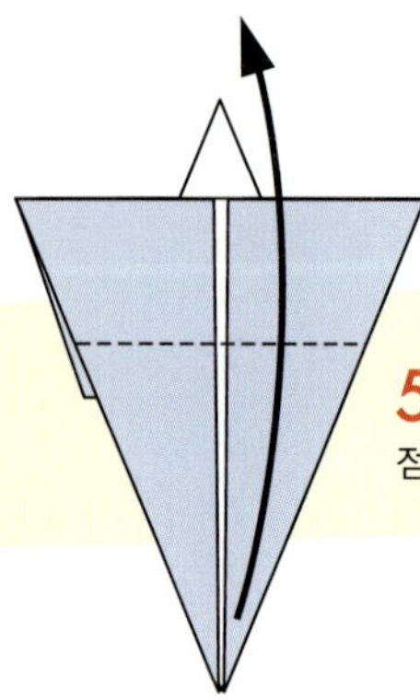

5 위로 튀어나오도록 점선대로 접는다.

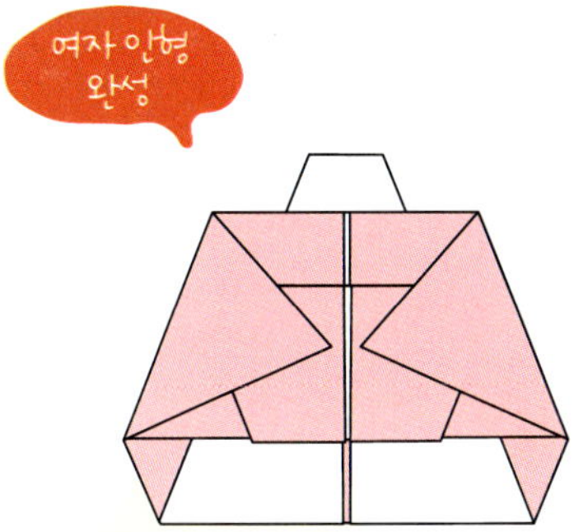

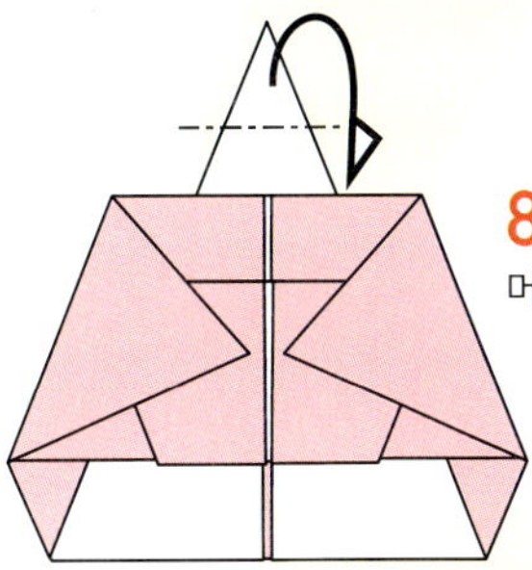

8 산 접기를 해서
머리를 접는다.

7 여자 인형은
삼각형 앞면을
안으로 접어 넣고,
좌우의 모서리도
앞쪽으로 접는다.

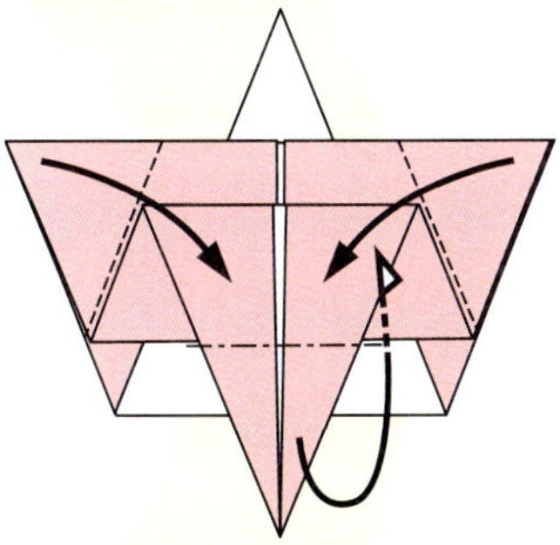

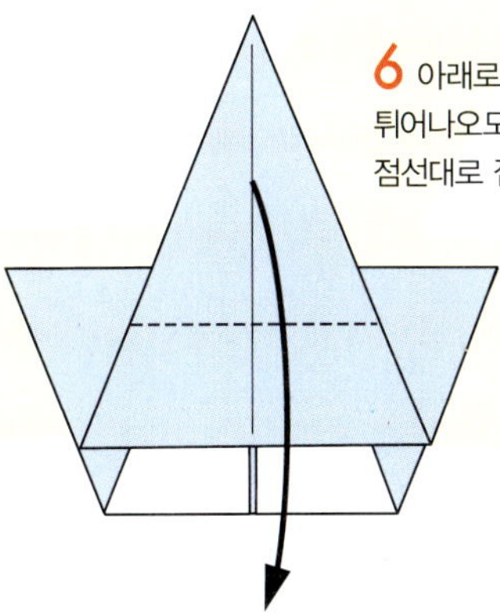

6 아래로
튀어나오도록
점선대로 접는다.

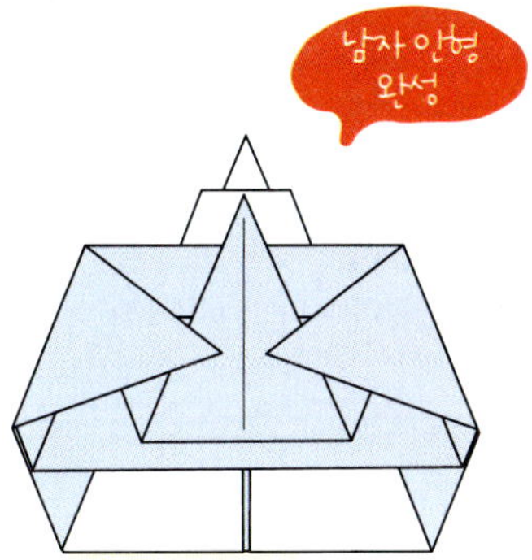

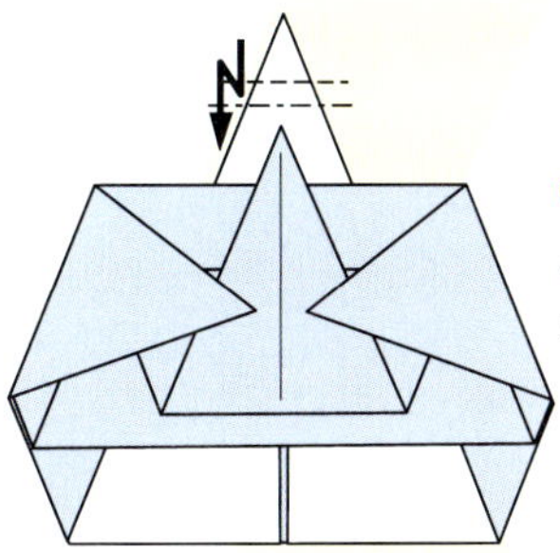

9 머리를 접는다.
산 접기와 계곡 접기로
계단이 생긴다.

8 좌우 모서리를
접어 넣는다.

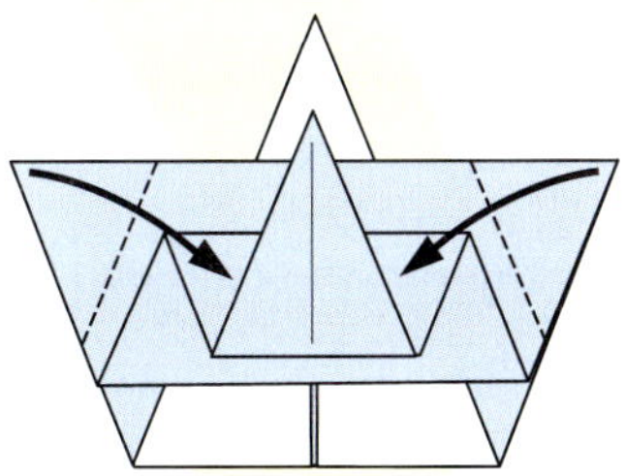

7 남자 인형은 삼각형 앞면을
한 번 더 접어 올린다.
끝이 얼굴 위로 나오게 된다.

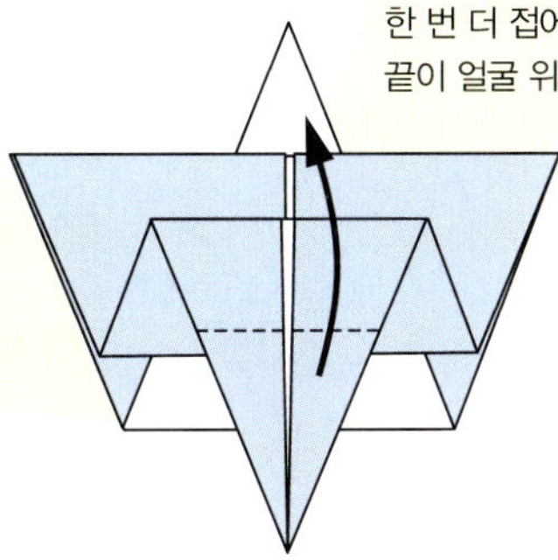

67 삼방*
143쪽

종이 사이즈 : 12×12cm

완성품 : 폭9×안3×높이3cm

포인트 : 큰 종이로 접을 때는 두꺼운 종이나 2장을 붙여 접으면 좋다.

* 주로 의식 때 쓰는 나무 그릇

1 대각선 방향으로 보조선을 만들어 4개 모서리를 중앙 쪽으로 접는다.

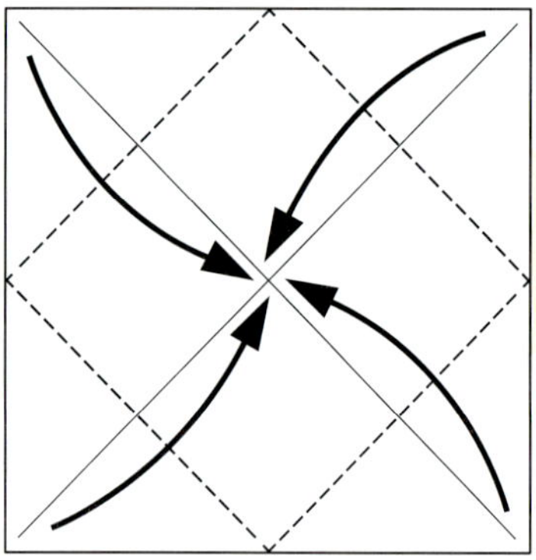

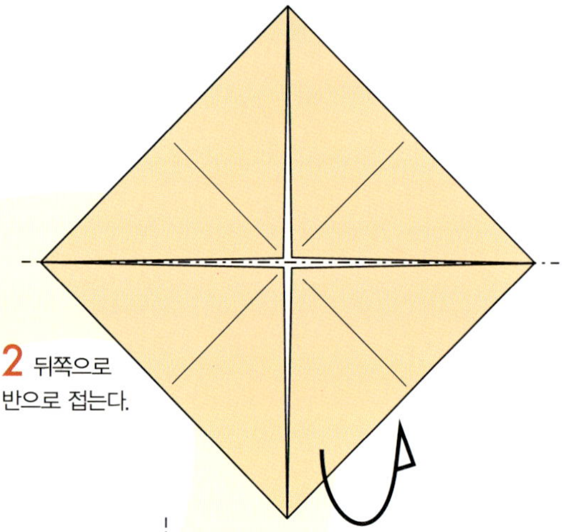

2 뒤쪽으로 반으로 접는다.

3 한 번 더 반으로 접는다.

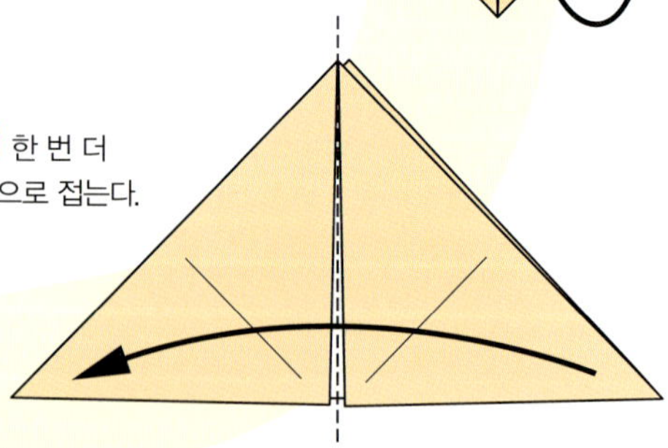

4 ➡에 손가락을 넣어 화살표 방향대로 펼쳐서 누른다.

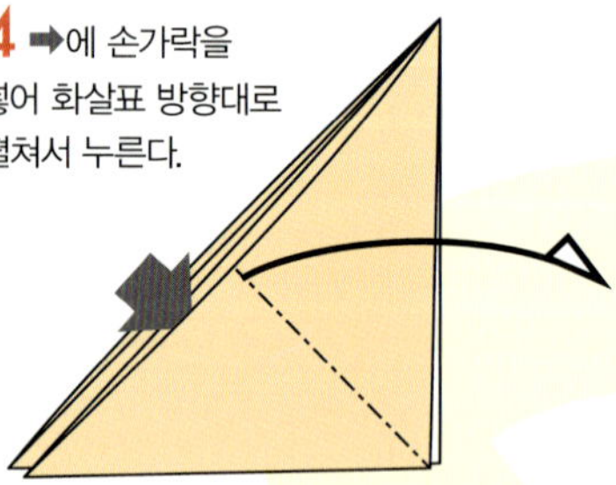

5 뒷면도 똑같이 접는다.

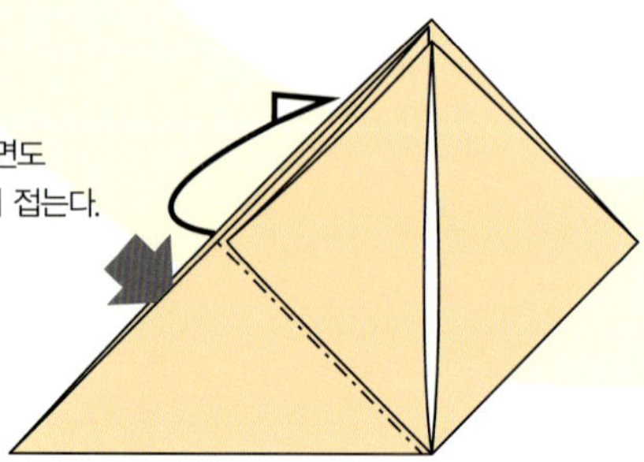

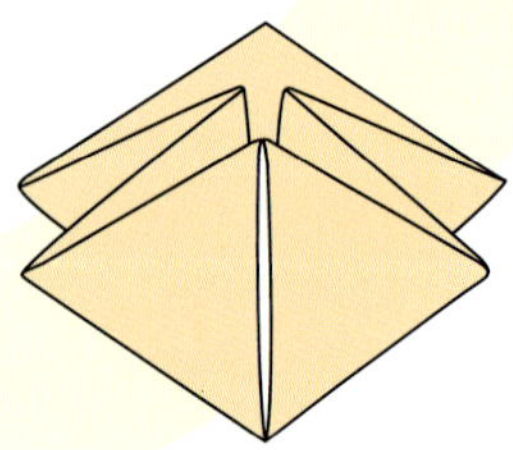

5를 접은 모습

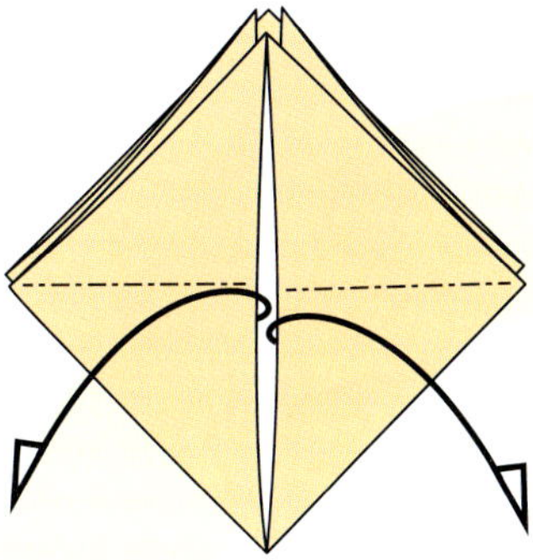

6 삼각형 주머니를
아래쪽으로 접으면서
펼쳐 사각형으로 만든다.
뒷면도 똑같이 접는다.

7 1장씩 넘겨서
접는 면을 바꾼다.

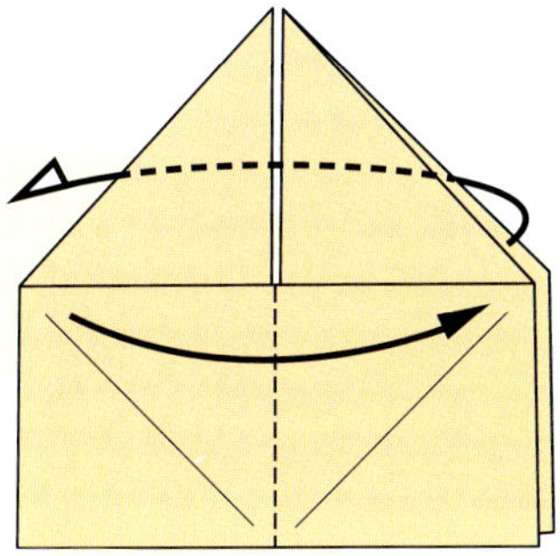

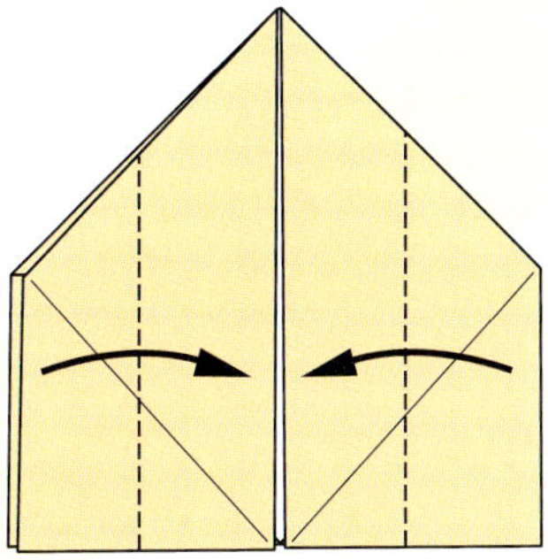

8 좌우 끝을 중앙에
맞춰 접는다.

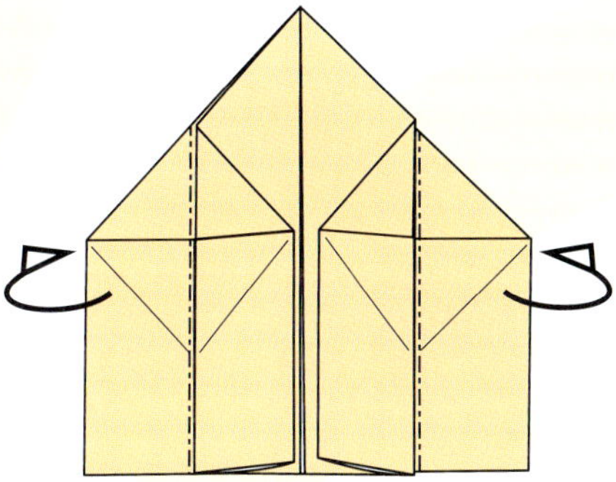

9 뒷면도 똑같이 접는다.

완성

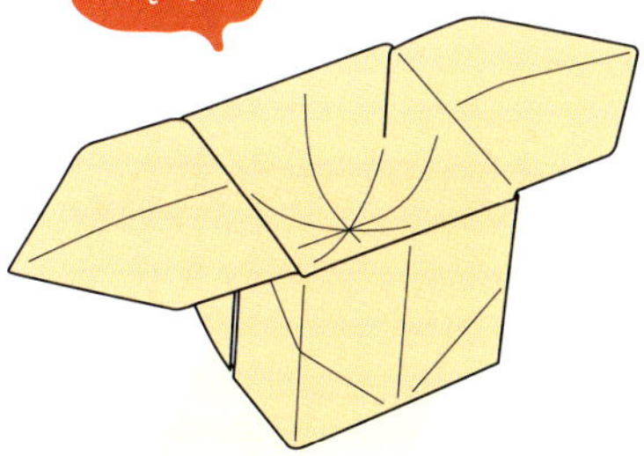

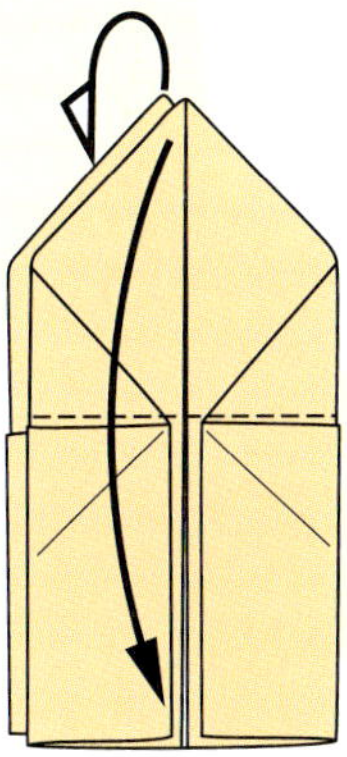

10 앞뒤
양 방향으로
각각 접는다.

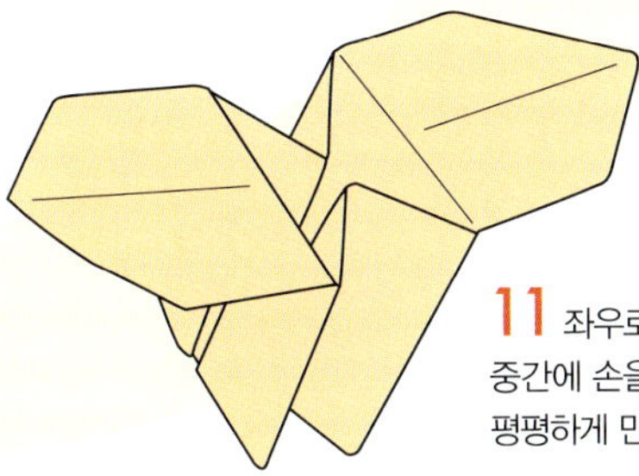

11 좌우로 펼치고
중간에 손을 넣어 바닥을
평평하게 만든다.

68 투구 144쪽

종이 사이즈 : 34×34cm

완성품 : 세로12×가로24cm

포인트 : 마지막 단계에서는 남은 1장을 뒤쪽으로 접는 것이 전통적인 방식이었지만, 장식했을 때 뒷면도 예쁘게 보일 수 있도록 변형시켜봤습니다.

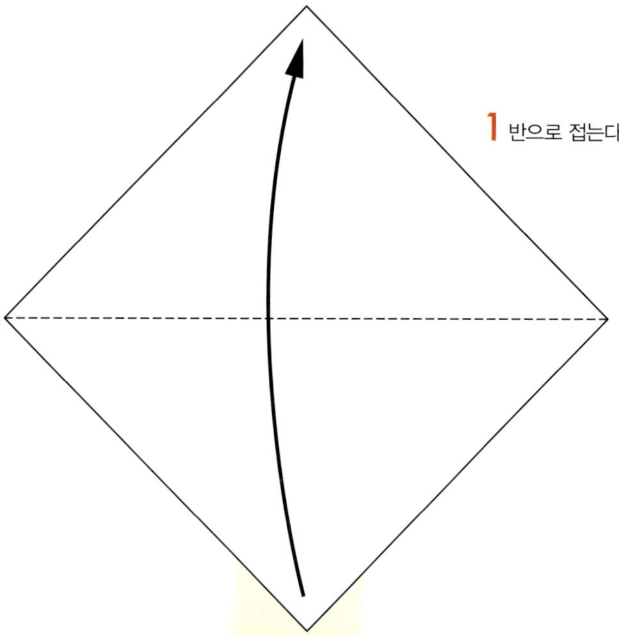

1 반으로 접는다.

2 반으로 접었다 펴서 보조선을 만든다.

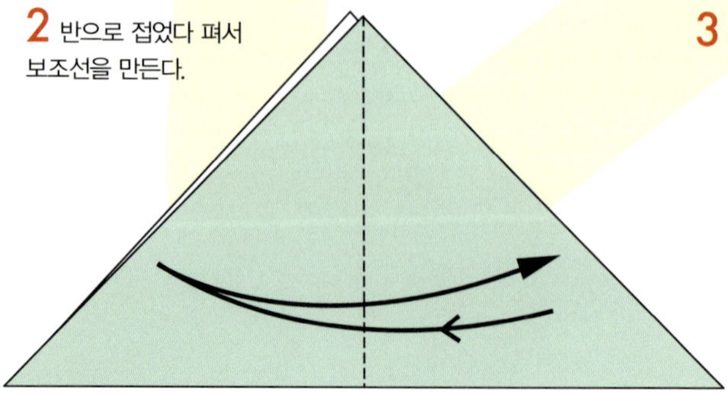

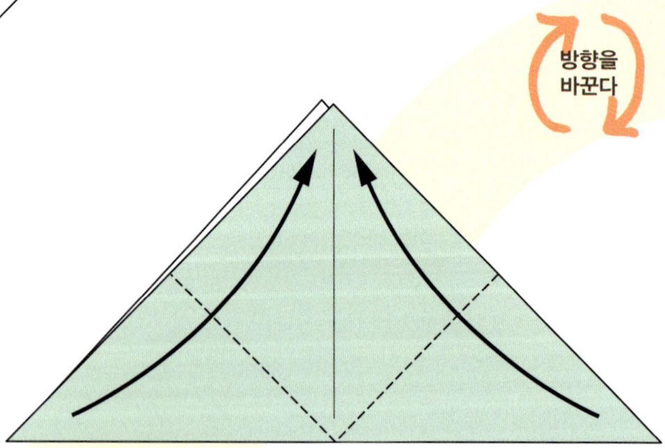

3 좌우 모서리를 천장에 닿도록 접어 올린다.

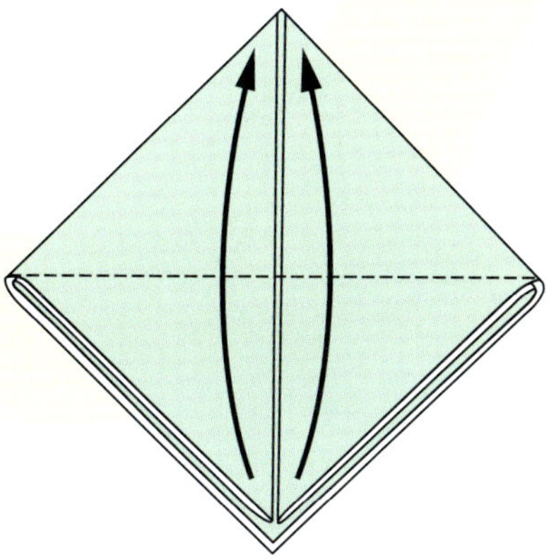

4 맨 아래 모서리를
각각 중앙에서 접어 올린다.

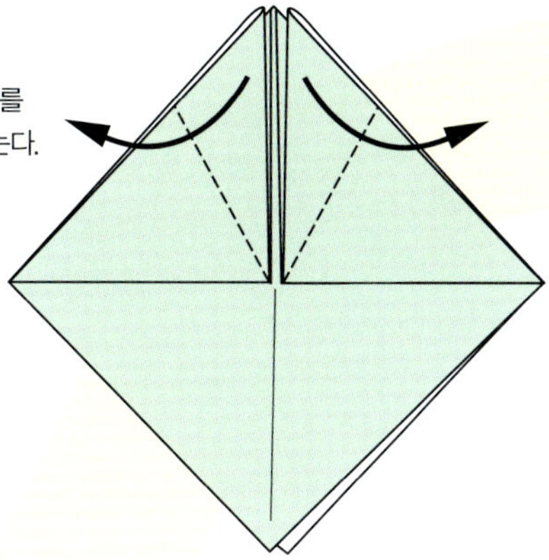

5 좌우 모서리를
바깥쪽으로 접는다.

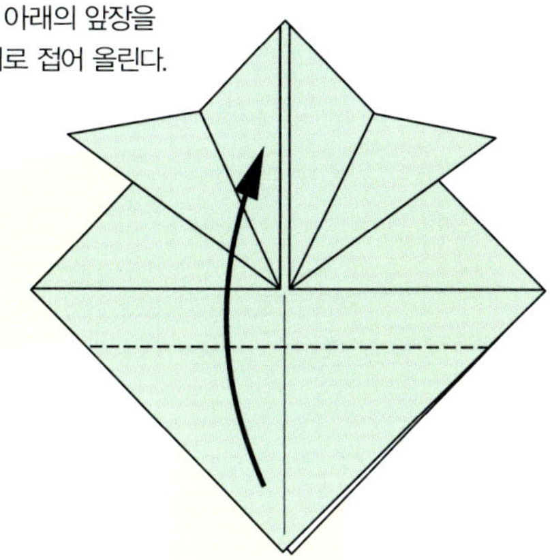

6 맨 아래의 앞장을
점선대로 접어 올린다.

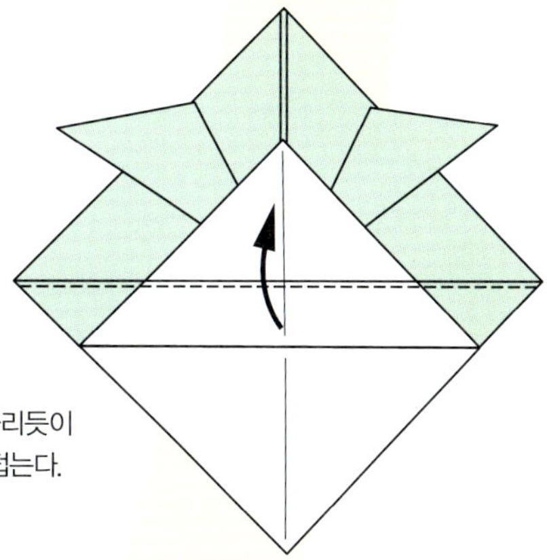

7 감아올리듯이
한 번 더 접는다.

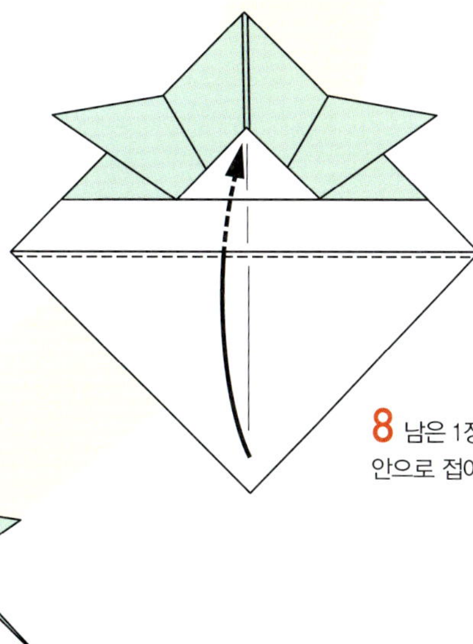

8 남은 1장은
안으로 접어 넣는다.

완성

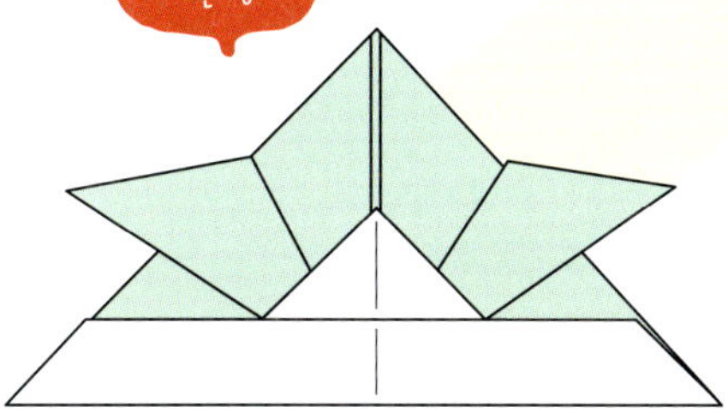

69 붓꽃 144쪽

종이 사이즈 : 16×16cm

완성품 : 폭8×안10×높이8cm

포인트 : 과정이 다소 복잡하니 마음에 여유를 갖고 따라해 보세요.
종이 안이 보이는 것도 중요한 작품입니다.

1 44 '팔각형 종이주머니' (100쪽)의 6번까지 접는다.

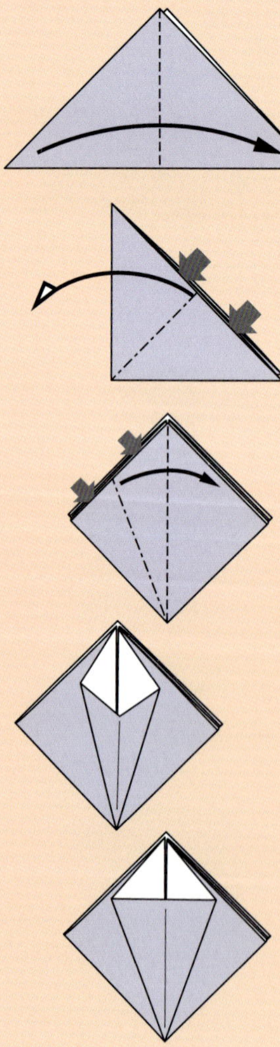

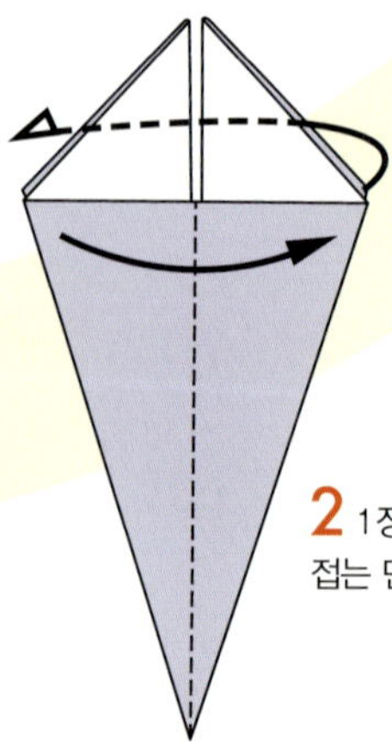

2 1장씩 넘겨서 접는 면을 바꾼다.

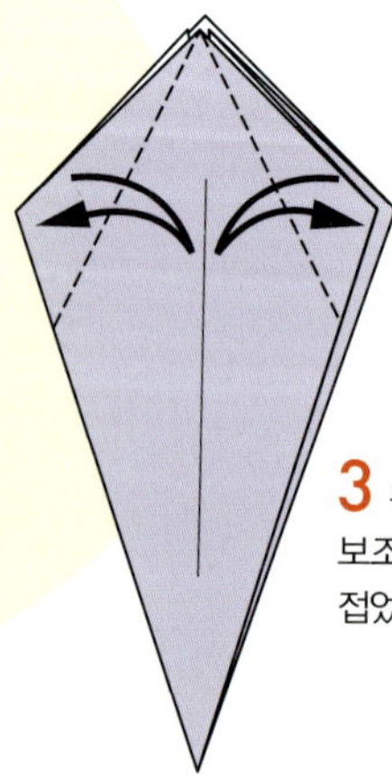

3 위 끝을 보조선에 맞춰 접었다 펴준다.

4 맨 위의 모서리를 접어 내리면서 펼쳐 누른다.

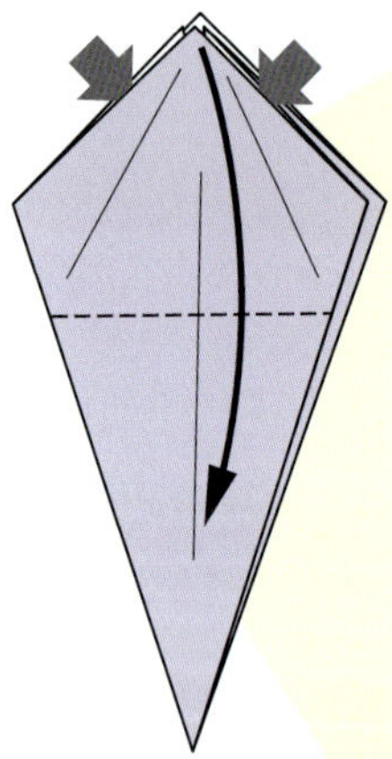

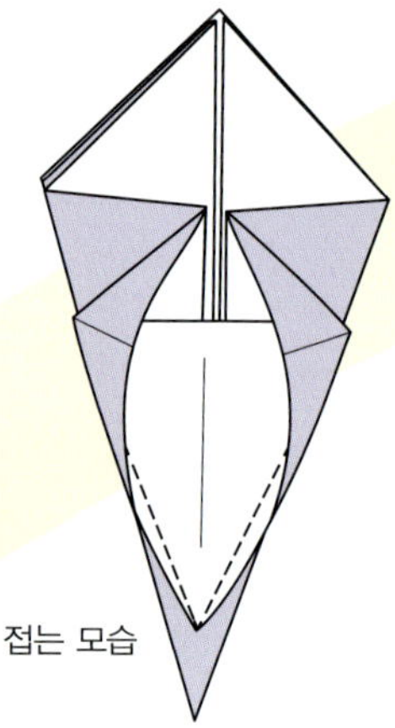

4를 접는 모습

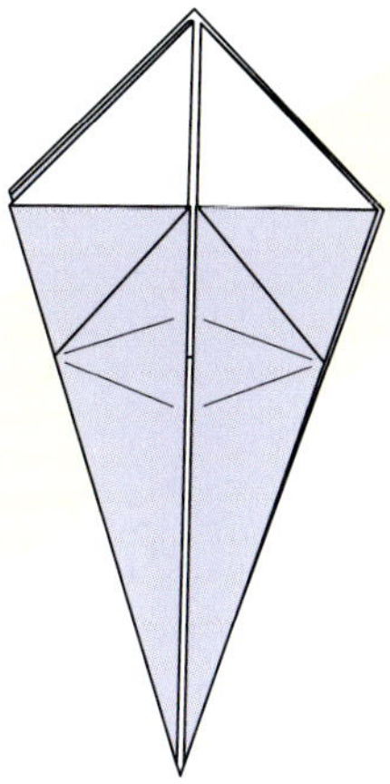

5 4를 접은 모습.
다른 세 곳도 똑같이
3~4와 같이 접는다.

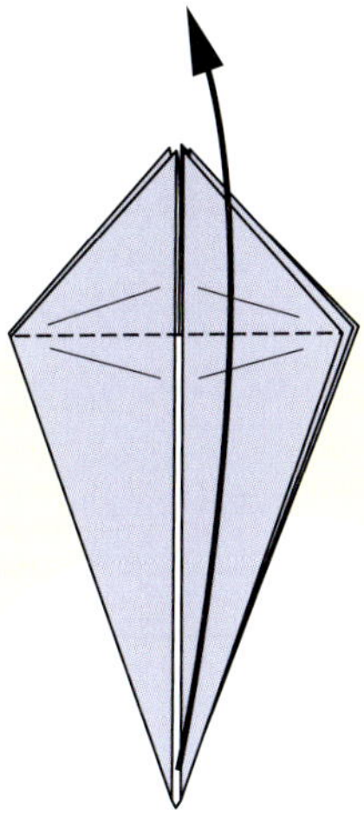

6 아래 모서리를 접어 올린다.
다른 세 곳도 똑같이 접는다.

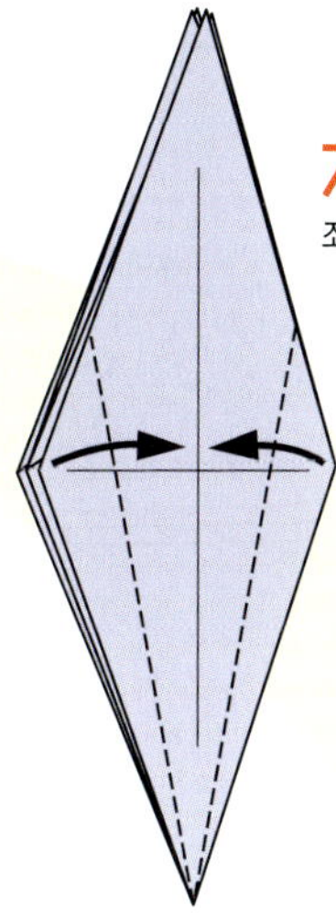

7 보조선에 맞춰
좌우를 가늘게 접는다.

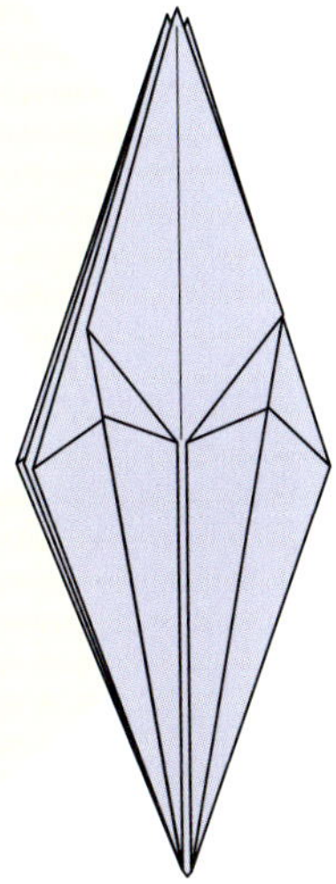

8 다른 세 면도
똑같이 접는다.

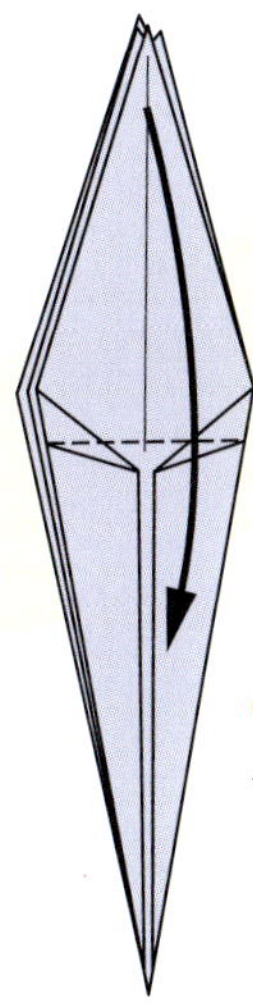

9 꽃잎이 되는
1장을 접어 내린다.

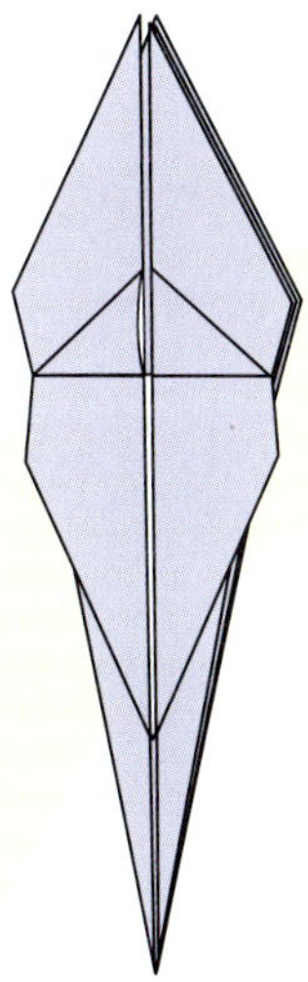

10 9를 접은 모습.
다른 3장도 똑같이 접는다.

11 꽃잎을 펼쳐
모양을 만든다.

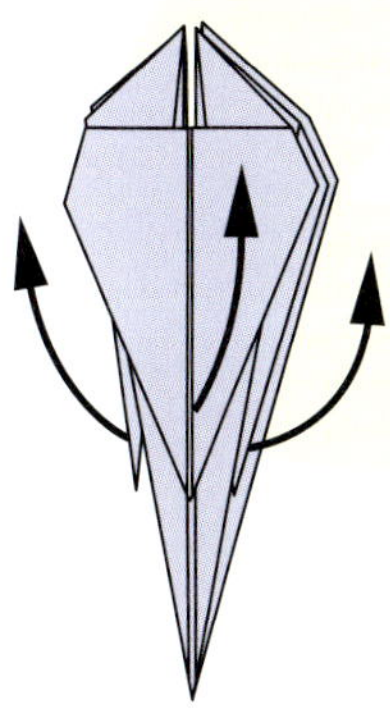

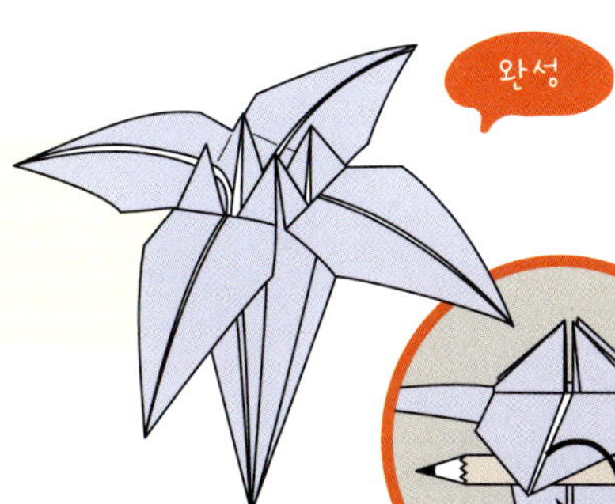

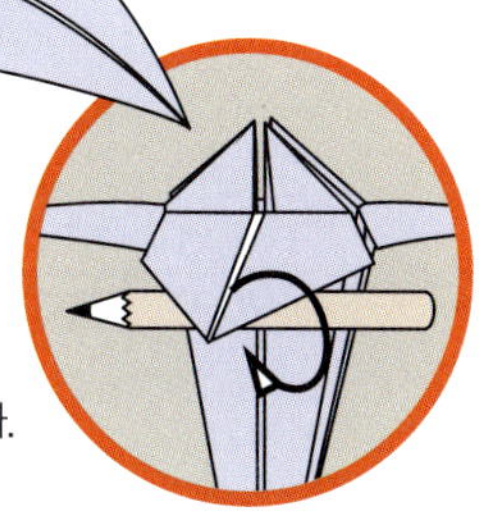

꽃잎을 둥글게 만다.

70 풍선 금붕어 145쪽

종이 사이즈 : 대 15×15cm 소 10×10cm

완성품 : 대 폭4×안10.5×높이7cm

소 폭2.5×안7×높이4cm

포인트 : 이름처럼 중간까지는 전통적인 '풍선 접기' 와 똑같이 접습니다.

1 반으로 접는다.

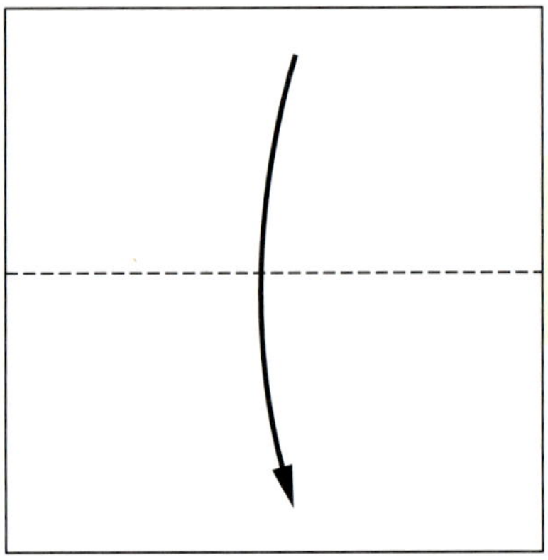

2 한 번 더 반으로 접는다.

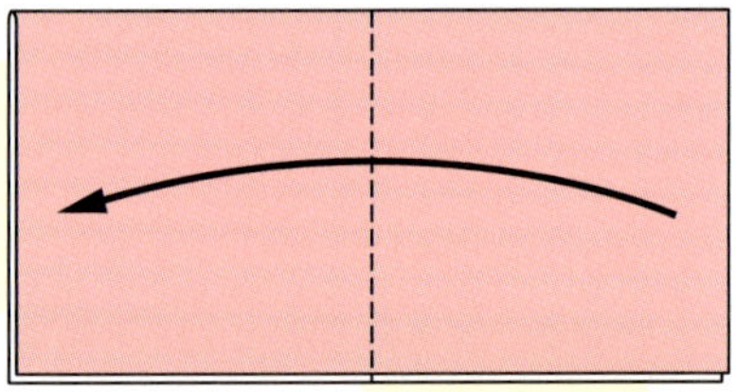

3 손가락을 넣어 화살표 방향으로 펼쳐 누르듯이 접는다.

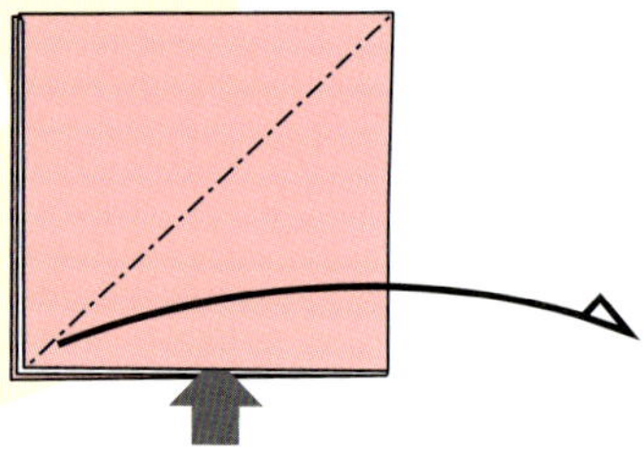

4 3을 접은 모습. 뒷면도 똑같이 접는다.

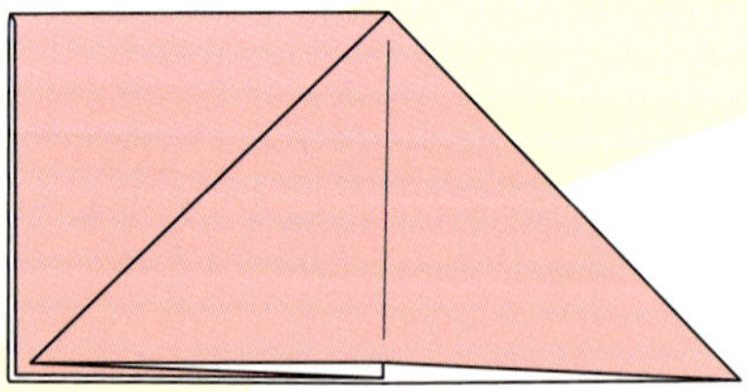

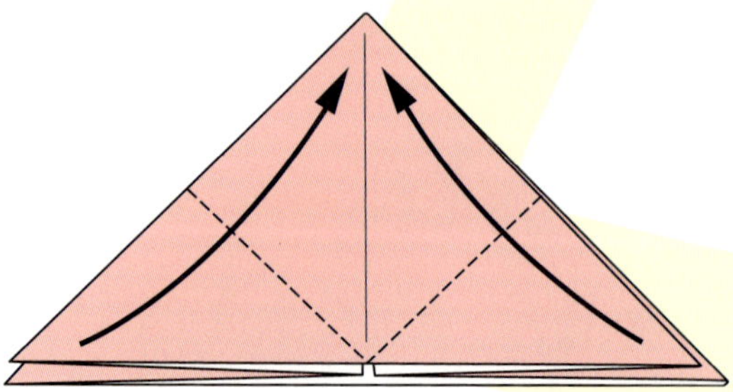

5 좌우 모서리를 천장까지 접어 올린다.

6 좌우 모서리를 중심을 향해 접는다.

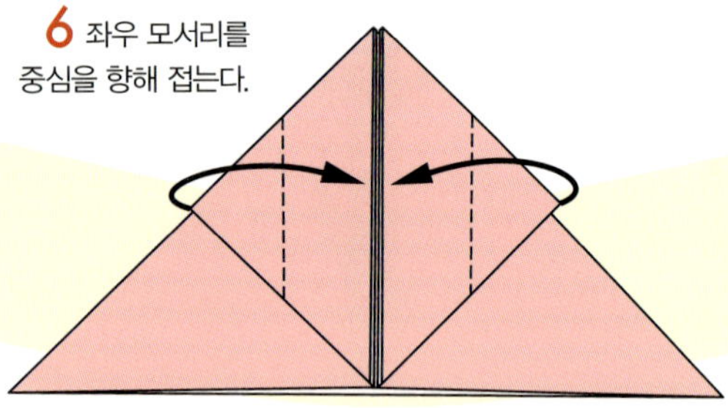

7 모서리 2개를
모두 접어 내린다.

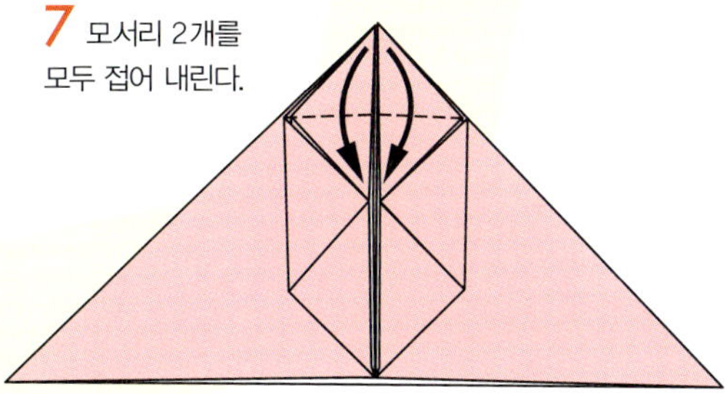

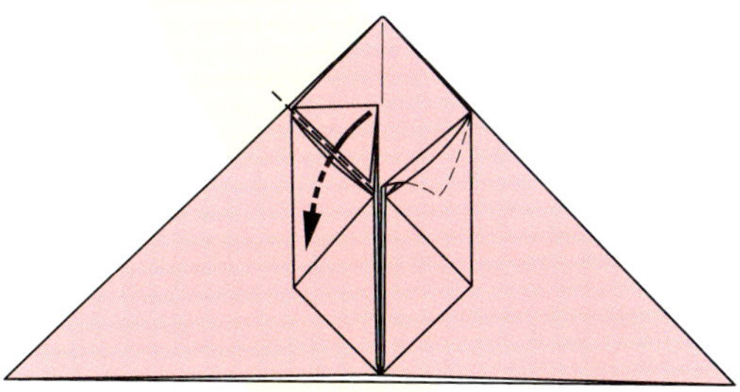

8 좌우 모서리를 주머니 안으로 집어넣는다.

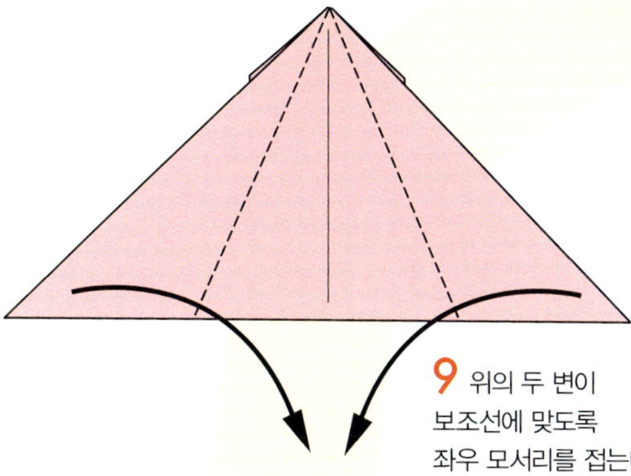

9 위의 두 변이
보조선에 맞도록
좌우 모서리를 접는다.

10 왼쪽만
점선대로 접는다.

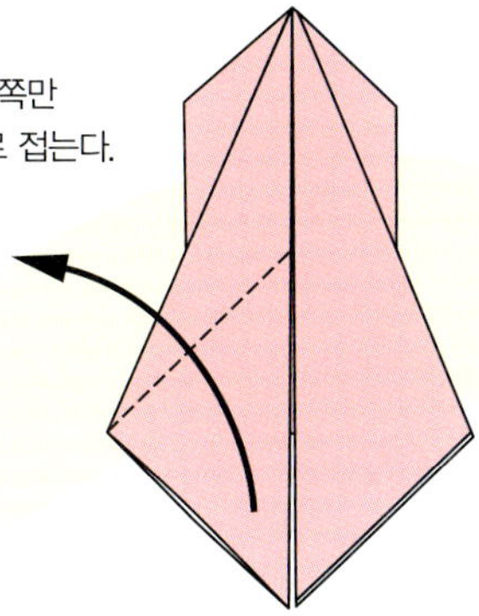

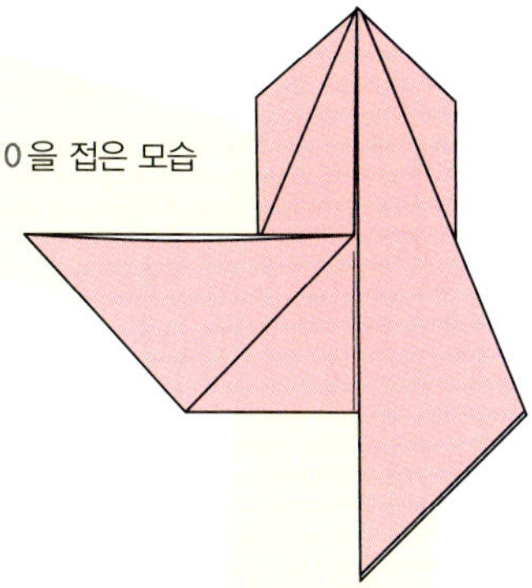

10을 접은 모습

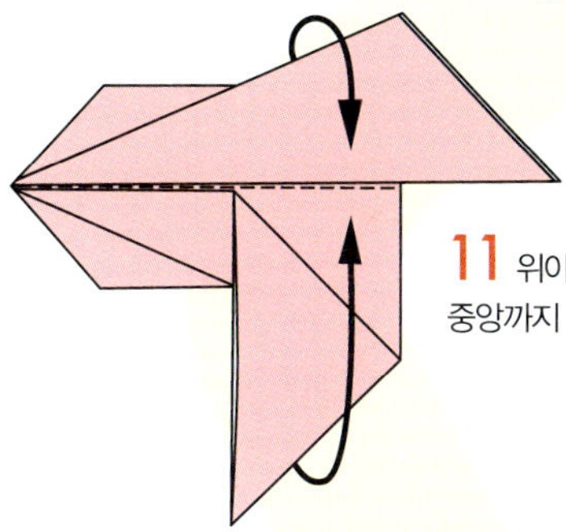

11 위아래를
중앙까지 접어 세운다.

12 빈틈으로 빨대를
끼워 바람을 넣는다.

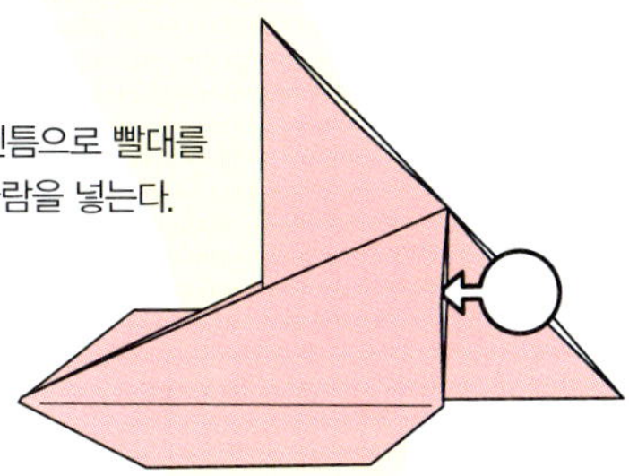

72 잠자리 146쪽

종이 사이즈 : 대 15×15cm 소 12×12cm

완성품 : 대 폭12×안10×높이2cm

소 폭10×안8×높이2cm

포인트 : 전통적인 '학 접기' 를 조금만 변형시키면 '잠자리' 가 됩니다.

조상들의 발상과 풍류에 놀랄 수밖에 없는 작품입니다.

1 전통적인 '학 접기'를 중간까지 접는다.

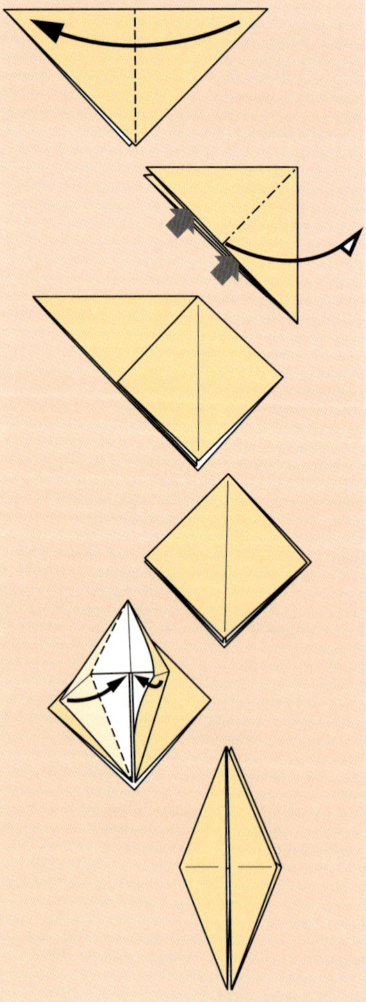

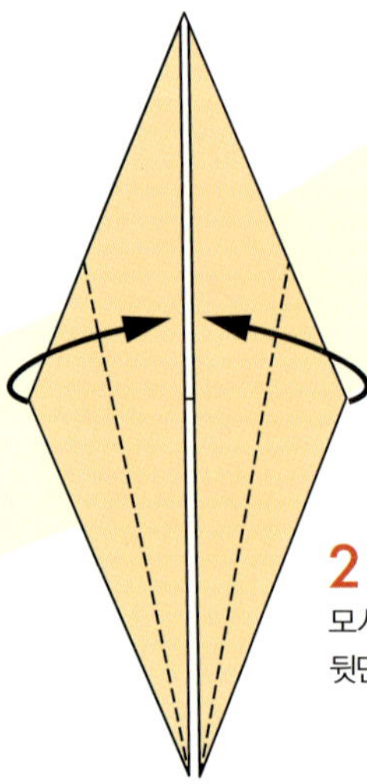

2 보조선에 맞춰 좌우 모서리를 가늘게 접는다. 뒷면도 똑같이 접는다.

3 화살표 방향처럼 아래 모서리를 각각 좌우로 접어 올린다.

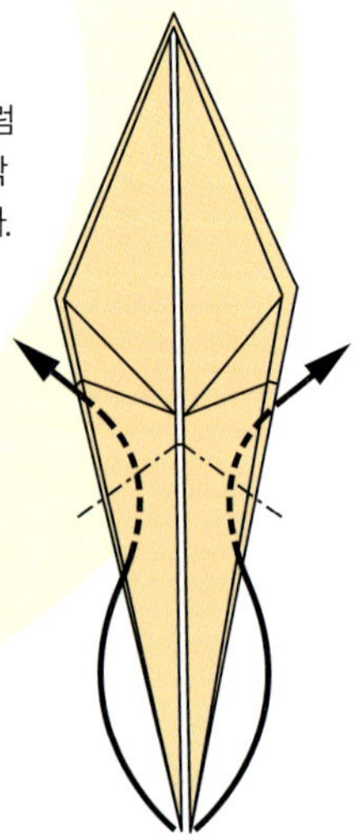

4 아래 모서리를 안으로 접어 넣는다. 이 부분이 머리가 된다.

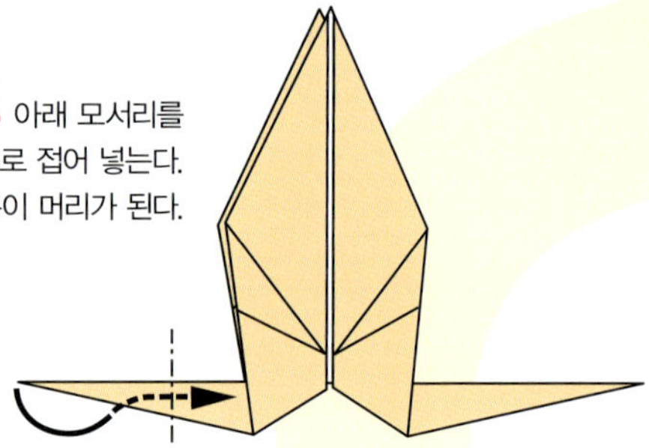

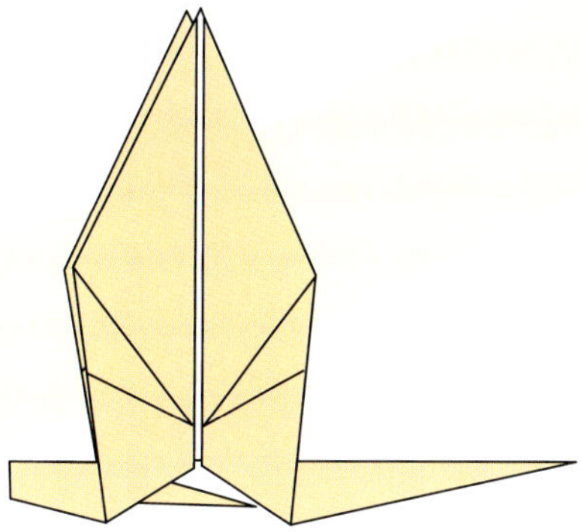

4를 접은 모습

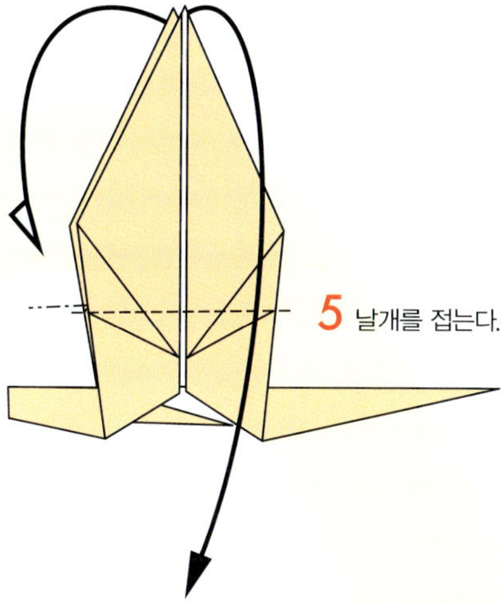

5 날개를 접는다.

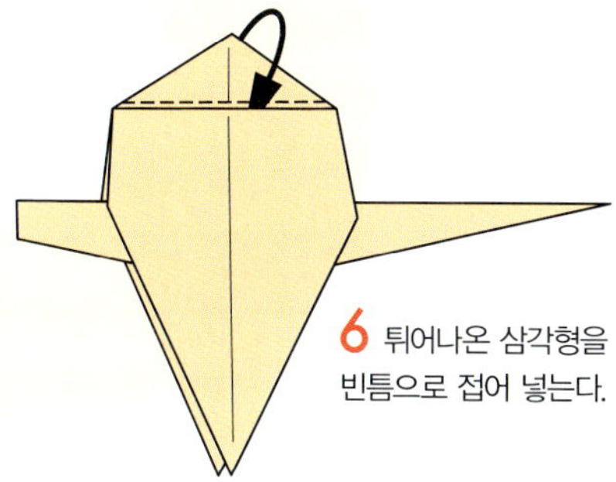

6 튀어나온 삼각형을 빈틈으로 접어 넣는다.

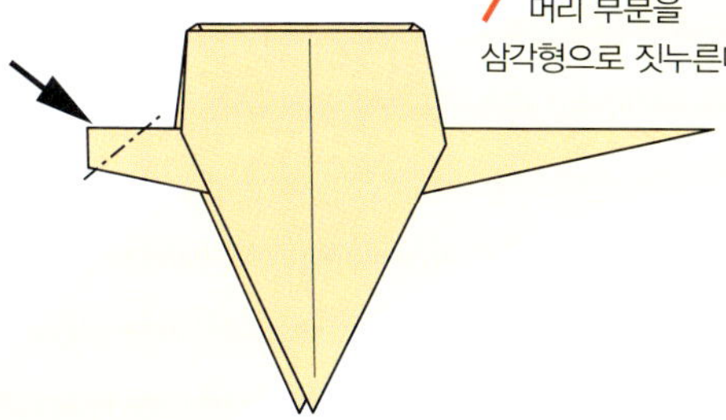

7 머리 부분을 삼각형으로 짓누른다.

8 날개를 펼친다.

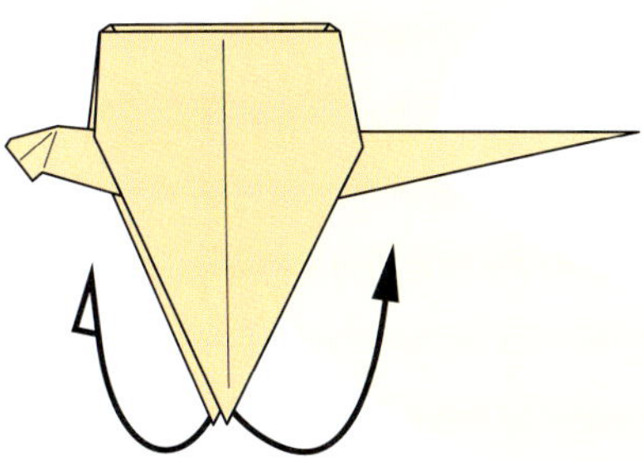

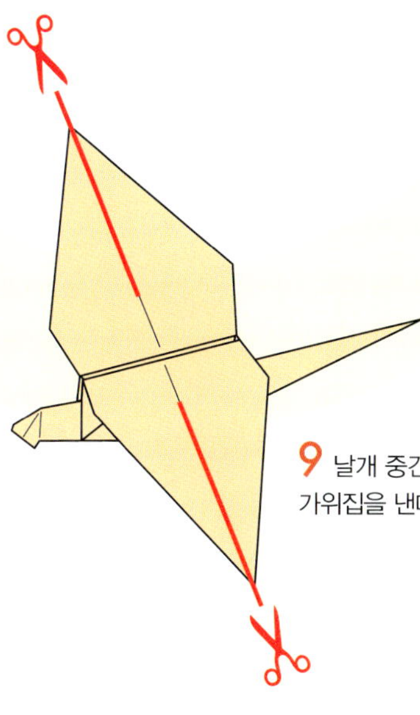

9 날개 중간까지 가위집을 낸다.

완성

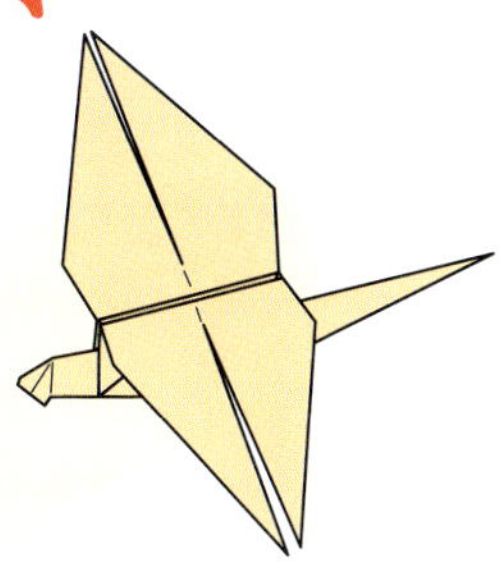

74 눈토끼 147쪽

종이 사이즈 : 18×18cm

완성품 : 폭5.5×안6×높이6.5cm

포인트 : 안과 겉의 색이 다른 종이로 접는 게 좋습니다. 70 '풍선 금붕어'와 마찬가지로 중간까지는 전통적인 '풍선 접기' 와 같습니다.

1 색이 있는 면을 겉으로 해서 70 '풍선 금붕어' (162쪽)의 5번까지 접는다.

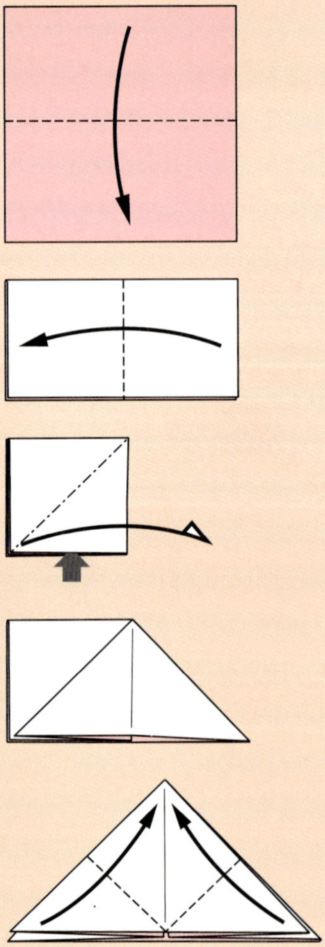

2 좌우 모서리를 중앙 쪽으로 접는다.

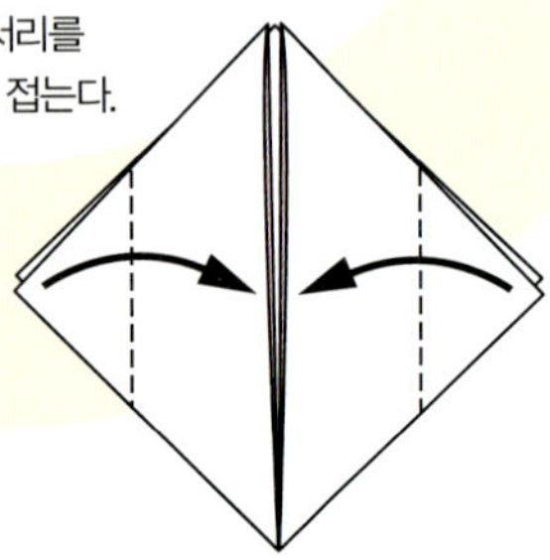

3 그림과 같이 두 번 접어 삼각형 주머니에 모서리를 집어넣는다. 좌우도 똑같이 접는다.

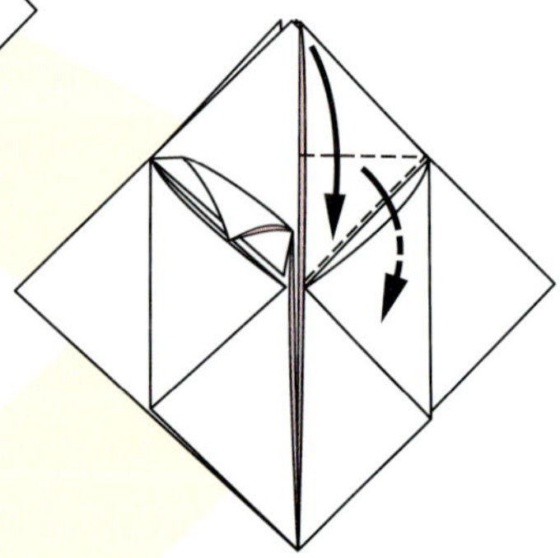

3을 접은 모습

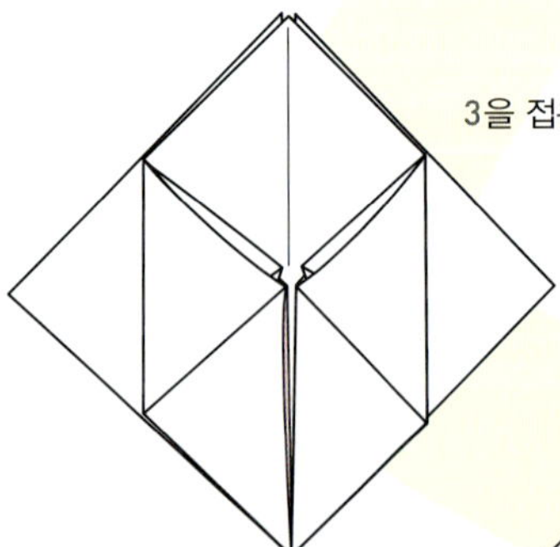

뒤집는다

4 좌우의 모서리를 뒤쪽으로 접어 넣는다.

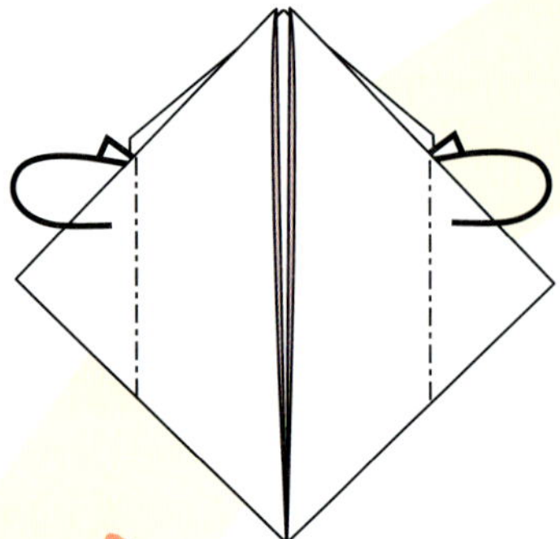

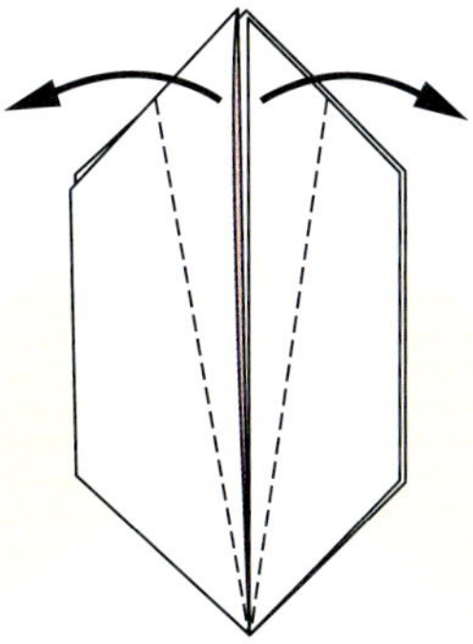

5 가느다란 삼각형을
접어 머리를 만든다.

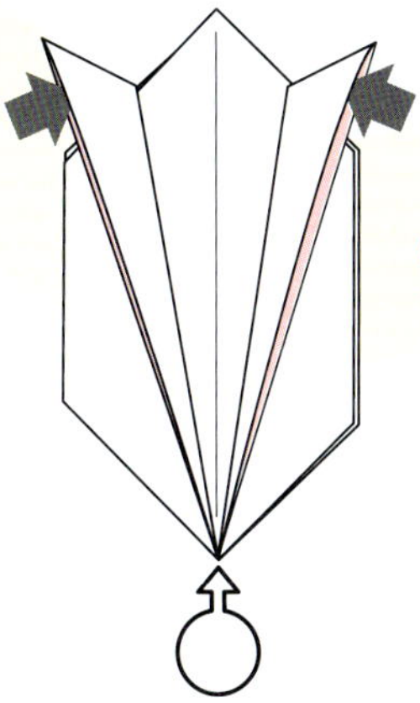

6 손가락을 넣어 귀를
펼치고 '풍선'처럼 바람을
집어넣어 몸을 부풀린다.

76 나뭇잎 147쪽

종이 사이즈	15×15cm
완성품	세로4×가로9cm
포인트	동백꽃뿐만 아니라 다양한 꽃 접기에 덧붙여보세요. 갈색 계열로 접으면 낙엽이 되기도 합니다.

1 반으로 잘라 사용한다.

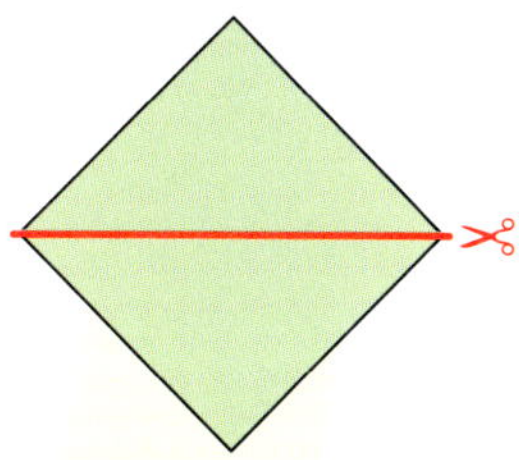

2 7개로 폭을 나누어
산, 계곡, 산 접기를 반복한다.

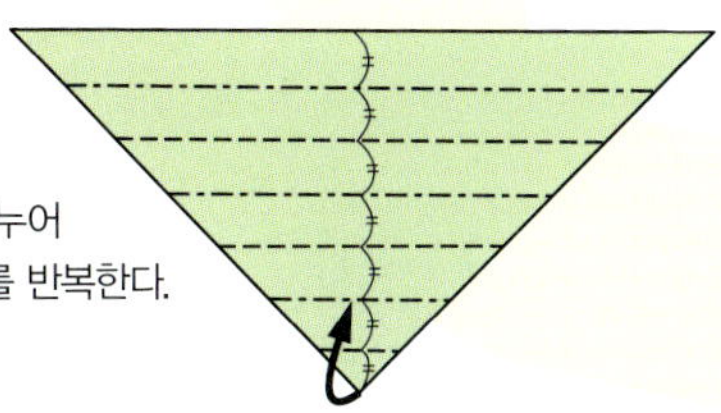

3 중간을 산 접기 한다.

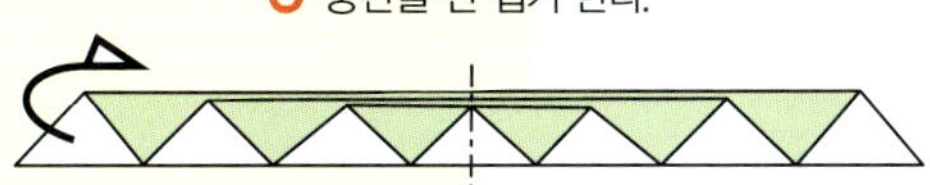

4 풀로 붙인다.

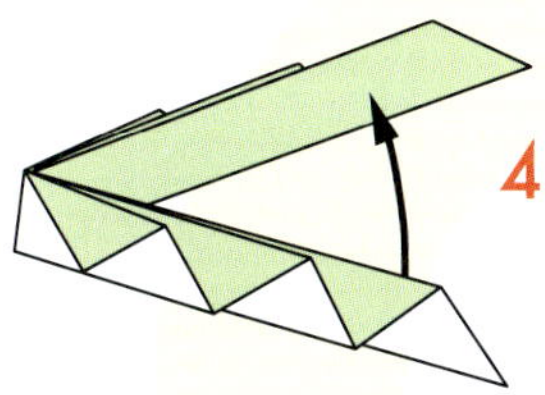

5 끝 부분을
잘라낸다.

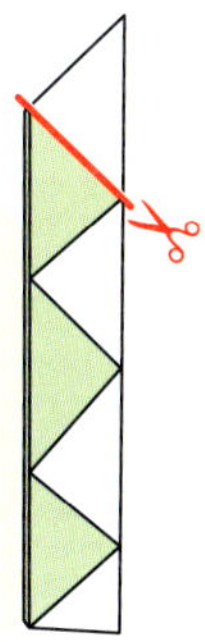

75 동백꽃 147쪽

종이 사이즈 : 15×15cm

완성품 : 직경8cm

포인트 : 각 과정마다 그림과 같이 두고 다음에 접는 부분을 확인하면서 따라해봅시다.

1 대각선 방향으로 보조선을 만들어 ○와 보조선이 만나도록 접는다.

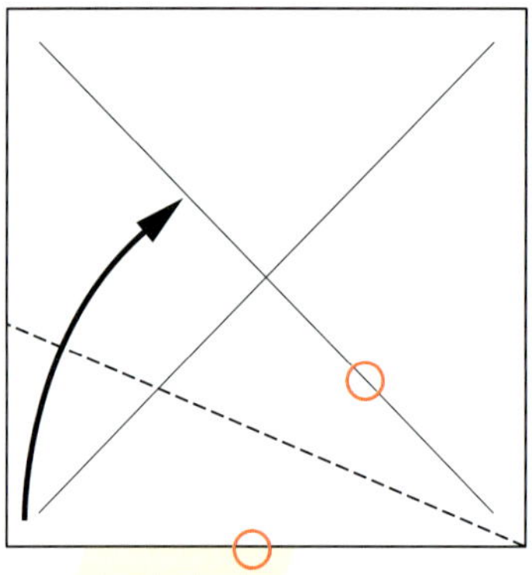

2 똑같이 ○와 보조선이 만나도록 접는다.

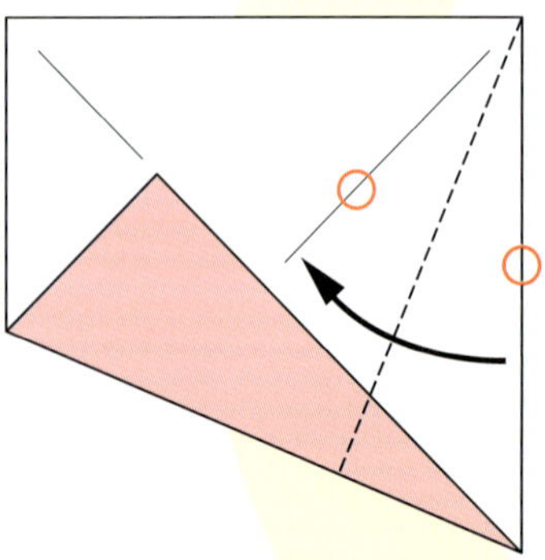

3 그림과 같이 보조선을 만들어 화살표 방향으로 펼쳐 누른다. 모서리를 집어서 쓰러뜨리듯이 접는다.

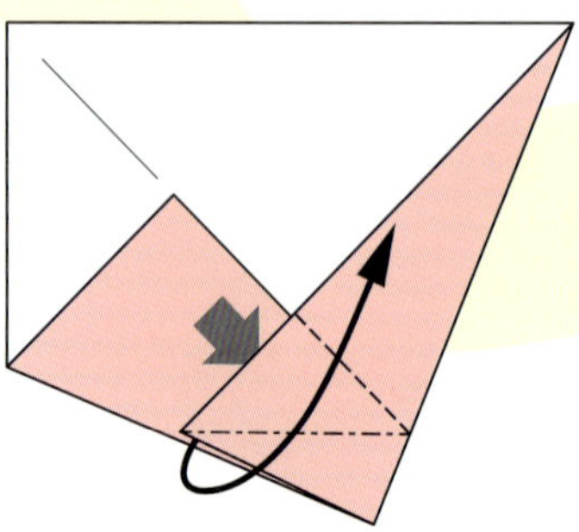

4 ○와 보조선이 만나도록 접는다.

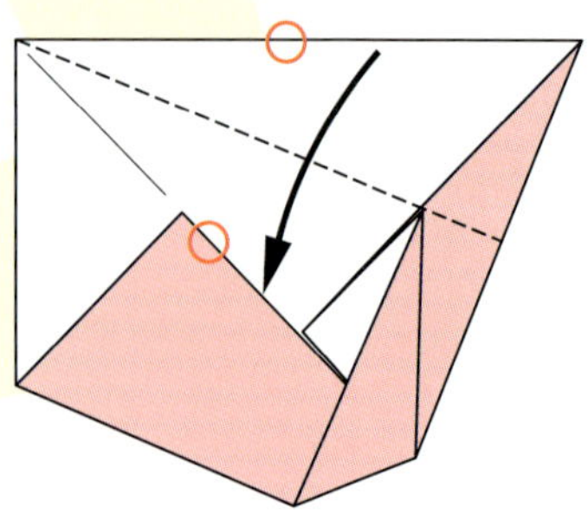

5 3과 같이 화살표 방향으로 펼쳐서 누른다.

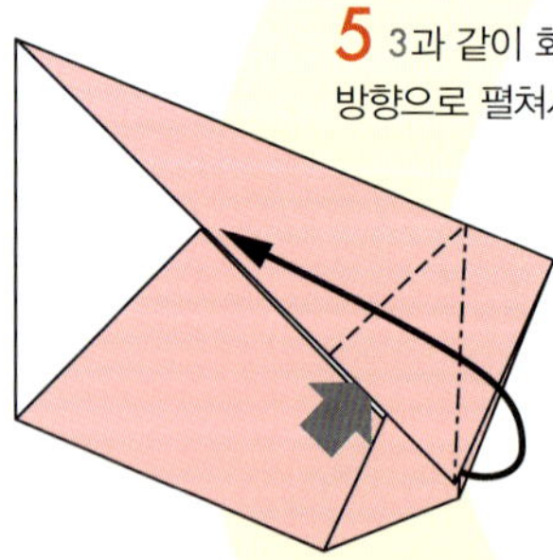

6 ○끼리 만나도록 접는다.

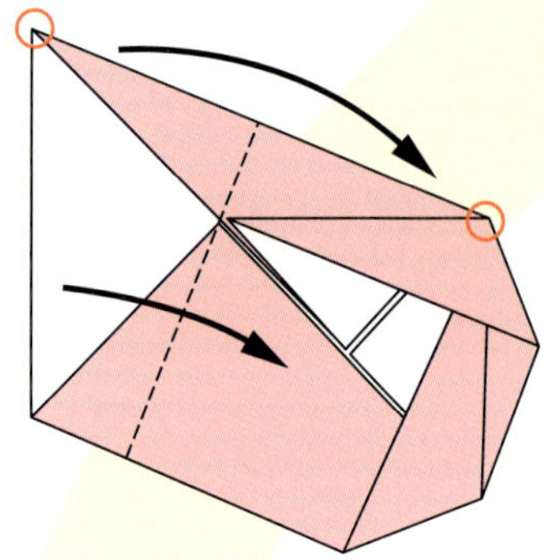

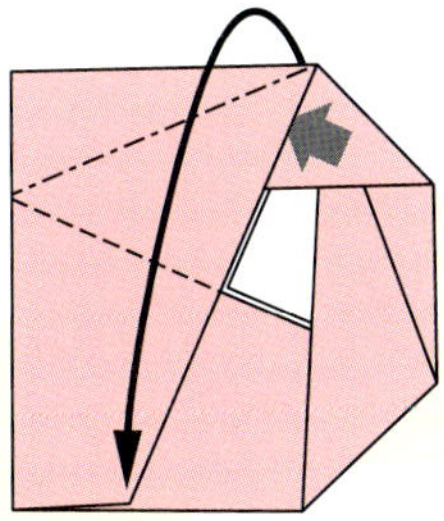

7 5와 같이 화살표 방향대로 펼쳐서 누른다.

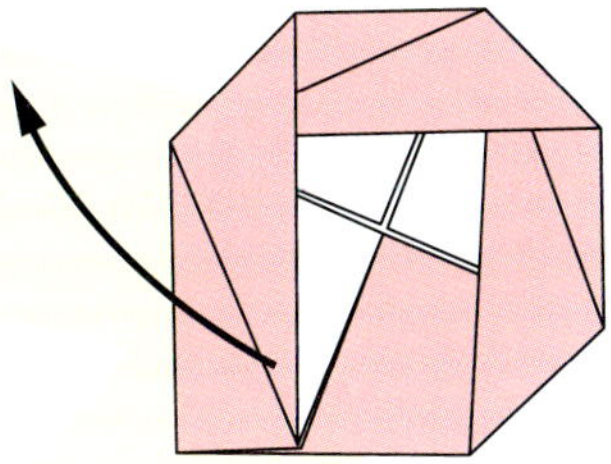

8 7에서 접은 삼각형을 펼쳐서 6으로 돌아온다.

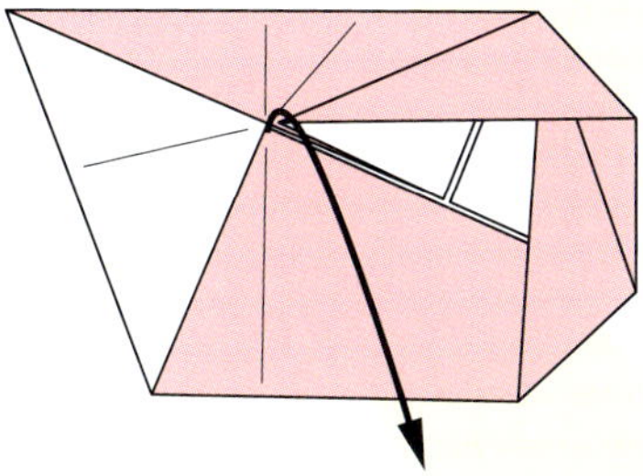

9 화살표 방향대로 펼친다.

10 9의 펼친 모습. ②보조선대로 접어 안으로 집어넣는다. ①★을 화살표처럼 틈에 끼운다. ③9에서 집어 올린 모서리를 다시 겹친다.

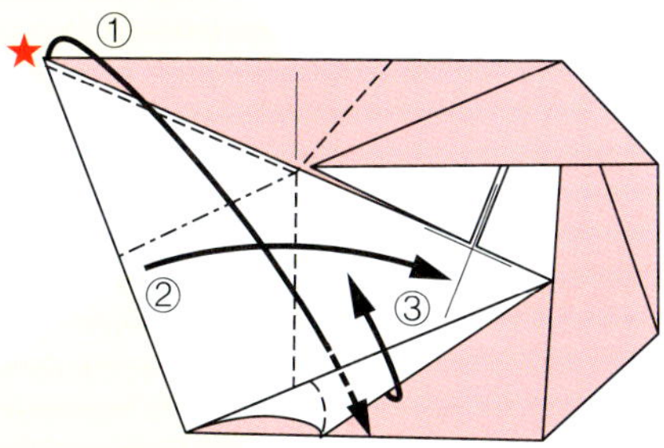

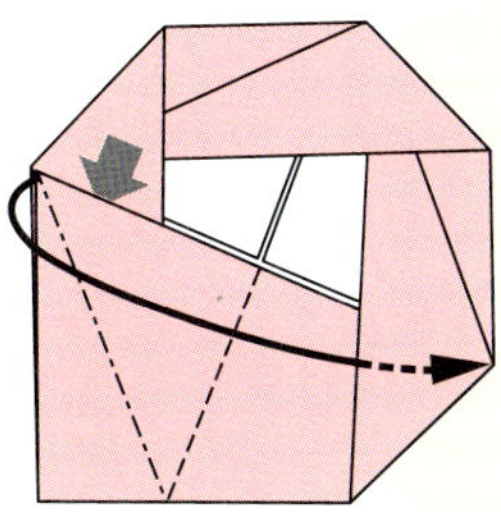

11 화살표 방향대로 펼쳐서 누른다. 모서리 끝은 틈에 끼운다.

12 중심의 모서리 4개를 바깥 방향으로 작게 접는다.

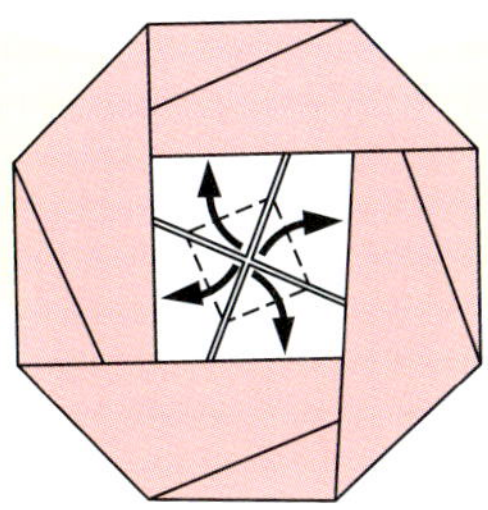

10 ②→①

▲ 2를 접은 모습. 위 모서리를 접어 세운다.

10 ①

▲ 접은 모서리를 아래쪽으로 끼워 넣는다

10 ①→③

▲ 1을 접은 모습. 오른손이 잡고 있는 종이를 원래 모양대로 겹친다.

완성

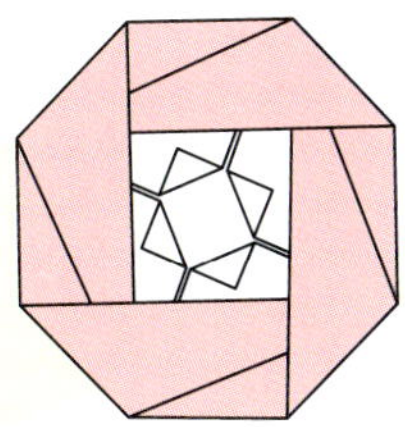

SWEET PAPER

종이 부록

Contor stet in Processu, si ta
Actionale resignet sub Lite, tunc A. tenetur illum, qu
ad Litem Evocare; Quia per Dorsum remissionem mutat
ales, ex E Evictore factus est Possessor, per consequen
tionem respondere non tenetur. U. J. in Caa P. P. B
1748.

8o Quamvis in Testibus super Citatione vel Exhibitione
Tabula, vel Judices Cottenses expeditis, declaretur, in
tionem medio jurisdictioni eorundem subjectorum, qui
nisi tamen in specifico Nomina Jurisdictionatorum medi
rta sint, Citatio condescendit: Titulus enim 24. 1. id
o Jurisdictionatorum fiant, quatenus legitime vel min
at. Jam vero, si nomina eorum ex Testimonialibus ex
sioni Legis satisfactum sit: sufficienter cognoscere, nec
medio cujus Citatio facta exponitur, Jurisdictionatus
t. U. J. in Caa Mariæ Pis-Vasady ctra Thomam

9o Si in una Possessione plures sint Compossessores & t
ensis, vel Decurionis, qui tamen alterius Compossessoris Co
condescendere volet: Quia Citatio debet fieri medio
m. vel Loci Decurio tamersi quoad Communia & public